国家社会科学基金青年项目

"多元主体协同下的流动人口治理机理及推进机制研究"

（16CSH075）研究成果

流动的黄金

从「城市过客」到新市民

陈菊红 —— 著

ZHEJIANG UNIVERSITY PRESS
浙江大学出版社
·杭州·

图书在版编目(CIP)数据

流动的黄金:从"城市过客"到新市民 / 陈菊红著
. —杭州：浙江大学出版社，2023.4
ISBN 978-7-308-23609-6

Ⅰ.①流… Ⅱ.①陈… Ⅲ.①流动人口－人口控制－研究－中国 Ⅳ.①C924.21

中国国家版本馆 CIP 数据核字(2023)第 058415 号

流动的黄金:从"城市过客"到新市民

陈菊红 著

责任编辑	马一萍(pym@zju.edu.cn)	
责任校对	陈逸行	
封面设计	李腾月	
出版发行	浙江大学出版社	
	(杭州市天目山路 148 号　邮政编码 310007)	
	(网址:http://www.zjupress.com)	
排　　版	浙江时代出版服务有限公司	
印　　刷	杭州钱江彩色印务有限公司	
开　　本	710mm×1000mm　1/16	
印　　张	14	
字　　数	248 千	
版 印 次	2023 年 4 月第 1 版　2023 年 4 月第 1 次印刷	
书　　号	ISBN 978-7-308-23609-6	
定　　价	78.00 元	

前　言

　　流动人口的大规模出现是我国城镇化进程中的一个重要伴生现象。改革开放以来,随着经济社会的发展,我国的城镇化率大幅度提升,1978年为18.57%,2020年则跃升到63.89%,是同期世界城镇化增速的三倍以上。与此同时,我国人口流动的规模不断攀升,根据国家公布的第七次人口普查数据,我国流动人口数量已达3.76亿,[①]每四个人中就有一个是流动人口。随着城镇化的持续推进,可以预见,在未来较长的一段时期内,流动人口的大量存在仍将是一个常态现象。

　　与20世纪50年代以来世界上一些快速城镇化的国家不同,我国人口的流动主要以就业为导向,既没有出现大量无就业、极度贫困,且缺乏上进心的"贫困文化"问题,也没有在城市形成连片的贫民窟。[②] 与之相反,我国城镇化过程中形成的以农民工为主体的流动人口,往往是其所属群体中劳动能力较强、较为积极进取的部分。他们的流动优化了劳动力资源的配置;他们辛勤工作创造的财富,为我国工业化、城市化和现代化发展做出了巨大贡献;他们还将资金、技术、经验,甚至城市生活方式和理念传回自己的家乡,又在一定程度上反哺了家乡的发展,缩小了城乡以及东中西部地区之间

---

　　① 国家统计局. 第七次全国人口普查公报(第七号)——城乡人口与流动人口情况[EB/OL]. 国家统计局网. (2021-05-11)[2021-05-15]. http://www.stats.gov.cn/tjsj/zxfb/202105/t20210510_1817183.html.

　　② 夏晓伦,孙红丽,许维娜. 为什么中国没有贫民窟[EB/OL]. 人民网. (2019-11-18)[2019-12-10]. http://sc.people.com.cn/n2/2019/1118/c345460-33551774.html.

的差距。不仅如此,在我国经济发展步入新常态的当下,流动人口的城镇化,以及他们作为城市新居民的消费和投资需求,还是拉动经济增长的重要动能。

但与此同时,人口的跨区域流动也给流动人口自身的发展和城市社会治理带来了挑战。一方面,大量流动人口仍处于有流动难融入的状态。他们很多人走南闯北,辛苦打拼,却犹如"城市过客",难以扎根下来,定居城市。由于我国的资源分配和权利供给主要基于以户籍制度为核心的属地管理,流动人口作为流入地的建设者,虽然参与和推动了当地的发展,却因为脱离了原户籍所属地,又不具有流入地的市民"身份",基本处于城市公共服务的空心地带,难以共享城市发展的成果。近年来,我国大中小城市实行差别化落户政策,中小城市的落户限制已经全面松绑,但资源和机会集中的大城市仍然控制得比较严格。对流动人口来说,小城市"不想去",大城市"进不去",是他们面临的现实窘境。他们在城市工作,但在文化、政治、社会保障等方面往往不能真正融入城市生活,相关合法劳动权益、医疗、子女教育、养老等诉求难以得到有效回应和充分满足,流动人口依然是城市中被边缘化的群体。

另一方面,流动的社会对城市治理能力提出了考验。传统的科层治理体系中各部门按职能分工各司其职,权责明确,与静态社会的治理相适应,但流动人口的涌入打破了这一平衡,科层、属地化的管理并不能有效对接流动人口的需求,这对地方基层治理而言是较大的挑战。流动人口不仅增加了城市公共服务和资源供给的压力,也加大了城市环境卫生、治安管理等综合治理的难度。加之流动人口群体还出现了一些新变化,比如流动人口举家迁移的趋势明显,相比老一辈流动人口,新生代流动人口的需求更多元,居留城市的愿望更强烈,这些都增加了流动人口治理的复杂性。在人力物力有限的情况下,地方政府很容易视之为包袱,或因力不从心,简单粗放地对待流动人口管理和服务。近年来,随着新型城镇化战略的推进,我们对城镇化的认识更为深刻,"城镇化的实质不是空间的城镇化,而是居民的城镇化"①,流动人口的社会融入问题愈显重要。据统计,2020年我国户籍人口

---

① 曹刚. 中国城镇化模式举证及其本质差异[J]. 改革,2010(2):82.

和常住人口城镇化率分别是 45.4％ 和 63.89％①。常住人口的城镇化其实是包含了流动人口在内的城镇化，而这部分流动人口的城镇化，决定着我国真正的城镇化水平。因此，适应流动社会的治理，做好流动人口的服务管理工作，帮助他们结构性地嵌入现代城市生活，具有极其重要的意义。

实际上，流动人口的服务管理涉及多个部门、多个地区和多个主体，是一项系统工程。然而，在过去的管理和今天的实践中，对流动人口的服务管理主要采取的是以政府为绝对主导的单一式管理，其他管理力量和治理方式并没有充分发挥作用。如何创新流动人口服务管理的体制机制，促进多个主体更好地协作，为流动人口提供更完善、更切合需求的服务，助力"城市过客"变身"新市民"，更好更快地"安居乐业"，是我国城镇化进程中面临的一项重要理论和现实课题。

---

① 国家统计局. 第七次全国人口普查公报（第七号）——城乡人口与流动人口情况［EB/OL］. 国家统计局网.（2021-05-11）［2021-05-15］. http://www. stats. gov. cn/tjsj/zxfb/202105/t20210510_1817183. html.

目　录

绪　论

　　法国著名社会学家孟德拉斯在《农民的终结》一书中指出:"20 亿农民站在工业文明的入口处,这就是 20 世纪下半叶和当今世界给社会科学提出的主要问题。"①无疑,当前的中国正处于这样一个紧要的关口。我国仅用几十年时间就完成了西方数百年的城市化历程,大量农民在工业化的浪潮中不断地向城市涌入,构成了一个庞大的流动人口群体。近年来,流动人口的服务管理问题倍受党和政府的关注和重视,学界也一直在积极研究促进流动人口城市融入的方式方法。那么,流动人口服务管理的相关研究现状如何?为什么要开展流动人口协同治理的研究?本书主要包含哪些研究内容?这一系列问题将在绪论部分逐一予以说明。

一、研究现状

(一)流动人口治理模式研究

　　进入 21 世纪以来,随着流动人口工作由管制向服务转型,关于流动人口治理模式的研究逐渐增多,相关成果主要体现如下。

1.流动人口治理模式的变迁和类型研究

　　学者们对此从不同角度做了概括。就发展阶段而言,徐伟明以新中国成立以来管理模式的转变为主线,分析了我国流动人口治理从"人口自由迁移期的自由宽松型——限制户口迁移期的严格限制型——经济转型期的防

---

①　孟德拉斯. 农民的终结[M]. 李培林,译. 北京:中国社会科学出版社,1991:297.

范控制型——当前多元目标整合型"的过程。① 苏熠慧指出我国流动人口治理模式从压制型到监视型的变化,反映了我国国家与社会间的关系从强制主义向法团缺位的合作主义转变。② 就治理目标而言,冯晓英认为,我国流动人口治理模式体现了从防范型向服务型的转变。③ 傅崇辉以深圳为例,勾勒出不同时期流动人口管理模式的特征,提出流动人口管理模式的变化可分为防范型、综合型和福利型三个阶段。④ 就治理主客体而言,依据主体的不同可分为网络包干型、依托协会型和村企联管型;依据治理客体又可分为出租房主的契约自治模式、旅店式管理模式和双向关联模式。⑤ 就治理手段而言,杨勇将目前各地的流动人口治理实践归纳为治安管理拓展型、专业机构协调型、大人口机构统筹型等模式。⑥ 段成荣更看重"以房管人"这一流动人口管理手段。他认为,"以房管人"对于保护流动人口合法权益,促进流动人口有序流动,提高流动人口生活质量等都有较好的效果。⑦

2.传统流动人口治理模式的弊端研究

一是治理理念方面,郭秀云认为,传统流动人口治理模式仍没有完全摆脱计划经济体制下的政府管理思路,不符合"以人为本"的基本要求,控制性、临时性和被动性特点比较突出。⑧ 杨勇也认为政府管理思路没有及时转变,是导致管理体制不畅的重要原因。管理者对流动人口多管制防范,没有对流动人口的需求引起足够重视,对流动人口权益的保护存在消极被动的

---

① 徐伟明.城市流动人口管理模式的演变与前瞻——基于国家与社会关系的视角[J].湖南行政学院学报,2009(4):11-14.

② 苏熠慧.从流动人口管理模式的转变看城市化进程中国家与社会的变迁——以深圳市为案例进行的探讨[J].思想战线,2010(4):31-36.

③ 冯晓英.城乡统筹视角下的流动人口服务管理与创新——京渝成三市城乡统筹发展的比较与启示[J].北京社会科学,2012(1):44-49.

④ 傅崇辉.流动人口管理模式的回顾与思考——以深圳市为例[J].中国人口科学,2008(5):81-86,96.

⑤ 嘎日达,黄匡时,王雪梅.北京市流动人口服务管理基础工作的模式与困境[J].新视野,2009(5):30-33.

⑥ 杨勇.城市社区治理结构研究——流动人口管理的利益分析[J].北方民族大学学报(社会科学版),2017(3):16-19.

⑦ 段成荣,朱富言."以房管人":流动人口管理的基础[J].城市问题,2009(4):76-78.

⑧ 郭秀云.大城市外来流动人口管理模式探析——以上海市为例[J].人口学刊,2009(5):44-49.

一面。① 二是治理主体方面,傅崇辉的研究表明,治理主体单一,缺少公众参与,社区融入困难是传统流动人口治理模式滞后的重要原因。② 李杏果指出,新生代农民工培训需求难以转化为现实的重要原因是政府和市场的失灵,需要超越单一供给的思维,重塑新生代农民工就业培训的制度基础。③ 三是治理过程方面,郭秀云对上海流动人口管理模式的研究发现,上海在流动人口管理过程中存在部门间协作效率不高、人口信息资源利用率低、共享性差的问题。④ 伍先江指出,流动人口管理工作的难题突出体现在信息基础工作薄弱、综合治理和管理措施难以落实等方面。⑤ 江立华等基于流动人口秩序生成的基础指出,现行流动人口治理策略与长期存在流动人口这一基本事实相偏离,流动人口秩序整合面临多重困境,流动人口诉求多元化与政府统一服务之间存在一定矛盾。⑥ 四是治理效果方面,冯晓英、伍先江、勾清明等的研究均表明,流动人口公共服务供需矛盾明显,目前流动人口在社会保障、子女教育、医疗卫生等方面的合法权益仍然难以得到有效保障。

3. 创新流动人口治理模式的对策研究

学者们从不同视角提出了流动人口治理的创新对策。有的从宏观视野构建了流动人口秩序整合的路径,提出应以中国社会治理的现代转型为方向,以流动人口的群体特征为基础,以权利赋予和服务保障为手段,推进流动人口基本公共服务的均等化。⑦ 有的着眼于政策设计层面,主张将流动人口治理政策置于城乡统筹的视野下,系统地制定政策,促进政策从"选择性

①　杨勇. 城市社区治理结构研究——流动人口管理的利益分析[J]. 北方民族大学学报(社会科学版),2017(3):16-19.

②　傅崇辉. 流动人口管理模式的回顾与思考——以深圳市为例[J]. 中国人口科学,2008(5):81-86,96.

③　李杏果. 合作治理视角下新生代农民工就业培训服务供给模式创新[J]. 继续教育研究,2018(5):33-39.

④　郭秀云. 大城市外来流动人口管理模式探析——以上海市为例[J]. 人口学刊,2009(5):44-49.

⑤　伍先江. 论流动人口服务管理创新[J]. 中国人民公安大学学报(社会科学版),2011(2):119-124.

⑥　江立华,张红霞. 流动与秩序:社会治理视野下流动人口的秩序整合[J]. 社会科学辑刊,2015(5):40-44.

⑦　江立华,张红霞. 流动与秩序:社会治理视野下流动人口的秩序整合[J]. 社会科学辑刊,2015(5):40-44.

排斥"向"普惠制"转变。① 有的强调应健全流动人口治理机制，建立跨部门的流动人口服务管理协作机制，明确权、责、利相对应的责任体系，形成流动人口治理合力。② 还有的更侧重于治理手段的改进和治理主体的完善，指出应坚持共同参与原则，引导社会力量参与治理，发挥社会组织等多元主体在流动人口治理中的作用。③

（二）流动人口协同治理研究

"协同治理"概念自 20 世纪 90 年代中期首次提出后，被广泛运用于政治学、社会学、管理学等多个领域。由于流动人口问题的系统性和复杂性，许多学者将协同治理引入流动人口问题的研究领域，形成了一系列研究成果。

1. 跨部门协同流动人口治理的研究

长期以来，流动人口治理中一直存在跨部门协同的难题，这是因为流动人口的服务管理本身是一项系统工程，涉及民政、公安、教育等多个部门，一个单独的部门往往很难胜任。④ 因受部门职责制约，各部门在流动人口管理中出现认识有偏差、职能有交叉的现象。⑤ 由于没有统一规划，公共资源难以充分共享，重复建设、资源浪费的情况并不少见。⑥ 金崇剑以瑞安市为例，专门剖析了流动人口多头管理中存在的问题，各行政部门间缺乏协作和功能整合，个别部门局限于部门利益不能协调配合工作，导致出现"独自为政"现象、信息不能共享、协调手段不力、缺乏常态联动机制等问题，严重影响了流动人口服务管理的质量。⑦ 梁新芳等通过对少数民族流动人口的研究发现，我国少数民族流动人口管理面临碎片化问题，由于少数民族流动人口兼具少数民族和流动人口双重身份，在各部门职责划分不明确的情况下，一些

---

① 冯晓英. 城乡统筹视角下的流动人口服务管理与创新——京渝成三市城乡统筹发展的比较与启示[J]. 北京社会科学，2012(1)：44-49.

② 孔冬. 体制重构与权利回归——沿海发达地区创新流动人口管理模式探析[J]. 经济社会体制比较，2009(3)：116-120.

③ 陈丰. 城市化进程中的流动人口管理模式研究[J]. 求实，2008(12)：43-45.

④ 张梅珠. 后暂住证时代北京流动人口管理政策特点及评价[J]. 北京社会科学，2013(4)：116-122.

⑤ 周学馨，接栋正. 现代流动人口治理体系构建研究[J]. 行政管理改革，2020(1)：70-75.

⑥ 肖飞. 城市化加速期流动人口管理探略[J]. 理论导刊，2011(12)：11-13.

⑦ 金崇剑. 浙江流动人口多头式管理问题及功能整合研究——以瑞安市为例[D]. 上海：华东理工大学，2012.

部门常常回避民族宗教问题,相互推诿,带来管理盲区和漏洞。①

对此,学者们提出了一些对策来促进流动人口的跨部门协同治理。金崇剑认为,应加强各部门之间的协作,强化社区平台服务,健全"网格化管理、心连心服务",建立"一站式服务,积分制管理",推动流动人口多头管理的功能整合。② 在周学馨等看来,流动人口问题的协商共治需充分发挥社区协商协调平台的作用,在社区党委的统领下调动社区居委会和社区服务中心的力量,提升流动人口在公共事务的参与度。③ 郭宏斌在总结我国流动人口管理模式的基础上也提出,要积极探索统筹协调的流动人口服务管理机构和工作机制。④ 梁新芳等则从整体性政府理论出发,认为破解流动人口碎片化治理难题需要创新治理体制,推动跨部门之间尤其是不同层级政府间的合作。在主要机构牵头之下,多部门联动参与,还可以借助在线服务平台,实现部门之间的信息共享,促进流动人口治理从条块分割向跨部门合作转变。⑤

2.跨地域协同流动人口治理的研究

流动人口的服务管理,不仅涉及流入地,也与流出地有关,有关流入地与流出地的协作主要有以下研究。梁新芳等提出,由于中国长期实行属地化管理体制,地方政府以行政管辖区域为界对属地人口进行服务管理,因而容易导致地方城市管理多从自身利益出发,侧重防范而不是服务,难以适应大量人口流动的管理需求。⑥ 陈丰的研究表明,我国流动人口的跨域协同治理存在明显脱节现象,具体表现为:流动人口服务管理缺乏协作,社会治安管理没有形成双向共管局面,教育培训服务尚未有效对接,信息共享机制尚

---

① 梁新芳. 城市少数民族流动人口的管理机制创新研究——基于"整体性政府"理论视角[J]. 湖北行政学院学报,2018(5):77-81.

② 金崇剑. 浙江流动人口多头式管理问题及功能整合研究——以瑞安市为例[D]. 上海:华东理工大学,2012.

③ 周学馨,接栋正. 现代流动人口治理体系构建研究[J]. 行政管理改革,2020(1):70-75.

④ 郭宏斌. 当前我国城市流动人口服务管理模式与发展趋势[J]. 中共四川省委党校学报,2012(1):80-83.

⑤ 梁新芳. 城市少数民族流动人口的管理机制创新研究——基于"整体性政府"理论视角[J]. 湖北行政学院学报,2018(5):77-81.

⑥ 梁新芳. 城市少数民族流动人口的管理机制创新研究——基于"整体性政府"理论视角[J]. 湖北行政学院学报,2018(5):77-81.

未形成,难以有效满足流动人口的多元需求。① 方堃认为,少数民族流动人口服务管理问题的内在原因,主要在于城乡二元结构以及民族地区和非民族地区发展的不平衡,流入地城市重在为本地户籍人口服务,而流出地农村通常因资金技术等限制难以为流动人口提供公共服务。② 苏建明则具体分析了流动人口计划生育工作的协同问题。他指出,流出地和流入地职责不清,难以落实好监督和管理责任。③

在促进流动人口的跨地域协同治理方面,陈丰认为,国家可在宏观层面明确流入地和流出地职责,统一事权和财权,建立跨地域的流动人口工作协作机制,流出地政府应协助流入地政府加强流动人口的服务管理,定期联系沟通,实现无缝对接。④ 周学馨等也强调,需加快建立和完善事权和支出责任相适应的政策,建立财政转移支付同流动人口市民化挂钩机制,促进流动人口基本公共服务全覆盖。⑤ 方堃把流经地也考虑进来,指出应转变属地管理理念,加强流出、流经和流入地的利益分配和政策联动,流入地应主动兼容流出地政策,尽可能保障流动人口享有均等公共服务的权利,流出地和流经地也要加强责任担当,通过社区共建、产业对接、剩余劳动力定向转移等途径与流入地同步联动,互利共赢。⑥ 郭秀云针对目前流动人口单独采集信息的模式,以及不同地域之间服务管理脱节的现象,强调流动人口管理不只是政府内部各部门之间的配合,还必须加强信息交流,在城际、省际打造协作平台。⑦

3.跨主体协同流动人口治理的研究

(1)国内多主体协同流动人口治理的研究。以上跨部门、跨地域协同流动人口治理的研究,都是把政府作为流动人口服务管理的主体,研究政府内部的协同。此外,政府外其他主体在流动人口服务管理中的作用近年来也

---

① 陈丰.协同治理:创新流动人口服务管理的策略选择[J].人口与发展,2015(3):67-73.

② 方堃.少数民族流动人口跨域协同治理:逻辑与进路[J].江西师范大学学报(哲学社会科学版),2016(6):115-119.

③ 苏建明.流动人口计划生育管理服务体系的缺陷与对策[J].人口学刊,2009(1):54-59.

④ 陈丰.协同治理:创新流动人口服务管理的策略选择[J].人口与发展,2015(3):67-73.

⑤ 周学馨,接栋正.现代流动人口治理体系构建研究[J].行政管理改革,2020(1):70-75.

⑥ 方堃.少数民族流动人口跨域协同治理:逻辑与进路[J].江西师范大学学报(哲学社会科学版),2016(6):115-119.

⑦ 郭秀云.制度供给与外来人口权益改进[M].北京:法律出版社,2012:249.

逐渐受到关注,现有成果主要体现在对各个主体作用的分散研究中。

第一,流动人口自身对其城市适应与融入的能动作用研究。这方面研究可分为两类。一是综合研究,对流动人口参与式管理的原因、特征、作用、困境和对策等开展较为全面的分析。"农村劳动力流动的组织化特征"课题组的研究较早,他们详细分析了流动就业者内部存在的三种组织形态,以及每种形态的表现、人员构成特点、内部结构和功能,并就如何调整政府的管理行为提出了具体建议。① 蔡昉研究了我国农村劳动力流动、择业和自组织过程中的经济理性,指出流动中的劳动力有着强烈的组织和制度需求,自组织是对政府服务缺位的一种替代。② 黄平、彭柯认为,流动人口治理应重视流动人口的发言权和参与权,形成流动人口的决策机制。③ 陈丰在相关研究的基础上创新性地提出了"政府管理结合参与式管理"的流动人口管理模式。④ 潘鸿雁则指出应加强流动人口的自治管理,促进"硬管理"与"软管理"的有机结合。⑤ 二是个案研究,即对典型个案做"解剖麻雀"式的专门研究,以阐释流动人口的参与式管理。王春光通过对在巴黎的温州人的调研认为,群体的聚集和互助是非精英移民社会融入的有效途径。⑥ 项飚在对北京的"浙江村"进行考察后,论述了在北京的浙江人是如何突破体制、身份和地域的限制,创造出独特的经济体系和社会空间,进而揭示了进城农民应对社会现实的生存组织方式。⑦ 邓莉雅和朱健刚对同一个组织(广东番禺打工族文书处理部)进行了调查,从实证角度论证了农民工自组织在自我管理和自我服务方面的作用、运行逻辑和困境。⑧ 赵娜、赵国勇的研究进一步表明,农

①　"农村劳动力流动的组织化特征"课题组. 农村劳动力流动的组织化特征[J]. 社会学研究,1997(1):15-24.

②　蔡昉. 劳动力流动、择业与自组织过程中的经济理性[J]. 中国社会科学,1997(4)127-138.

③　黄平,彭柯. 农村劳动者流动中的几个问题[J]. 中国人口科学,2005(2):10.

④　陈丰. 城市化进程中的流动人口管理模式研究[J]. 求实,2008(12):43-45.

⑤　潘鸿雁. 当前流动人口服务管理中的难点与对策[J]. 兰州学刊,2012(12):124-129.

⑥　王春光. 温州人在巴黎——一种独特的社会融入模式[J]. 中国社会科学,1999(6):106-119.

⑦　项飚. 社区何为——对北京流动人口聚居区的研究[J]. 社会学研究,1998(6):9.

⑧　邓莉雅,王金红. 中国NGO生存与发展的制约因素——以广东番禺打工族文书处理服务部为例[J]. 社会学研究,2004(2):89-97.
朱健刚. 打工者社会空间的生产——番禺打工族文书处理服务部的个案研究[C]//张曙光. 中国制度变迁的案例研究(第六集). 北京:中国财政经济出版社,2008:209-235.

民工自组织是服务农民工的重要组织类型,其出路在于合作治理框架下的参与治理。①

第二,社会组织参与流动人口服务管理的研究。在流动人口的服务管理中,社会组织具有独特的优势,能够发挥积极的作用。社会组织的参与将分散的流动人口组织起来,既能提高社会的自治程度,也能推动社会成员诉求的理性表达。② 社会组织不仅能为流动人口自我管理提供平台,还能成为流动人口与政府联系互动的重要纽带。③ 熊易寒、蔡旭昶等的研究表明,社工机构、社团、基金会等社会组织在满足农民工子女的教育需求方面做了大量的工作,应积极鼓励社会组织参与流动人口服务管理。④ 刘冰等重点对农民工组织与农民工就业之间的关系和促进路径作了探索。⑤ 孙春苗则着重考察了农民工组织帮助农民工维权的激励、实现和约束机制,以及进一步发展的空间。⑥

第三,流动人口社区化管理的研究。社区是流动人口的重要生活场所,应以社区为依托加强对流动人口的服务,调动流动人口和各种社会资源积极参与社区治理,促进流动人口的融入。⑦ 黄晨熹较早论述了这一观点,他以上海为例提出社区化管理模式,阐述了流动人口社区化管理的特征、内容、机制和保障条件,倡导运用社区管理的手段来管理流动人口。⑧ 刘庆针

---

① 赵娜,赵国勇. 参与与发展:公共治理中的农民工自组织研究[J]. 法制与社会,2009(11):272-273.

② 王巍,张文忠. 社会组织融入流动人口服务管理体制的改革尝试和规律发现——广东河源市源城区的实践[J]. 岭南学刊,2012(6):50-54.

③ 杨日鹏. 社会组织在流动人口服务和管理中的作用[J]. 中央社会主义学院学报,2012(1):87-91.

④ 熊易寒. 整体性治理与农民工子女的社会融入[J]. 中国行政管理,2012(5):79-83.
蔡旭昶,严国萍,任泽涛. 社会组织在流动人口管理服务中的作用——基于浙江省慈溪促进会的研究[J]. 经济社会体制比较,2011(5):199-205.

⑤ 刘冰,谭界,符铁成. NGO与农民工就业:互动效应及改进路径[J]. 湖南农业大学学报(社会科学版),2011(5):44-48.

⑥ 孙春苗. 论农民工民间维权NGO在社会转型期的发展空间[J]. 调研世界,2006(10):14-18.

⑦ 傅崇辉. 流动人口管理模式的回顾与思考——以深圳市为例[J]. 中国人口科学,2008(5):81-86,96.

⑧ 黄晨熹. 大城市外来流动人口特征与社区化管理——以上海为例[J]. 人口研究,1999(4):53-58.

对新生代农民工的城市融入,着重从社区管理、社区教育、社区组织、社区保障和社区工作者等角度提出了相应对策。① 石良以社区为立足点,指出应通过加强政府政策引导、流动人口检查和出租屋管理,促进社区管理内容和形式的多样化来发挥社区的作用。② 高春凤等对社区的地位高度认同,主张探索流动人口社区化多元共治模式,重视发挥社区作为流动人口服务管理基本单元的作用。③

第四,多元主体协同流动人口治理的意义与路径研究。多元主体的共同参与是完善流动人口服务管理的重要途径,④应从理念、体制、制度、方法等方面加以创新,形成多元治理格局。⑤ 对此,唐有财强调,应创新流动人口治理体制,提升包括政府在内的各类社会主体的治理能力。⑥ 冯晓英基于对北京市大规模"城中村"改造的研究指出,流动人口聚居区应建立以政府为主导、乡村组织为枢纽、社会成员为核心、企事业单位为支撑、专业社会组织为助推器的合作治理架构。⑦ 结合我国流动人口的新特点,周学馨等提出,构建边界清晰的流动人口治理运行机制,充分发挥社区、企业和社会组织多元主体作用,通过完善社会化的治理机制,充分发挥社会成员自我管理和自我服务的效能,促进流动人口的社会融合。⑧

(2)国外多主体协同迁移人口治理的研究。欧美等国家的迁移人口治理,除了备受广大学者推崇的双系统人口管理服务平台(如美国的生命登记制度和社会保障号制度)外,还包括各类社会组织和教会等在内的多主体的参与,这是国外迁移人口治理的一个突出特征。其为迁移人口提供公共服务的主体呈现多元的状态,各类社会组织(包括志愿者)、教会、政府、迁移人

① 刘庆. 新生代农民工的城市融入策略初探——社区工作介入的空间[J]. 北京青年政治学院学报,2011(1):62-66.

② 石良. 浅议流动人口的社区化管理[J]. 学理论,2012(17):75-76.

③ 高春凤,赵仲杰. 社区化多元共治:流动人口服务管理模式创新[J]. 管理观察,2014(10):129-131,133.

④ 伍先江. 论流动人口服务管理创新[J]. 中国人民公安大学学报(社会科学版),2011(2):119-124.

⑤ 陈丰. 协同治理:创新流动人口服务管理的策略选择[J]. 人口与发展,2015(3):67-73.

⑥ 唐有财. 双重转型、双重张力和流动人口治理框架的建构[J]. 社会科学,2015(6):78-85.

⑦ 冯晓英. 论北京"城中村"改造——兼述流动人口聚居区合作治理[J]. 人口研究,2010(6):55-66.

⑧ 周学馨,接栋正. 现代流动人口治理体系构建研究[J]. 行政管理改革,2020(1):70-75.

口自身等,都是促进迁移人口融合的重要力量。

已有成果中,有研究强调迁移人口自身的参与。Kenneth D. Roberts 的研究强调了移民网络在移民社区中的重要作用。① 广田康生对移居日本 的日裔南美人的研究表明,原有移民创造的各种条件和网络是移民克服或 利用各种制度,得以在新环境中生存和发展的重要原因。② Margaret Kelaher 则通过对澳大利亚移民卫生服务的研究发现,在移民社区卫生服务中,雇用本 民族移民参与,可极大地改善卫生服务的可及性和健康知识的普及性。③

有研究考察了社会组织和教会等机构的协同作用。*Uchinachu*:*A History of Okinawans in Hawaii* 是一部介绍居住在夏威夷的冲绳移民社 会的论文集,它由公共机构和民间社团共同完成,该论文集的第五部分论述 了冲绳移民如何自发成立组织以进行自我服务。其中,Ruth Adaniya 重点 研究了移民社团在移民治理中的作用。夏威夷的冲绳移民自发成立移民社 团,社团活动促进了移民间的相互帮助,增进了移民在文化上的认同感,在 加强夏威夷与冲绳的友好往来中扮演了重要的角色。④ 托马斯、兹纳涅茨基 对在欧美的波兰人的研究也表明,民族社区、移民互助协会、教区学校、移民 内部的规则等共同构成了联结波兰人的纽带,它们同样是移民治理中不可 忽略的因素。⑤ Ann Connor 等列举了美国对待具体移民的"社区伙伴模 式",该模式主要通过组建一支专业团队来为外来农场工人提供社区卫生健 康服务,既便于开展日常卫生服务和咨询,又鼓励了社区参与。⑥

还有研究对协同主体面临的困境作了分析。Smith 认为,社会组织在协

---

① Roberts K D. China's "Tidal Wave" of Migrant Labor: What Can We Learn from Mexican Undocumented Migration to the United States[J]. International Migration Review, 1997, 31(2): 249-293.

② 广田康生. 移民与城市[M]. 马铭,译. 北京:商务印书馆,2005:5.

③ Kelaher M. Migration and Mainstreaming: Matching Health Services to Immigrants' Needs in Australia [J]. Health Policy, 2000, 54(1): 1-11.

④ Adaniya R. United Okinawan Association of Hawaii, Uchuianchu, a history of Okinawans in Hawaii [C]. Honolulu, Ethnic Studies Program, University of Hawaii at Mano, 1981:328.

⑤ 托马斯·兹纳涅茨基. 身处欧美的波兰农民[M]. 张友云,译. 南京:译林出版社, 2000:118-130.

⑥ Connor A, et al. Increasing the delivery of health care services to migrant farm worker families through a community partnership model[J]. Public Health Nursing, 2007, 24(4): 355-360.

同治理中面临的困难主要集中在法律、制度、人才和资金等方面;①John Z. Ma 补充了劳工难以形成社团意识的原因在于其文化素质不高;② Saich 总结了 20 世纪 90 年代波兰团结工会的教训,由于其蔓延最终推翻政权,导致政府对劳工组织的议题保持一定警惕。③ Spires 通过对中国草根组织的研究发现,相互的不信任是中国草根组织和政府间存在张力的重要原因。④

(三)研究述评

综合来看,国外迁移人口的协同治理经验是在不同国家特定的经济社会发展基础上总结出来的,我国目前所处的发展阶段和制度特征与其他国家不同,比如国家与社会间的结构关系,以及户籍制度等都是我国所特有的,因而国外的理论成果可以有限度地借鉴。国内相关研究尚存在一些不足。

一是过于强调政府对流动人口的管理,而对凝聚社会力量的其他治理方式重视不够,相关研究成果不多。在有关流动人口治理模式的研究中,普遍更关注政策设计、宏观环境、体制建设等政府因素,有关协同治理的研究较少。二是缺乏对多元主体协同流动人口治理的专门研究,现有成果基本散落于相关的文献中。在有关流动人口协同治理的研究中,相当一部分是关于政府内部跨地域和跨部门协同的研究,关于跨主体协同的研究不多,一些研究都在单纯强调某一主体在流动人口治理中的作用,缺乏专门对多主体协同流动人口治理的研究。三是缺乏对多元主体如何协同流动人口治理的综合研究。现有研究指明了政府外的其他主体参与流动人口服务管理的重要意义,但阐述各主体具体应该如何参与,尤其是不同主体如何参与协作互动的系统研究则比较少见,理论与实践密切结合的研究较为欠缺。

事实上,流动人口治理究竟是否需要多元主体的协同? 协同流动人口治理的多元主体应该如何加强合作? 这恰恰是当前创新流动人口治理、提

① Smith D H. Four Sectors or Five? Retaining the Member-benefit Sector [J]. Nonprofit and Voluntary Sector Quarterly, 1991, 20(2): 137-150.

② Ma J Z. Temporary Labor Migration and Return Transformation: A Chained Model [C]//International Conference: Survey Research in Chinese Societies: Methods and Findings. The Hong Kong University of Science and Technology, 1999: 27-28.

③ Saich T. Negotiating the State: The Development of Social Organizations in China [J]. China Quarterly, 2000, 161(1): 124-141.

④ Spires A J. China's Un-Official Civil Society: The Development of Grassroots NGOs in an Authoritarian State [D]. New Haven, Yale University, 2007.

高流动人口服务管理水平的一个重要议题。基于此,本书在对多元主体协同流动人口治理的典型案例调研总结的基础上,系统研究社区、社会组织、企业、流动人口自身等主体协同政府开展流动人口治理的机理机制,力图从理论上建构多元主体协同流动人口治理的框架,并针对协同流动人口治理所面临的挑战,探讨完善流动人口协同治理的对策思路,以期在理论突破和实践促进上取得成效。

二、研究内容

各地的流动人口工作中,已经出现了协同治理的实践探索,其中有的是近年来的创新做法,有的已经持续探索了多年,但仍缺乏从协同治理角度进行审视和分析。为此,本书选取北京工友之家、北京协作者社会工作发展中心、浙江省宁波市的"力邦社区"、广州登峰街道宝汉社区这四个案例作为主要调查对象开展研究。在这些案例中,多元主体协同流动人口治理的工作取得了明显成效,对它们进行调研剖析,揭示相关政府部门、社区、社会组织、企业和流动人口自身等在主体间协同合作、资源整合、流动人口服务中的机制,才能深入解答"多元主体何以协同流动人口治理?多元主体如何协同流动人口治理?如何推进流动人口协同治理?"的问题。具体研究思路详见图 0-1。

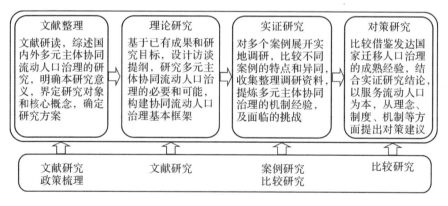

图 0-1 研究思路

本书研究内容包括五个方面。

一是多元主体协同流动人口治理的理论基础。首先,梳理新中国成立以来我国流动人口服务管理的演进历程,分析新时期流动人口群体的新特征与新需求,指出当前流动人口服务管理面临的多重困境,阐明多元主体协同流动人口治理的重要意义。其次,主要运用"国家—社会"关系理论和新公共管理理论,论述多元主体协同流动人口治理的理论依据。最后,从社会转型和政府职能转变、制度空间、社会力量发展、流动人口主体意识等方面,分析多元主体协同流动人口治理的生成机理。

　　二是多元主体协同流动人口治理的框架建构。首先,分析各主体(政府、企业、社区、社会组织、流动人口自身)的特点及协同流动人口治理的动力,从职责履行、利益驱动和志愿精神等角度解释不同主体参与的动力所在。其次,阐释各主体在流动人口协同治理中的角色和职能定位,指明它们所能发挥的作用。再次,探析各主体协同流动人口服务管理的优势和劣势。最后,说明流动人口协同治理网络中各主体间的关系,政府与其他主体之间是"一主多元"的关系,通过多元主体的合作互补,构建一个参与、开放的流动人口协同治理框架。

　　三是多元主体协同流动人口治理的实践。主要研究实践中多元主体是如何协同流动人口治理的。根据国内流动人口协同治理案例的主要特征,将流动人口协同治理划分为政府主导合作型协同、政社合作型协同、政企合作型协同、流动人口自治型协同四种模式。每种模式集中选取一个案例做"解剖麻雀"式的深度考察,揭示不同主体整合资源协同合作的过程和机制,探究其协同治理的成效,总结相关的经验,并反思进一步推进流动人口协同治理面临的挑战。

　　四是发达国家迁移人口治理的经验分析。梳理美国、加拿大、德国和日本四个发达国家人口的流动迁移及其治理历程,概括各个国家迁移人口协同治理的做法,从人口结构调控、信息登记、迁移人口权益保护、多主体协同来提炼各国迁移人口治理的主要经验,为我国流动人口的治理提供参考。

　　五是多元主体协同流动人口治理的对策建议。针对流动人口协同治理面临的职责边界不清、协同动力不足、协同制度滞后和机制不健全等现实挑战,提出应在借鉴国内外已有经验的基础上,从创新流动人口治理理念、推进流动人口协同治理的制度建设、优化流动人口协同治理的机制、构建合理的流动人口协同治理模式等方面提出对策建议,推进"行政主导、流动人口自治与社会力量协同"的流动人口治理格局的发展。

第一章 历程与现状："过客"身份的终结

新中国成立以来，受经济社会发展和国家政策的影响，我国的人口流动经历了从短暂波动到高度活跃的变化，与此同时，我国流动人口管理也从管制向融合演变。"前事不忘，后事之师"，未来流动人口服务管理体制机制的改革离不开既往的经验教训。因而，梳理我国人口的流动及相关管理理念和政策的变化历程，概括总结现阶段流动人口服务管理面临的挑战，有助于客观呈现流动社会的发展趋势，理解多元主体协同治理对于流动人口"城市过客"身份终结的重要意义。

第一节 流动人口及其特征

一、流动人口的界定

流动人口（floating population）是一个与户籍人口相对且具中国特色的概念，常指离开户籍地到其他地方居住的人口，他们是我国新增城镇人口的重要来源。国际上没有流动人口这种说法，类似群体被称为"国内移民"（internal migration）或"迁移人口"（migrant population）。迁移人口与流动人口最大的不同在于，迁移人口随着时间和空间的移动，伴随有登记地址（国内称"户籍地"）的变动，而流动人口的户籍地则没有发生改变。

目前，我国还没有对流动人口的统一定义。即便是历次大规模的人口调查，流动人口的统计标准也不尽相同。如我国 1982 年第三次、1990 年第四次人口普查中的流动人口指跨县流动一年以上的人口；而 1995 年全国1‰人口抽样调查将跨乡、镇、街道居住半年以上的人口认定为流动人口；到2000 年时又进一步将城市内部人户分离人口和流动人口区别开来①；2010年第六次人口普查则继续沿用了 1995 年和 2000 年对流动人口的统计方法。从中不难看出，时间和空间是衡量流动人口的两个重要尺度。在学术研究中，学者们也大都根据各自研究视角，对流动人口进行了界定。有的认为"流动人口应当指某一时间内活动范围跨越一定地域界限，并且户口没有发生迁移的人口，即指那些临时性的流动人口"②。有的则认为流动人口"主要指那些离开户籍所在地，在另一地区滞留、居住、从事各种活动的人口，其中绝大多数是从农村转移出来进城务工的富余劳动力"③。还有的根据流动目的和功能的不同，将外出就业的人口定义为流动人口。

综合上述定义，本书所说的流动人口指跨乡镇街道居住半年以上、户口没有发生变动、以流动就业为目的的中华人民共和国公民。其中，以农民工为主的城市低收入群体是关注的重点④，他们主要由农村流向城市，由不发达或欠发达地区流向较发达地区，他们中多数人的文化水平和生活层次不高，工作、收入和生活的稳定性较差，缺乏对流入地的归属感，很难真正融入当地生活。

二、流动人口群体的新特征

近年来，我国流动人口群体呈现出一些新变化。过去主要是壮年劳动力，现在青年人比重越来越高；过去主要是单个个体的流动，现在则扩展到未成年人、老人等的举家流动；过去流动人口更多是城市的"过客"，现在长期停留的趋势逐渐增强。具体特征体现如下。

第一，"新生代"成为流动人口的主力军。

从流动人口的构成来看，新生代已成为主力军，2016 年新生代流动人口

---

① 段成荣，孙玉晶. 我国人口统计口径的历史变动[J]. 人口研究，2006(4)：70-76.

② 熊光清. 中国流动人口中的政治排斥问题研究[M]. 北京：中国人民大学出版社，2009：51.

③ 何增科. 中国社会管理体制改革路线图[M]. 北京：国家行政学院出版社，2009：204.

④ 部分流动人口文化水平和收入水平都较高，有的还具有较高程度的专业知识，能以人才引进的方式流入城市，他们能享受到相关优惠政策，一般都能顺利地融入城市，这部分流动人口不在本研究的关注范围之内。

占比达到 64.7%,其中,80 后占比为 56.5%,90 后的占比也上升到 18.7%,[①]2017 年 90 后又稳步增长到 24.3%。预计到 2030 年,流动人口中新生代的比重将占到 90%。相较他们的父辈,新生代流动人口的受教育程度、城市适应能力和整体素质都有所提高,因而有利于其较快地融入城市生活,更好地适应产业结构的转型升级。同时,他们的消费习惯也与老一代流动人口有所不同。老一代流动人口肯吃苦耐劳,不在意物质享受,节衣缩食并将节省出来的钱寄回家。而新生代流动人口不像父辈那么克制,他们更注重物质享受和生活娱乐,追求相对体面的生活。他们对农村故土的依恋较为淡薄,对城市生活更憧憬和向往,居留城市的意愿也更强烈,他们中的多数人往往希望能定居城市,不愿意回归农村。但事实上,由于缺乏务农经验和对农村的认同,即便他们退回农村也难以成为合格的农民,而受限于文化、技术、制度等的制约,彻底市民化又很不容易。城市融入难又不甘心回归农村的现实,使得新生代流动人口处于城乡两重边缘的尴尬境地。

第二,流动人口家庭化迁移趋势明显。

20 世纪八九十年代,我国流动人口大多是年富力强的青壮年劳动力。最初他们基本上是单枪匹马地到城市打拼,随着时间的推移,他们在流入地积累了一定的经济基础和社会生活经验,家属也随之迁移的情况变得越来越普遍。2010 年的"第六次人口普查"数据显示,流动人口家庭户中,独自一人流动的只有 16.76%,两代户则有 38.52%,另外还有 5.11% 是三代及三代以上户。2015 年,国家卫生和计划生育委员会监测数据也表明,流动人口的家庭化迁移明显。2013 年流动人口家庭的规模为 2.5 人,而到了 2015 年,这一规模增加到 2.61 人,有 3 人及以上同住的家庭数超过一半。在新迁移经济学家看来,迁移不仅是个人的理性选择,更是一种家庭策略。可以预见,未来流动人口携带老人孩子一起迁移的家庭只会越来越多。伴随流动人口的家庭化迁移,流动人口的消费从单一转向多元,除了衣食住行等基础需求,其对教育、医疗、养老等城市公共服务的需求也不断增加。通常而言,流动人口的家庭化迁移及其需求的满足,是其在城市真正稳定居住进而实现市民化的重要基础,但目前我国流动人口服务管理的对象仍多聚焦于个体,而不是家庭,因而需要更多考虑流动人口家庭的发展需求和发展能力提升。

---

① 国家卫生和计划生育委员会流动人口司. 中国流动人口发展报告 2017[M]. 北京:中国人口出版社,2017:3-8.

第三,流动人口长期居留的意愿增强。

改革开放以来相当长的一段时期,我国大部分流动人口在城市和农村之间如候鸟般地往返迁徙,年轻时在外打工,年老时回家养老,这是当时流动人口的主要生存状态。对他们而言,不管在城市流动多长时间,家乡才是最终归属地。但近年来,流动人口在城市的居留呈长期化趋势,流动人口的不流动性大大增强。据国家卫生和计划生育委员会 2014 年的统计数据,37%的流动人口在流入地居住 5 年以上,居住 10 年以上的有 14.4%,流动人口长期乃至终身居留的态势明显。梁勇、马冬梅通过对上海的调查发现,外来人口在城市居住一年的概率为 48.8%,一年后继续居住第二年的概率为 75%,在此基础上继续居住第三年的概率则高达 81.7%。在上海居住满10 年的流动人口中,95%的人有稳定居留的意愿。[①] 此外,城市规模不同,对流动人口的吸引力也不一样。2019 年国家卫生健康委联合中国社会科学院等共同发布的《中国城市流动人口社会融合评估报告》显示,规模越大的城市对流动人口的吸引力越大,在被评估的 50 个城市中,有 39.45%的流动人口愿意在 10 个特大城市落户,愿意落户其他 40 个大中城市的比例只有34.72%。[②] 流动人口居留时间和意愿的变化表明,随着流动人口在流入地的立足,流入地将逐渐成为他们最终的居留地。

流动人口群体的新特征对我国流动人口公共服务提出了新要求。从国家卫生健康委等联合对中国 50 个城市的流动人口社会融合情况评估的结果来看,综合平均得分只有 51.62 分,与理想目标差距较远。[③] 未来流动人口的公共服务还需考虑到以下方面:一是要消除流动人口公共服务盲区。由于流动人口群体在年龄结构、流动状态、居留意愿等方面都发生了改变,相关公共服务的需求自然也会随之发生一定变化。为流动人口提供公共服务是流动人口服务管理工作的重要内容,需要及时调整公共服务的内容和形式,消除服务盲区,以满足流动人口的需要。比如针对城市里的流动老

---

① 梁勇,马冬梅. 现阶段我国城市流动人口变动的新特点及服务管理创新[J]. 理论与改革,2018(1):173-182.

② 国家卫生健康委流动人口服务中心,等. 中国城市流动人口社会融合评估报告成果研讨会[EB/OL]. 中国网. (2019-01-29)[2019-12-16]. http://www.china.com.cn/zhibo/content_74416890.htm.

③ 国家卫生健康委流动人口服务中心,等. 中国城市流动人口社会融合评估报告成果研讨会[EB/OL]. 中国网. (2019-01-29)[2019-12-16]. http://www.china.com.cn/zhibo/content_74416890.htm.

人，需要在健康保障和心理抚慰的资源配置上给予特别关注。针对部分城中村或城乡接合部等特殊地区因经费和设施问题带来的服务疏漏盲区，需要对流动人口服务从无到有的问题予以着重解决。

二是要推进流动人口基本公共服务均等化。全面小康社会的实现，应该让全体人民共享经济发展成果，具体到流动人口，必须切实解决好公共服务的公平可及问题。受制于城乡分割的二元结构，流动人口往往因不具备城市居民身份而无法完全享受到城市的各项公共服务，尤其需要在子女教育、医疗、就业等方面为其大力提高服务水平，促进流动人口基本公共服务的公平可及。

三是提升流动人口公共服务层次。随着流动人口的市民化意识和权益意识的增强，流动人口对公共服务需求的层次有了较大的提高，传统的服务内容和资源配置方式越来越难满足流动人口变化了的需求，需要从多维度改善流动人口的公共服务。比如老一辈流动人口对住房要求不高，有个遮风避雨的地方就可以了，但新生代流动人口往往更追求住得舒适体面，更关注居住的环境和周边配套，而城市过高的房租令他们中的许多人只能望而却步。此外，流动人口就业的保护水平较低、新生代流动人口的职业技能培训和精神文化需求等，都是需要在流动人口服务管理中逐步提升的内容。

第二节　新中国成立以来流动人口服务管理的演进历程

我国流动人口的服务管理具有鲜明的阶段性特征。从新中国成立至改革开放初期，人口的流动量相对较小，有关流动人口的服务管理问题并不凸显。但自 20 世纪 80 年代中期以来，数以亿万计的流动人口从农村涌入城市，在给城市带来巨大的经济活力，推动城镇化和工业化发展的同时，也加大了城市公共服务和资源配置的压力，提高了城市管理的难度。尤其是进入 21 世纪后，人口的迁移流动更为活跃，如何促进流动人口的社会融合，已成为新时期流动人口服务管理的重要目标。

一、流动人口服务管理的起步和探索（1950—1983 年）

改革开放前，我国流动人口的管理和服务经历了前松后紧截然不同的两个阶段：1950—1957 年，人口迁移流动自由，流动人口服务管理处于起步阶段;①1958—1983 年,国家严格限制人口流动,流动人口公共服务基本缺失。

第一个阶段(1950—1957 年),人口迁移流动自由,流动人口服务管理处于起步阶段。新中国成立之初,各方面百废待兴,在相关人口流动政策体系尚未成型的情况下,人口更多的是从农村到城市的自发性流动。随着1953—1957 年第一个五年计划的实施,在集中力量发展重工业的指导方针下,国家新建了一系列工矿企业,创造了大量的劳动力需求。同时,政府还有计划地组织不同地区人口的迁移。比如地广人稀的东北和西北地区,成为当时集体移民垦荒的主要迁入地。人口的自由迁移及政府的规划和调整,促进了这一时期人口流动的活跃。据估计,该时期每年的人口迁移量有2000 万~3000 万人。②

为了掌握全国人口变动情况,1951 年 7 月公安部颁布了《城市户口管理暂行条例》,规定由公安机关登记管理全国人口的出生、死亡、迁入和迁出等基本信息。1955 年 6 月,国务院公布《关于建立经常户口登记制度的指示》,规定公安派出所和乡镇应建立人口登记册,对因各种原因引起的户口变动及时填入和管理,全国城乡基本建立统一的户口管理制度。由于商品物资较为短缺,政府能提供的公共服务也比较有限,此时户口管理主要发挥人口登记的作用,流动人口和城市居民所享受的公共服务没有很大的差别。但此后,随着物资供应等有关政策的实施,相比流动人口,城市居民开始享有一定的保障。如 1955 年 8 月,国务院《农村粮食统购统销暂行办法》和《市镇粮食定量供应暂行办法》公布,规定粮食的供应与户口挂钩,对非农业人口发放口粮凭证,实行定量供应,农业人口的口粮需要自产。在就业领域,国家的"统包统配"政策,强有力地保障了城镇居民的充分就业,一些政府企事业单位的职工也开始享有相应的福利待遇。

第二个阶段(1958—1983 年),国家严格限制人口流动,流动人口公共服务基本缺失。农产品统购统销政策带来的工农业剪刀差,以及城镇相对较好的待遇,使广大农民向城市迁移的愿望渐趋强烈。但由于重工业的劳动力吸收能力和城市的支撑能力有限,为了减轻农村劳动力向城市转移带来的压力,同时为了稳定农村劳动力,国家不得不开始限制农村人口的自由流

① 陈丰. 城市化进程中流动人口服务管理创新研究[M]. 上海:华东理工大学出版社,2015:92.

② 马侠. 三十多年来我国的国内人口迁移及今后的展望[J]. 人口与经济,1987(2):3-9.

动。1958年1月,国家颁布《中华人民共和国户口登记条例》,明确规定农村人口不能随意变更职业和居住地,公民由农村迁往城市,必须持有相关部门准予迁入的证明。凭证落户和户口迁移审批制度的实施,表明政府开始在全国范围内施行严格的户籍管理,并在法律上正式确立限制农村人口进城的二元户籍制度。此后,从20世纪60年代直至80年代初期,国家又陆续制定了系列政策,如1962年《关于加强户口管理工作的意见》、1977年《公安部关于处理户口迁移的规定》、1980年《进一步做好城镇劳动就业工作》、1981年《国务院关于严格控制农村劳动力进城做工和农业人口转为非农业人口的通知》、1982年《城市流浪乞讨人员收容遣送办法》等,虽然政策重点不一,但它们表达了一个共同的政策取向,即政府继续严格控制农村人口向城市流动,农村人口的盲目流动将会被当作"盲流"而被收容遣送。

这一时期,除主要的户籍管理外,国家还出台了一系列与之配套的管理政策,包括商品粮油计划供应制度、医疗保健制度、劳动就业制度等,并对转业安置、接受教育、子女落户等也作出了许多具体的规定,初步形成了一套以户籍制度为核心,其他制度高度协同的管理体系。它在保证国家经济发展计划对人口流动强力调配的同时,最大限度地降低了流动人口的数量,与之相对应的流动人口管理和服务也基本缺失。在随后的社会管理中,这套体系的功能被不断强化,住房、养老、社保、劳动保护等附着在户籍制度上的福利待遇,构成了一个组织严密的社会等级控制体系。全国公民被划分为"农业户口"和"非农业户口",城乡壁垒森严,两类户口之间不可逾越,拥有"非农业户口"的居民享有就业失业保障和城市公共服务,而拥有"农业户口"的农民则被束缚在农村土地上,城乡二元结构逐步形成和固化。

二、流动人口防范管理,公共服务较为贫乏(1984—1999年)

改革开放以来,大规模人口的流动迁徙无疑是我国经济社会发展掠影中最为波澜壮阔的历史画卷。广大农民在社会变革和经济利益的双重激励下,纷纷进城谋求更好的发展机会和更高的收入水平,我国人口的流动迁移进入一个新阶段。其中,流动人口的大量出现主要基于两方面的原因。

一方面,城乡之间的推拉力是大量农村人口向城市流动的重要驱动力。始于农村的家庭联产承包责任制改革极大地提高了农业生产效率,但并未改变农业的比较经济收益,农村人口本来就多,再加上机械化程度的相对提高,导致农村人口超过刚性需求,出现大量的剩余劳动力。与此同时,我国城市建设步伐加快,乡镇企业的兴起、沿海经济特区和经济开发区的建立、小城镇发展等战略的实施,强有力地激发了中国经济发展的活力,创造了巨大的劳动力需求。在居民生活方面,城市居民收入稳步增长,城市生活环境、生活质量和福利待遇都得到极大提高,城乡之间的巨大差距对农村人口产生了强烈的吸引力。

另一方面,相关政策和制度的变化是大规模流动人口形成的制度基础。1984 年 10 月,国务院发布《关于农民进入集镇落户问题的通知》,允许农民进入集镇落户,除了必须自理口粮外,落户农民享有和集镇居民同等的权利和义务,这是二元户籍制度实行 30 年以后,政府第一次为农村人口进城松绑,使得农民合法地在集镇生活成为可能。此后国家又开始实施居民身份证制度,相比户口簿,公民有了更便于随身携带的身份证明文件,"人迁户不迁"成为合法行为。1985 年 7 月,公安部《关于城镇暂住人口管理的暂行规定》,明确只要年满十六周岁,暂住时间超过三个月,就可以申领暂住证,从法律上正式赋予了农民进城居住的许可。而 1987 年的中央政治局会议更是明确提出,农村剩余劳动力可向劳动力紧缺地区流动,[①]并且到 1992 年底,国务院直接宣布从第二年起放开粮油的市场价格,并废除粮票的流通,从此,人口的流动摆脱了口粮的门槛,又大踏步向前跨了一步。此外,各大城市也在 1985 年后陆续发布了相关支持和鼓励外来人员进城的文件,人口流动迁移的数量持续上升。

人口的大量流入,使得城市犯罪率急剧上升,城市资源环境等各方面的管理都面临巨大的压力。由于流动人口的文化素质和收入相对较低、工作不稳定,他们通常选择租住在房租比较低廉的城乡接合部,形成一个个外来人口聚集的"城中村"。因违法违章建筑集中,人员杂乱,基础设施不完善,卫生条件差,治安问题突出,城中村成为困扰许多城市进一步发展的"痼疾"。为了应对这些问题,中央和各地采取了多种办法加强对流动人口的管理。1989 年 3 月,国务院发布《关于严格控制民工外出的紧急通知》,一个月后,公安部和民政部又联合发出《关于进一步做好控制民工盲目外流的通知》,要求各地采取措施防止本地民工盲目外出。1990 年 4 月,国务院又发布《关于做好劳动就业工作的通知》,提出要引导农村人口"离土不离乡",严格管理进城流动人口。1991 年,国务院再次要求全民所有制企业必须在国家计划内招录农民。这些政策实际上意味着政府收紧了人口流动的政策,

<hr>

① 郑真真,贺珍怡,张展新. 中美流动迁移比较研究[M]. 北京:中国社会科学出版社,2016:11.

重新对流动人口进行管制。但在 1992 年邓小平南方谈话带来思想大解放后,随着社会主义市场经济体制的建立和城市经济体制改革的推进,政府对人口流动的认识出现了新的拐点,总体由管制向鼓励和引导转变,不仅相继出台了一些政策措施来引导农村劳动力有序转移,还开始了逐步建立流动人口管理服务机制。

在管理理念上,开始"全国一盘棋"的努力。1995 年,中共中央社会治安综合治理委员会(以下简称中央综治委)在厦门召开全国首次流动人口管理工作会议,总结了流动人口的管理经验,提出立足全局、因势利导、加强管理、兴利除弊的流动人口管理工作指导思想,在此基础上明确了各部门的工作任务和具体措施。在管理体制上,建立多部门配合的联动机制。1997 年,中央综治委成立流动人口治安管理工作领导小组,成员包括 17 个部门,并在公安部设立负责日常工作的办公室,开始对流动人口的统筹协调管理。在管理政策上也日趋积极,如 1997 年的《小城镇户籍管理制度改革试点方案》规定,具备一定条件的农村流动人口可申请转为城镇户口。这些管理理念、管理体制和管理政策的完善,表明我国流动人口管理机制逐步建立,"管理"成为这一时期政府流动人口工作的重心。

由此可见,这一阶段的流动人口工作总体以防范管理为主,即使到了 20 世纪 90 年代中后期,流动人口相关管理体制机制基本建立,但由于中央主要以经济指标对地方政府实施考核,地方政府更多考量地区生产总值,看重经济和城市的稳定发展,对民生和公共事业的服务不够重视,不具有当地户籍的流动人口自然难以享受到应有的公共服务。在城乡二元户籍制度的背景下,"农民工"这一独具中国特色的群体,集中体现了当时农村流动人口公共服务匮乏的窘境。农民工"亦农亦工""非农非工"的尴尬在于,按照户籍身份,他们是农民,本可以接受农村的服务管理,但因为他们工作和生活在城市,难以实际顾及;而按照职业身份,他们是工人,本应该接受城市的服务管理,但森严的户籍制度体系将流动人口排斥在外,使得他们成为游离于城市外的边缘群体。

三、流动人口有序管理,公共服务逐步改善(2000 年至今)

进入 21 世纪后,我国经济发展步入高速增长的快车道,经济实力的不断提升和市场化的持续推进,促使政府寻求更好的方式来治理发展中出现的问题,随着"以人为本""科学发展观""和谐社会"等理念的贯彻实施,我国对流动人口的管理和服务也出现了新的积极变化。

　　国家相关部门对流动人口工作作出了一系列重大部署：2001 年国家"十五"计划纲要提出要"改革城镇户籍制度，形成城乡人口有序流动的机制"。2003 年珠三角城市开始出现的"民工荒"则直接促进了城市流动人口公共服务的改善。同年，国务院颁布《城市生活无着的流浪乞讨人员救助管理办法》，废止了之前的强制收容遣送制度，开始对在城市生活无着的人员实行救助，强化了对包括流动人口在内人员的基本权益的保护。2005 年，十六届五中全会首次提出"公共服务均等化"原则。这表明，流动人口基本权益之上的就业、医疗、教育培训等服务需求逐渐受到重视。第二年，国务院接着出台了《关于解决农民工问题的若干意见》，提出着力解决当前农民工面临的问题，把解决好农民工问题提高到社会主义事业全局和战略的高度。2007 年中共中央办公厅、国务院转发中央综治委出台的《关于进一步加强流动人口服务和管理工作的意见》，要求各地政府将流动人口服务管理纳入工作规划，建立覆盖流动人口的服务体系。此后，2011 年国家"十二五"规划纲要再次重申"加强流动人口服务管理"。2012 年的《政府工作报告》也强调要着重把农民工有序转变为城镇居民，合理引导人口流向，加强对农民工的关怀和服务，将城镇基本公共服务覆盖到农民工，解决农民工城市生活的实际问题。① 可以看出，这一时期政府对流动人口的管理已经由重管控开始向重服务转变，"服务"一词多次被置于"管理"之前，"服务管理""寓管理于服务之中"已成为流动人口工作所倡导的基本理念。

　　近年来，随着国家倡导的城乡人口有序流动机制不断完善，流动人口的城市融合进程加快推进，流动人口服务管理的创新需求也应运而生。2012 年党的十八大报告指出，有序推进农业转移人口市民化，完善和创新流动人口服务管理。2014 年的《政府工作报告》也明确指出，农民工的市民化是新型城镇化的核心，有序推进有能力和有意愿的农民工及其家属转变为城市居民，推进以人为核心的城镇化。至此，农民工的市民化已被看成事关我国新型城镇化健康发展的关键因素，这一点在后来党的十九大报告中也再次被强调。而 2015 年的《居住证暂行条例》，更是直接推进了户籍制度的改革，使符合条件的流动人口的权益与城镇居民之间的差距逐渐缩小。2018 年，习近平总书记在全国人民代表大会第十三届一次会议参加广东代表团审议时特别提出，要创新社会治理体制，拓展外来人口参与社会治理的途径

---

① 温家宝. 政府工作报告[EB/OL]. 新华网. (2012-03-15)[2019-12-15]. http://news.xinhuanet.com/politics/2012lh/2012-03/15/c_111660147_3.htm.

和方式。[①] 显然,这一阶段是我国对流动人口的服务管理最为关注的时期,无论是中央及各部门的政策、党代会报告,还是国家发展规划等文件都对流动人口问题高度重视。

除了政策和制度的支持外,国家还积极采取实际措施来改善流动人口在城市的生活和工作状况,促进流动人口的社会融合。如为进城就业的农民工提供服务信息并进行培训;重视对农民工合法权益的保护;有步骤、分条件地解决外地人在城市的落户问题等。同时,城市医疗卫生、就业、养老保障等的改革也逐步深入,流动人口享有越来越多与户籍人口同等的公共服务,外部环境的改变使得人口的流动成本大大降低,消除了流动的许多障碍,进而加快了人口尤其是农村剩余劳动力的流动。促进农民工市民化和公共服务常住人口的全覆盖,已成为全面深化改革的重点和难点问题。

在上述流动人口政策和支持措施的推动下,我国人口的流动进入历史上最为活跃的时期,2000年我国流动人口数量超过1亿,占全国总人口比重的7.9%,随后保持快速增长,2010年流动人口总数已跃升至2.2亿,占全国总人口的比重达到16.4%,到2015年全国流动人口共2.47亿,此后这一规模基本保持稳定。大量农村剩余劳动力流入城市,人口由农业向工业和服务业的转移,不仅微观上增加了流动人口及其家庭的收入,宏观上还促进了整个社会资源的优化配置和产业结构的调整升级,极大提高了社会的劳动生产率。

四、我国流动人口服务管理的特征和经验

综观上述流动人口服务管理的演进轨迹,不难看出,我国流动人口的服务管理经历了历史性变迁。在这一过程中,受制于主观愿望和客观环境的不同,呈现出阶段性特征。新中国成立70多年来,政府对于流动人口相关问题的认识逐渐深入,流动人口服务管理的理念和做法逐步演进,总体上从允许人口短暂自由流动后,限制流动人口进城、拒绝管理,经过控制流动人口盲目流动的防范管理,转变为促进人口融合的有序管理,近些年更是逐渐走向"服务管理"的新时期,这反映出我国流动人口服务管理的理念日益清晰,政策和制度日益人性化,效果日益显著。

新中国成立初期,我国人口迁移流动自由,流动人口服务管理处于起步

---

① 新华社. 习近平李克强栗战书汪洋王沪宁赵乐际韩正分别参加全国人大会议一些代表团审议[EB/OL]. 中国政府网. (2018-03-07)[2019-12-15]. http://www.gov.cn/xinwen/2018-03/07/content_5272037.htm.

阶段,由于一穷二白的经济基础,除了基本的人口登记管理,政府能为流动人口提供的公共服务十分有限。大批农村人口向城市的迁移不仅加重了城市的负担,而且也给农业从业人口带来冲击,与我国"以农补工",优先发展重工业的发展战略相违背,于是自 20 世纪 50 年代后期起,政府以户籍制度为核心对流动人口进行全面限制,流动人口公共服务基本缺失。此时的户籍登记、限制招工、收容遣返等行政手段,基本属于人口与治安管理的范畴。

随着计划经济体制改革的推动,1984 年起,国家逐渐允许农民落户小城镇,并对进城的农民发放暂住证加以管理,个体向城市的迁移流动政策由此开始松动,在城乡差距进一步拉大的背景下,广大农民"用脚投票",不断向城市涌入,构成改革开放以来我国流动人口的主体。为了预防和消解人口集中流动对城市社会秩序和基础设施带来的压力,放开加限制的防范管理是这一阶段流动人口服务管理的主要特征。流动人口进城必须申办暂住证,以此作为城市居留的行政许可,而像北京、深圳等大城市还会要求流动人口办理外出务工证、边防证、计划生育证等其他证件,主要目标是控制城市规模,维护城市秩序。以城乡二元体制为基础、证件管理为核心的防范管理体制,折射出户籍制度强大的社会控制功能,由于缺乏容纳流动人口的服务机制和正式制度设计,反映出政府的流动人口工作并未完全适应改革开放所带来的变迁现实,仍然是传统型的行政管理模式。①

21 世纪以来,我国人口的流动更加活跃,流动人口的总量突破 2 亿,随着治理理念的发展,国家越来越重视推动流动人口与城市居民享有同等待遇,促进流动人口的有序管理,逐步改善公共服务。这一时期,虽然政府仍然比较重视人口规模的控制和城市治安的维护,但这已不再是流动人口工作的全部内容,现今对流动人口的服务管理已经远远超出这一范畴。如何在尊重流动人口权益的基础上,让流动人口享受同等的公共服务,共同分享改革发展的成果,已成为流动人口服务管理的重要目标。流动人口工作从传统的控制、管制和管理,真正转向服务管理并重,并体现出多种发展趋势:一是尝试突破户籍限制的改革越来越深入。目前我国中小城市的户籍已经基本放开,城市公共服务对流动人口的"普惠性"大大增强;大城市户籍制度改革的力度虽然偏小,但也一直在积极探索增强对流动人口包容性的措施,如一些大城市实行的居住证、积分入户和积分入学政策,改革取向非常明

---

① 张真理. 北京市流动人口服务管理史略(1978-2008)[J]. 兰州学刊,2009(7):113-118.

显,希望能够通过适当增加入户途径,解决长期工作和居住在城市的流动人口的户籍及均等化服务问题。正是这些新的改革,促使21世纪初流动人口仍需通过买户口、办理各种证件缴纳管理费、交高额借读费等方式才能获得公共服务的状况有了相当大的改善。二是信息技术的应用越来越广泛。进入信息时代后,电脑、智能手机、网络和通信设备被逐渐应用于流动人口的服务管理,各部门业务的数字化管理,使流动人口的服务管理更系统精细,效率更高。如对暂住证实行IC卡管理,有关流动人口的业务办理进行APP监测,对出租屋和公共场所实行电子监控等。三是各地有价值的探索越来越丰富。各地在流动人口服务管理的实践中,已经形成了一些效果比较显著的治理模式,具有较强的参考价值。如上海市浦东新区的"新市民生活馆",充分发挥社会组织的作用;宁波慈溪的"和谐促进会",通过行政主导重构组织,引导流动人口与本地居民合作互动;北京的流动人口组建"工友之家",开展自我管理和自我服务;等等。

第三节   现阶段流动人口服务管理面临的新困境

当前我国城镇化进入高速增长期,逐步实现人的城镇化是我国城镇化发展的重要任务。从城镇化的发展现状和未来趋势来看,流动人口将在较长时期大规模存在,认清流动人口的城市生活状况和流动人口服务管理工作的不足,是科学有效开展流动人口治理的现实依据。

一、流动人口城市融入难题

人口的迁移流动给城市社会带来了活力与生机,但同时也带来了流动人口的城市融入难题。不仅流动人口的多元诉求与政府服务的统一性矛盾,流动人口的"半城市化"[①]"虚城市化"现象突出,不同层级城市的流动人口政策与流动人口留城意愿之间也存在不匹配之处。

(一)诉求的多元化与服务的统一性矛盾

随着时间的推移,流动人口群体内部分化加大,异质性逐渐增强,不同代际和不同类型的子群体在经济收入、生活方式、心理文化等方面的特征各

---

① "半城市化"一词由中国发展研究基金委于2010年提出,指农村人口向城市人口转化过程中的一种不完整状态,农民因不能和市民享受同等待遇,不能真正融入城市生活。

异，流动人口群体诉求的多元性明显。从流动人口的构成来看，过去主要是农民工，现在越来越多的大学生、城镇人口也加入流动大军中；过去主要是青壮年流动，现在包括儿童、老人在内的家庭迁移变得更为普遍；过去主要是个人需求，重点是就业和劳动保障，现在则向家庭需求转变，住房、健康和教育等方面的需求日益增多。即使是同一个群体如农民工，由于务工经验、就业能力以及社会融入程度不同，他们在利益需求和权益诉求方面的差别也比较大。流动人口分化的现实，要求综合考量这一群体的特点，根据不同层次需求制定有差异的政策，提供更具针对性的服务。然而，目前我国流动人口的管理和服务基本由政府提供，一方面政府采取的是统一管理统一服务的模式，很难适应流动人口变化了的需求；另一方面政府事务庞杂，单一主体服务的供给，确实难以顾及流动人口如此分化和具体的需求。这就需要在满足流动人口的多元需求目标，不断完善政府流动人口政策，提高流动人口服务管理水平的同时，创新流动人口服务管理模式，倡导多元主体的参与，多方协调，共同为流动人口的城市融入提供支持。

（二）流动人口的“半城市化”现象

流动人口为城市提供了宝贵的劳动力资源，是促进城市经济和各项事业发展的重要力量。近年来我国城镇化发展迅速，国家统计局关于国民经济和社会发展的统计公报显示，2020 年我国城镇化率突破 63.89％，其中户籍人口的城镇化率为 45.4％。[①] 可见，仍有相当大比例的人口虽然常住城镇，户籍却依旧在农村，除了城城流动外，这部分人是当前我国流动人口的主要组成部分，他们的市民化无疑将是城镇化发展的必然趋势。但由于流出地和流入地在经济社会文化等各方面的差异，以及制度层面的二元性，流动人口尽管被动或主动地进行了再社会化，仍难以享受到与城市户籍人口同等的市民权利，他们在就业、住房、教育、社会保障、文化交往等领域的融合还存在不少困难。可以说，当前流动人口的城市化还停留在“半城市化”阶段。

就业方面，流动人口在城市的就业层级低，权益易受损，获得的支持弱。流动人口的职业结构呈“金字塔”分布，能够在塔尖岗位就业的人少，大部分流动人口因其受教育程度和技能水平相对较低，多在塔底从事城市市民不

---

① 国家统计局. 第七次全国人口普查公报（第七号）——城乡人口与流动人口情况 [EB/OL]. 国家统计局网. (2021-05-11)[2021-05-15]. http://www.stats.gov.cn/tjsj/zxfb/ 202105/t20210510_1817183.html.

想做也不愿做的脏累苦的工作。而这些塔底的工作又基本从属于非正规劳动力市场,不仅收入较低,对劳动者的权益保障也不充分,一旦流动人口的合法权益受到侵害,维权的难度和成本都很高。另外,不少新生代流动人口更希望从事体面且收入较高的工作,但职业技能欠缺,需要一定的技能培训对其就业予以支持。

住房方面,缺乏针对流动人口的公共住房保障。住房是保障流动人口在城市安居乐业的必要条件。由于当前城市的住房保障政策基本面向户籍居民和高层次人才,大多数普通流动人口难以被城市住房保障体系覆盖。各地在实践中,尽管也采取了一些办法,如有的给提供职工宿舍、建设园区公寓等,有的将流动人口纳入公租房政策的保障范围,但由于流动人口群体规模庞大,流动性大,这些措施无法完全解决流动人口群体的住房保障问题,加大了流动人口的不稳定性。

教育方面,适龄流动儿童入园难、入学难的问题突出。现阶段我国的学前教育资源比较匮乏,加上近几年生育政策的调整,新生儿总量增大又加剧了学前教育资源不足的问题,流动人口的孩子想要进流入地公办幼儿园更是难上加难。在义务教育阶段,由于公立学校门槛高,特别是大城市的普惠性教育资源尤为紧张,流动人口需要办齐各种手续和证件,才有可能为孩子争得一个入学机会,而这对绝大多数流动人口而言较为困难,许多流动儿童也因此被排除在公办学校之外,只得选择去农民工子弟学校就读。而让流动家庭更为无奈的是高考问题,囿于城市高考对考生户籍的限制,流动家庭只得早作打算,让孩子回老家或去其他地方就读高中,家庭成员的分离居住非常不利于孩子身心的健康发展。

社会保障方面,流动人口"不保"和"断保"现象较为普遍。我国现行的社会保障制度附着在户籍制度上,由于没有流入地户籍,社会保障体系对流动人口的覆盖率较低,导致流动人口难以享受到当地的医疗、养老、失业等保险待遇。一方面,流动人口和用人单位参保意识差。部分流动人口认为自己最终还是会回到原居地,社会保险对其用处不大,或是认为不可能缴满规定年限,或是认为社会保险扣缴太多,而不愿意或中断参保。部分企业为了降低用工成本,也存在逃避为流动人口缴纳保险费的情况。另一方面,当前全国跨地区的社会保险转移支付制度还没形成,各种保险的异地转移接续比较困难,流动人口只能带走个人账户,不能带走统筹账户,导致他们缴纳社会保险的积极性不高,给在流入地的稳定生活留下很大的隐患。比如,由于我国医疗保险还没实现全国统筹,流动人口只能先异地看病,再回户籍所在地报销,这给流动人口就医带来许多麻烦。尤其对经济困难的流动人口来说,不能及时报销带来的费用短缺,将会增大流动人口有病难医的风险。

文化交往方面,精神娱乐活动较少,倾向于同质群体间交往。以农民工为主体的流动人口与城市市民在文化观念、社会地位、经济收入等方面存在显著差异,人际交往多倾向于同质群体间的联系,与当地居民的互动和情感交流不多。他们的业余生活主要是逛街、上网、聊天、打牌等,相对市民而言较为单调。流动人口本身所习得的传统亚文化与城市主流文化之间的融合并不容易,生活的艰辛、难以融入的城市文化、家庭成员的聚少离多,导致流动人口在城市生活的品质并不高,普遍存在"边缘人"心态,对流入地缺乏强烈的认同和归属感。

(三)城市政策与流动人口居留意愿的矛盾

流动人口在城市的居留意愿受到多种因素的影响,这既包括流动人口对自身人力资本、在流入地工作和生活的状况以及家庭因素的考虑,也包括城市政策和公共服务对流动人口吸引力的大小。近年来,我国户籍改革不断推进,流动人口的公共服务也在不断改善。2014年7月,国务院发布《关于进一步推进户籍制度改革的意见》,要求加快户籍改革,建立城乡统一的户口登记制度,有序引导人口流动。但由于不同城市流动人口规模不同,流动人口对其财政和公共服务带来的压力各异,因而不同层级城市采取了差异化的落户政策。目前来看,中小城市的户籍限制已基本放开,大城市尤其是特大城市的落户限制仍然比较严格,以北京、上海为代表的城市户籍制度改革的普惠性有限,对流动人口的接纳和包容度不高。而与此同时,流动人口却更希望能落户大城市,在中小城市特别是小城镇落户的意愿相对较低。2015年,中国社会科学院人口与劳动研究所和社会科学文献出版社联合发布的人口与劳动问题报告显示,居住在人口300万以下城市的流动人口,明确表示愿意落户的不到40%,而居住在特大城市的流动人口,有近60%表示希望能留下来。这就产生一个悖论:中小城镇即使扩容城市建设,降低利益扩散门槛,流动人口能留却不愿留;相反,大城市的利益扩散滞后,融入门槛高,流动人口想留却留不下。

大城市户籍人口和流动人口的数量倒挂问题严重,城市管理和流动人口公共服务的难度较大,对此,上海、深圳等地实行居住证制度,并将实施对象覆盖到流动人口。在不改变户籍的情况下,持居住证的流动人口享有和城市居民差别不大的待遇,达到一定积分,还可转为城市户口。居住证制度改变了过去对流动人口的强制管理,对于促进基本公共服务均等化和流动人口市民化具有积极意义,但从长远来看,居住证制度只是我国户籍改革过程中的一项过渡性政策,对于解决流动人口问题并不能一劳永逸。城市户口的含金量越高,人口涌入越多,地方政府公共服务的压力就越大,因此,有些地方政府对流动人口抱有既吸引又排斥,既需要又挤压的态度。吴开亚和张力在对全国 46 个城市的落户条件进行研究后认为,地方政府的户籍改革更多考虑如何通过改革调整和优化人口结构,提高城市竞争力,促进地区发展,进而更倾向于户口的货币化、门槛化和利益化。① 在实践操作层面,以上海、北京为代表的超大城市积分落户的筛选功能很强,高学历、高技术、多财富的人更有机会从积分落户中受益,绝大多数流动人口仍然被排斥在外,面临公共服务的制度性歧视。以北京市流动儿童的教育服务为例,根据北京市相关政策,流动人口的子女想要进入公办学校读书,家长首先必须准备五份证明,即暂住证、在京就业证明、在京居住证明、户口所在地出具的当地没有监护条件的证明和户口簿,之后还要经过包括街道在内的三个部门的审查,每次审查同样需要提交相应证明,手续齐全后才能进入信息登记和学校审查环节。另外,除了全市统一的"五证"要求,各区(县)还存在结合实际制定的细则。据统计,流动人口子女入学,整套程序下来通常需要提交近三十个证件和证明。② 可见,当前实施的居住证制度对流动人口的包容性有限,城市户籍制度的改革力度与流动人口居留意愿的统一仍然任重道远。

二、流动人口服务管理的多重困境

　　流动人口城市融入难,固然有其自身的原因,但也与流动人口所生活城市的政策环境和治理效能密切相关。综合来看,现阶段我国流动人口服务管理主要面临治理观念和行为消极化、科层治理体系碎片化和治理主体单一化的问题。

(一)流动人口治理观念和行为消极化

　　观念或理念的认识偏差,会直接影响决策和治理行为的实效,这也是流

---

① 吴开亚,张力. 发展主义政府与城市落户门槛:关于户籍制度改革的反思[J]. 社会学研究,2010(6):58-85,243.

② 王晓慧. 由"五证"衍生至近 30 个证件、证明非京籍儿童入学有多难? [EB/OL]. 华夏时报网.（2015-05-29）[2019-12-20]. http://www. chinatimes. net. cn/article/49048. html.

动人口服务管理中首先面临的问题。人口流动是把双刃剑，既能为城市各行各业提供青壮年劳动力，促进城市经济的繁荣与发展，又会在一定程度上加大城市运行的风险和成本。由于人口流动，熟人社会中道德和信任机制对人的约束力下降，给城市带来公共安全问题，加上资源环境的承载压力，致使有的管理者形成对流动人口的排斥思维。基于城市利益最大化的考虑，一些地方的流动人口工作重管理轻服务，忽略流动人口长期存在的事实，不能从流动人口的平等权利出发来制定政策，有的甚至把对流动人口的控制作为城市人口调控的重要目标，采取各种办法以求挤出流动人口。而面对流动人口集聚区和各种非正规经济，地方治理者往往将之视为城市管理的顽疾，采取消极不作为的责任规避模式。① 有的甚至简单执法，通过提高合法标准，"一刀切"地予以禁止，不能以人为本柔性化治理；有的部门之间推卸责任，不愿担当，无法做到源头治理，难以满足流动人口秩序整合的需要。

对流动人口的消极认识，使得在此指导下的流动人口服务管理工作具有浓厚的管制色彩。改革开放以来，尽管我国的户籍改革在不断推进并取得了显著成效，但流动人口治理仍然没有完全摆脱户籍防范型管理的痕迹，这类管理思路具有以下几个特征：一是人户分离。主要指对户籍人口和流动人口分别管理，由于流动人口的户籍所在地与居住地不一致，户籍地管户但管不到人，流入地管人却管不到户，从而导致流动人口难以和流入地的户籍居民享受同等权益。二是把流动人口作为管制对象。一旦将流动人口看做福利的分享者，而忘记他们对城市的付出和贡献，就可能丧失对流动人口的服务思维，导致管理的简单粗暴，很难向流动人口释放出善意。三是离流动人口公共服务的全覆盖还有一段距离。推进以人为中心的城镇化，实现基本公共服务的全覆盖，是"十四五"规划纲要的重要目标。但在防范型思路下，不可能将所有流动人口纳入城市公共服务体系，流动人口就业难、看病难、上学难、社保难等问题并没有真正得到解决。

转变流动人口治理观念，意味着向传统"防民"观念的告别。加强政府与流动人口之间的互信，变户籍防范型管理为服务型管理，是我国人口管理理念的一次现代化转型，将对社会的和谐发展产生深远影响。

---

① 叶敏. 稳定焦虑、风险转嫁与官员不作为——基于"社会中的国家"视角的透视[J]. 浙江社会科学,2015(4):33-37,47,156.

(二)流动人口科层治理体系碎片化

科层治理作为一种现代治理方式,最早由马克斯·韦伯提出。在现代组织化的社会中,科层治理强调根据权力的职能和职位进行分层,并运用规则来进行管理,具有专门化、等级制、规则化、非人格化、技术化的特点。科层治理有助于科学划分工作职责,促进个人对工作的投入,提高组织的效率,因而被韦伯认为是从纯技术观点看最符合理性原则的组织管理模式。然而,科层治理也有其弊端,正如安东尼·唐斯所述:"随着官僚组织的发展,组织内部劳动分工往往变得更加专业化,因为更多的人被卷入同一个决策中,这增加了协调的难度。而且,由于每个任务都被分割成许多小部分,人们难以了解整体情况。个体专业人员很少考虑如何使组织整体运行良好,更多的是考虑如何精通自己所在部分的工作。"①由于专业分工,政府各部门职能分化,按各自的运行逻辑行事,逐渐形成碎片化的管理格局。②

如果说科层治理具有本身难以调和的内在困境,那么针对人口流动而言,这种困境不是减弱,而是加强了。流动社会的经济和社会生活更加复杂,管理难度更大。目前我国流动人口的数量庞大,流动动因和诉求日益多元,既有经济方面的原因,也有个人发展和家庭方面的考虑,并且他们的流入还会带来城市秩序和环境治理等负外部性,对城市治理工作带来冲击和压力。原有的治理不仅需要新设流动人口管理部门和机构,大量增加工作人员,还需要协调部门之间的工作,且在编与非在编工作人员的劳动强度和报酬不等,容易产生不公平感,在一定程度上加重了科层治理体系的碎片化。例如,有的地方政府设立了流动人口管理办公室,招聘大量流动人口协管员。不同性质的工作人员待遇不同,极易导致流动人口服务管理人员的复杂化和行为消极化,使得"以户籍人口为对象的治理和服务体系,面对一个庞大的大范围流动的人口群体时,显得异常吃力"③。

具体而言,流动人口科层治理体系的碎片化体现如下:第一,体制层面难统筹。目前流动人口的服务管理主要形成了三种体制,一是治安管理型。

---

① 安东尼·唐斯. 官僚制内幕[M]. 郭小聪,等译. 北京:中国人民大学出版社,2005:169.

② 詹姆斯·博曼. 公共协商:多元主义、复杂性与民主[M]. 黄相怀译. 北京:中央编译出版社,2005:132.

③ 曹锦清,刘炳辉. 郡县国家:中国国家治理体系的传统及其当代挑战[J]. 东南学术,2016(6):1-16,246.

1997年4月,中央政府批准中央综治委成立流动人口治安管理工作小组,指导全国流动人口管理工作,形成了大多数省市在初期广泛采用的管理体制。这种传统体制由公安系统牵头,重在治安化管理而非市民化服务,且缺乏基层服务队伍的支持,不适应我国服务型政府发展要求。尽管不少地区又相继在此基础上进行了"以业控人""以证管人"和"以房管人"等改革,但很难得到相关部门的有力配合,资源难以统筹,流动人口的服务管理仍存在无序和效率不高等问题。二是大人口机构统筹型。即在高层次部门如人口计生委或发改委领导下,搭建人口政务平台,并统筹协调各部门的流动人口工作,上海、无锡等地的做法就比较典型。三是专业机构协调型。通过成立像流动人口服务管理局之类的专门机构,来协调各部门的流动人口服务管理工作,这种体制更强调对流动人口的服务,通过增强统筹协调和信息采集共享能力来改善服务,如张家港、嘉兴等地。后两种体制是各地结合地方实际,对流动人口服务管理机制进行的探索,有积极的意义,但实际操作中涉及机构队伍和职能的配套转型,以及相关部门之间人、权、钱的交接,不仅考验着相关部门或机构的协调统筹能力,而且由于不同地区管理机构的设置不一,归口管理也不一致,无疑加大了跨地区衔接的难度,不同系统之间跨地区的合作不容易。

第二,机制层面的分割性。管理机制指管理系统内部的结构及运行机理,决定着管理的功效。流动人口服务管理机制的分割性主要表现为"条块"的分割。从"条"的分割来看,流动人口事务涉及多个部门,公安、房管、城管、民政、社会保障等都有自己的流动人口服务管理职能,由于缺乏统一规划,信息没有实现互联互通,各部门的服务管理既有重复之处,也存在漏洞和盲区,降低了流动人口服务管理的效率,导致流动人口的诉求难以得到回应,需求难以得到满足。这种多头管理在实际工作中缺乏灵活性,各部门容易从自身利益出发各自为政,造成流动人口服务管理工作的不到位、越位和缺位问题。从"块"的分割来看,流动人口流出地和流入地之间缺乏协作,流出地往往囿于其能力较少为流动人口提供就业或健康咨询等方面的服务,流入地尽管有一定的条件和能力,但其重在关注户籍人口的公共服务,对流动人口的主动接纳和服务不够。

（三）流动人口治理主体的单一化

从流动人口服务管理的演进历程不难看出,流动社会中政府一直主导着我国流动人口的治理实践,其他主体和力量的参与有限,由于各地治理水平参差不齐，有不少城市的流动人口治理仍然采取的是政府单一管理的模式。

我国长期具有行政主导社会的传统，在这种背景下，市场和社会的力量基本游离于社会治理之外。我国流动人口的治理延续着对传统路径的依赖，流动人口的管理和服务被认为是政府的职责，这种单一主体模式在流动人口个体化流动阶段效果比较明显。但随着流动人口规模增大，利益诉求日益分化，政府的单一供给已不能满足公共服务常住人口全覆盖的要求，在实践中出现治理结果与初衷相背离的情况。与此同时，流动人口治理中浓厚的行政主导和单一主体色彩，制约着其他社会主体和市场主体的参与空间，影响多元主体协同治理格局的形成。当前，政府单一主体的治理面临越来越多的挑战：政府财政投入的成本压力巨大，地方政府的执行力度不一，对流动人口的认识偏差及流动人口工作本身的艰巨和烦琐极易导致消极管理，造成实质上的重管理轻服务，行政框架内条块分割带来治理的碎片化和资源的浪费，流动人口的多元需求难以满足，等等，影响了流动人口服务管理的效率。

党的十九大报告指出，要完善党委领导、政府负责、社会协同、公众参与、法治保障的社会治理体制。显然，在流动人口治理中，社会协同和公众参与的作用并没有充分发挥，企业单位、社会组织、社区、流动人口自身尚没有普遍参与进来，不论是他们相互之间的利益表达与协商，还是流动人口公共事务的参与机会，都有待更充分的发展。比如，流动人口虽是流动人口服务管理的客体，但其主体意识和参与能力近年来都有了很大提升，并且已通过"工友之家""同心希望家园"之类的自组织，在一些地区开展了自我管理和自我服务活动，取得了较好的效果，他们完全可以成为流动人口服务管理的主体，但事实上，流动人口参与的深度和广度还远远不够。再如，社区作为正式制度和非正式制度转换的场所，是流动人口居住生活的重要空间，是流动人口在城市获得归属感的重要依托。[①] 但当前在全国范围内，充分发挥社区直面流动人口且熟悉情况这一优势，搭建社区协调平台来提升服务管理绩效的做法，仍然比较欠缺。

---

① 杨菊华，王毅杰，王刘飞，等. 流动人口社会融合："双重户籍墙"情景下何以可为？[J].人口与发展，2014(3)：2-17，64.

第四节　协同治理：从“城市过客”变身“新市民”

在中国城市化发展过程中，流动人口为我国经济社会发展做出了巨大贡献，推动了我国全面建成小康社会目标的实现。流动人口问题是在这一转型时期受特定制度影响而出现的一个过渡性问题，新时期要突破流动人口治理的困境，提升流动人口服务管理效能，需要调适政府的流动人口治理职能，促进流动人口协同治理格局的形成，推进“城市过客”变身“新市民”，拥抱城市美好生活。

一、流动人口协同治理的内涵

（一）协同治理

协同治理（Collaborative Governance）的概念发端于西方。20 世纪 90年代，商业组织关系的研究中最早出现了“协同”一词，多用于讨论商业组织之间的战略联盟。随着政府与非政府部门合作解决社会问题实践的展开，西方理论界进行了大量的相关研究，曾出现过像公私伙伴关系、网络治理、协同治理等比较相近的概念，但最后更多倾向于用“协同治理”来描述政府、非政府组织、企业、公民之间的合作互动现象。如今，协同治理已被广泛运用于政治学、公共管理、经济学等学科的研究中，虽然西方学者对协同治理内涵的理解各有千秋，但基本达成了以下共识：协同治理指政府外的主体加入治理行动，为达到共同目标而共同努力。[①]

近年来，我国无论在政策层面，还是在基层实践层面，都在大力倡导社会管理的创新，这一实务方面的需求直接推动了学术界对跨部门合作的研究，“协同治理”“合作治理”等逐渐成为热门词汇，被广泛运用于社会科学研究的各个领域。在对“治理”一词的定义上，学者们比较认同全球治理委员会在其研究报告《我们的全球伙伴关系》中的界定：“治理是各种公共的或私人的个人和机构管理其共同事务的诸多方式的总和。它是使相互冲突的或不同的利益得以调和并且采取联合行动的持续的过程。它既包括有权迫使人们服从的正式制度和规则，也包括各种人们同意或以为符合其利益的非

---

①　田培杰. 协同治理概念考辨［J］. 上海大学学报（社会科学版），2014（1）：124-140.

正式的制度安排。"①在此基础上,学者们从不同视角对协同治理的内涵进行了阐释。俞可平强调国家与社会之间的合作,他把国家与社会的协同治理称为官民共治,即政府和公民对社会事务的合作管理。② 郁建兴、任泽涛侧重协同治理机制的建设,他们认为社会协同是当前我国政府与社会关系的现实选择,必须构建制度化的渠道和平台,如通过制度强化、制度建设和制度改革,发挥社会在协同治理中的作用。③ 还有的从危机治理角度来看协同治理,认为公共危机的协同治理是指各主体通过现代科技手段把各要素有机组合起来,对各种危机实施系列性的协同控制活动。④ 借鉴以上定义,本书的协同治理指在公共管理和服务供给中,政府部门和其他非政府部门以及社会个体,在共同目标的指引下,构成一个相互协作的系统,寻求社会事务"善治"的过程。

协同治理具有几个明显的特征:一是主体的多元性。协同治理的参与者包括作为行政主体的政府、市场主体的企业、社会主体的社会组织和公民。在一个特定的治理结构中,协同范围不同,会形成不同主体参与的协同关系,如政府与企业的协同,政府与社会组织和公民的协同,等等。政府不再是唯一的权威,其他主体也可以在公共事务的参与治理中发挥作用,协同治理很大程度上是一个沟通协调和资源整合的过程。二是目标的公共性。协同治理不是为了解决个人问题,而是为了解决公共问题。尽管每个主体都有各自的利益和目标,但在具体事务的协同过程中,主体间将会通过沟通与合作,凝练共同的价值目标,并促成行动的一致性。三是主体间关系的复杂性。在各种协同关系网络中,由于不同主体掌握的资源和拥有的能力不同,因而不同主体所处的位置并不相同,且他们之间的地位关系并非一成不变,会随着协同目标、环境和分工的变化而变化。主体间可能是一种平等的协作关系,也有可能某个主体处于主导地位,对协同治理发挥主要的引导和促进作用。四是系统的动态性。由于协同治理系统内外的环境处于不断变化之中,这必然会增加各治理主体行动的不确定性,他们必须根据系统的变

① 全球治理委员会. 我们的全球伙伴关系[M]. 牛津:牛津大学出版社,1995:2-3.
② 俞可平. 重构社会秩序走向官民共治[J]. 国家行政学院学报,2012(4):4-5,127.
③ 郁建兴,任泽涛. 当代中国社会建设中的协同治理——一个分析框架[J]. 学术月刊,2012(8):23-31.
④ 张立荣,冷向明. 协同治理与我国公共危机管理模式创新[J]. 华中师范大学学报(人文社会科学版),2018(2):11-19.

化情况及时作出调整和回应，才能保证协同治理目标的实现。总体来看，整个协同治理系统一直处于平衡与不平衡的动态状态。

（二）流动人口协同治理

协同治理强调从流动人口管理转向共建共治共享的流动人口治理格局。由于流动人口问题涉及企业用工、社区生活、子女教育、就业技能培训和社会保障等多个领域，不仅与政府相关工作联系紧密，也与企业、社区、社会组织等其他主体的工作，乃至流动人口自身有关。因而，在流动人口的服务管理中，需要改变过去以政府为绝对主导的单一式管理，充分发挥政府、企业单位、社区、社会组织和流动人口等多元主体的作用，鼓励多元主体发挥各自优势，以满足流动人口的需求为导向，合力应对流动人口事务，促进流动人口融入城市社会。

从广义来看，流动人口的协同治理通常既包括政府内部不同部门层级之间的协同，流出地和流入地之间跨地域的协同，又包括政府部门与非政府部门不同主体间的协同。一是部门之间的协同。大规模流动人口的涌入给流入地政府的治理能力带来挑战，由于流动人口工作涉及多个政府职能部门，若各部门只专注于部门任务，缺乏有效的信息共享和沟通机制，则难以避免政出多门，甚至部门工作相互掣肘，弱化服务管理的效果。因而，与流动人口问题的复杂性相适应，加强部门间的协同，对于避免流动人口服务管理中出现漏洞与重复，强化整体协调提高治理效率非常重要。二是地区之间的协同。流动人口是一个跨越流出地和流入地两地的特殊群体，现行体制对他们的服务管理处于两套体系，各自承担自己辖区内的事务，且根据流动人口居住在流入地的实际，相关工作主要以流入地为主，并没有形成全国"一盘棋"的局面。加强流出地和流入地的协作，可以改变流动人口治理中区域割裂、无人管理和服务的尴尬状况，在治安管理、劳动用工、卫生健康等方面形成联动机制，实现流动人口服务管理的跨地域对接。三是多主体之间的协同。流动人口问题涉及面广，不同阶段具有不同的需求，如果完全依靠政府的单一治理，不仅做不到事无巨细面面俱到，也给政府工作带来巨大的压力，不利于全社会资源的优化配置。正如汉斯·科曼所言，"许多集体行为的问题只通过个人行为无法解决，但是由遥远的国家调节或间接的正式民主程序也不容易解决。相反，社群的自我调节，结合民主国家及其机构的威权,倒可以使问题得到解决"①,倡导政府、社会组织和企业等在流动人口服务管理中的合作,能有效弥补政府单一主体的不足,完善多元化供给路径,形成政府、市场主体、社会主体协同治理的格局,促进流动人口问题的有效解决。此多主体层面的协同治理,正是本书的主要研究对象。

二、多元主体协同流动人口治理的特征

多元主体协同流动人口治理是在政府主导下,不同主体参与流动人口工作,以更好地满足流动人口需求,推进流动人口城市融入的治理模式。它与传统自上而下的管理不同,在治理理念、治理主体、治理目标和内容、治理方式等方面有着自己的特征。

首先,在治理理念方面,流动人口协同治理坚持参与、协同的理念。流动人口治理强调必须转变原有管理中单纯强制灌输的理念,各个主体可以在对相关流动人口政策和治理目标、内容、方式方法等认同的基础上,参与到流动人口的服务管理中。由于任何单一的部门或机构都难以实现流动人口治理的目标,流动人口协同治理还特别重视各参与主体间的协商合作,将外在的强制因素转化为内在的自我约束力量。

其次,在治理主体方面,流动人口协同治理的主体是多元的。流动人口治理不再是政府"一统天下",而是由政府包办向多元共治转变。政府虽然仍是流动人口治理的主导者,但已不是唯一且最终的决定因素,社会组织、企业、社区、流动人口等也是重要的参与主体。对政府而言,培育参与流动人口治理的社会力量,构建制度化的参与机制,完善相关流动人口治理政策法规等,都是其重要的职责。

再次,在目标和内容方面,流动人口协同治理坚持服务和管理并重。不论是服务还是管理,流动人口治理以尊重流动人口、回应流动人口需求,维护流动人口权益,促进流动人口发展为目标。服务管理的内容涉及面很广,如就业培训、社会保障、流动子女教育、流动老人照料、精神文化活动等,多元主体的协同治理注重服务管理内容的人性化,重视促进流动人口在流入地的融入和发展。

最后,在治理方式方面,流动人口协同治理强调多向度管理、间接管理和协商管理。区别于政府自上而下的行政管理,多元主体的协同治理是上

---

① Jan W. Van Ddeh Social Capital and European Democracy［M］. London：Routledge,1999：322.

下互动的多向度管理,政府的服务管理职能有很大一部分可通过社区或社会组织等完成,多主体间是合作协商的伙伴关系,且通过制度化或协商的方式确定各主体的责权利,共同应对和化解流动人口服务管理中的各种问题。

三、多元主体协同流动人口治理的意义

在流动人口群体特征和需求日益多元的背景下,传统的流动人口治理模式难以适应现实需要,而协同治理立足于流动人口基本权益的保障,鼓励政府与其他主体之间的合作,这对于发挥多元主体的合力作用,转变政府职能、降低服务管理成本,满足流动人口需求,促进流动人口城市融入有着非常重要的意义。

第一,协同治理有助于促"分力"为"合力",发挥多元主体的作用。流动人口城市融入和市民化进程中遇到的阻力来自多方面,除了有制度政策和政府管理层面的原因,还有很多来自其他主体的因素,诸如用人单位没有充分保障流动人口的劳动权益,社区工作对流动人口需求的考虑不足,社会组织没有发挥其应有的作用,流动人口自身素质和技能相对较低等。因此,对流动人口的服务管理,如能超越传统的政府单主体治理模式,将其他主体纳入到流动人口治理框架,充分发挥各个主体的优势,通过协商合作方式共同应对流动人口的服务管理,无疑是推进流动人口市民化的最佳选择。政府与社会的共同参与,不仅有利于政府更新治理理念,改变单中心重管理的思维,强化流动人口服务职能,从无限管控走向有限治理,而且有利于在调动企业、社区、社会组织、流动人口自身等多元主体积极性的基础上,叠加各方"分力"为"合力",在协商合作中各显神通,共同促进流动人口服务管理工作。

第二,协同治理有助于更好地满足流动人口需求,促进流动人口市民化。流动人口的主体是农民工,这一特征决定了流动人口群体的人力资本、经济资本和社会资本比较匮乏,在社会中处于弱势地位,抵御各类风险的能力较低,故而其经济、文化和社会参与等各方面的需求比较广泛。协同治理倡导多主体合作,有利于提升流动人口服务管理质量,满足流动人口的多元需求。如可以发挥各主体内部正式制度和非正式制度的作用,加强流动人口对自身的约束和管理。与此同时,社区、社会组织等主体扎根基层,事实上更贴近流动人口,对流动人口的需求更了解,因而有条件根据需求变化提供更具体微观的公共服务。用工单位的参与,也能稳定流动人口与用人单位间的劳动关系,减少侵害流动人口合法权益的现象,降低社会治理的成

本。特别是各类专业人员的参与和各方资源的投入,能极大提高资源配置的效率,促进经济发展的成果惠及流动人口群体。

第三,协同治理有助于提高政府流动人口治理效能。政府单一主体在流动人口服务管理中存在种种局限,当政府部门对某一路径形成习惯和依赖时,往往难以摆脱既有路径的依赖而有所创新。[①] 而协同治理框架下的有效协作则有利于打破既有路径的束缚,打破原有的行政、区域和主体分割,克服治理体系的碎片化和单一化问题。一是多元主体协同治理的实现,需要政府正确认识社会力量和市场力量的作用,并处理好与其他主体间的关系。这意味着政府必须放弃管控思维,加强对体制外资源的整合,并将部分服务管理事项交给其他主体去完成。多元主体间的协作不仅能促进政府职能的转变,还能减少相关人员和活动的支出,降低政府流动人口服务管理成本。二是政府内部不同部门和不同地区之间的信息共享和事务合作,有利于避免行政管理中的条块分割,全面准确地掌握流动人口的状况和需求,从而有的放矢地提供公共服务。三是其他社会力量尤其是社会组织的参与,能够将分散的流动人口进行组织整合,减少政府与流动人口个体的直接互动,既有利于化解流动人口带来的不稳定因素,又有利于减少流动人口对政府的负面认知,增进其正向的情感和认同。

---

① 吴向阳. 走出路径依赖实现城市管理的突破——对北京什刹海地区胡同游治理的思考[J]. 中国行政管理,2006(4):69-70.

第二章 机理与框架:融入城市的可能

机理是指为了实现某种功能,系统中各要素的内在运行规则和原理,或者是事物存在或变化的理由和道理。研究多元主体协同流动人口治理的机理,理解流动人口协同治理的理论基础及其逻辑层面生成发展的必然性,是进一步分析多元主体为什么要协同流动人口治理,以及怎样协同流动人口治理的重要理论基础。

第一节 多元主体协同流动人口治理的理论基础

理论的研究源于对问题的关注,诚如马克思所言:"问题就是时代的口号,是它表现自己精神状态的最实际的呼声。"①流动人口问题是近年来备受政界和学界关注的问题。厘清流动人口协同治理的理论基础,能够为多元主体协同流动人口治理提供有益的分析视角和有力的理论支撑。

一、"国家—社会"关系理论

(一)"国家—社会"关系的形成与变迁

"国家—社会"关系是政治社会学研究的重要范畴,通常而言,国家与社会的分化指的是国家、市场和社会三者的分化,"市场属于社会领域私人谋

---

① 马克思恩格斯全集(第 40 卷)[M]. 北京:人民出版社,1982:289-290.

利的范畴,属于广义的社会领域"①。人们对国家与社会关系的认识经历了两者同构、分离和对立、良性互动的演变过程。早在古希腊时期,以亚里士多德为代表的"城邦"概念形象表达了国家与社会的交合状态,城邦既是一种政治体制,又是一种社会组织,此时,社会事务和公共事务相一致。而古罗马法则暗含着法律与政治的分离、社会治理与国家的分野。进入中世纪后,基督教与国家的二元对立、教会的独立性削弱了国家对社会的控制,对国家与社会关系的认识逐渐形成"国家中心论"与"社会中心论"的二元立场。前者以马基雅维利、布丹、霍布斯和黑格尔为代表,主张个体和社会应服从于国家,国家具有普遍利他性,应以实现国家利益为最高目的。后者以洛克、斯密、潘恩、孟德斯鸠和托克维尔为代表,认为社会先于国家、又外在于国家、应以社会制约权力,国家须减少对社会的限制和干预等。20世纪时,人们逐渐认识到过于强调其中某一方面的片面性。90年代以来,米格代尔、埃文斯等学者提出了"国家在社会中""国家与社会共治"等新型理论,重视国家与社会两者之间的互补和合作,这一派理论被称为"国家与社会互动论"。其中,"国家在社会中"理论认为国家与社会的互动打破了此消彼长的零和博弈,这种互动可能出现四种结果:一是国家对社会的全面控制;二是国家吸纳新的组织、资源等,与社会力量合作;三是社会力量改变国家,占主导地位;四是国家与社会的分裂。在现实生活中,国家与社会大都处于第二或第三种模式的形塑过程中。"国家与社会共治"理论则指出,国家与社会处于不断相互适应的过程中,可以通过制度设计让公众参与公共服务,加强国家力量;也可以将国家嵌入一套具体的社会纽带,实现国家与社会共治,正如埃文斯所言,既有嵌入性又有自主性的国家,才能成功实现经济转型。②

依据国家与社会关系的强弱,理论上又可将两者之间的关系分为四种不同的模式:一是"强国家—强社会"模式,如墨西哥、埃及、印度、西方发达的市场经济国家等。二是"强国家—弱社会"模式,如韩国、新加坡、泰国等东亚国家。三是"弱国家—强社会"模式,如早期的一些西方国家。四是"弱国家—弱社会"模式,如索马里、阿富汗等处于无政府状态的国家。

---

① 任剑涛. 社会的兴起——社会管理创新的核心问题[M]. 北京:新华出版社,2013:171.

② Peter B. Evans. Embedded Autonomy: States and Industrial Transformation [M]. Princeton, New Jersey: Princeton University Press, 1995. 转引自李姿姿. 国家与社会互动理论研究述评[J]. 学术界,2008(1):270-277.

新中国成立至 1978 年,我国实行高度集中的计划经济体制,"国家—社会"的关系是"强国家—弱社会"模式的典型。在这种体制下,政府集所有经济和社会管理职能于一身,对整个社会实行严密的控制,导致整体格局只见国家不见社会,社会完全失去自主性,有学者将这段时期的中国社会称为"总体性社会"①。

市场化改革以来,我国进入"后总体性社会"②,原来极端的"强国家—弱社会"模式发生了巨大变化。伴随着计划经济体制的逐步解体,国家不再控制一切,政府的"全能型"职能开始收缩,向有限政府和服务型政府转型。之前被国家垄断的社会资源得以有序自由流动,社会释放出自主的活动空间,社会成员从单位和集体中解放出来后,又以一种不同于传统的方式联结起来,多样化的社会组织获得发展,在参与社会治理中发挥着越来越重要的作用。按照马克思、恩格斯的预言,随着国家权力向社会的过渡和回归,国家终将会被"以生产者自由平等的联合体为基础的、按新方式来组织生产的社会"③所替代,而在社会发展和壮大的过程中,社会的建设和管理将具有根本性的意义。

(二)"国家—社会"关系理论的应用

"国家—社会"关系理论强调两者关系的思路,对于分析当今社会问题很有启发。苏国勋曾指出,当代科学研究的对象正在"由物质实体向关系实在"转变。从社会学来讲,早期社会学家都注重对实体的研究,像孔德的社会物理学思想、斯宾塞的生物有机体论、迪尔凯姆的社会事实观等均是如此,但是今天的社会学主流已把重点转移到从不同视角出发(如建构论、功能论、制度论等)来研究不同主体的互动关系,如市场与民间组织、民间组织与国家、经济与社会,等等。④ "国家—社会"框架正好迎合了当代社会学注

---

① 这一概念由美国政治学家邹谠提出。Tsou Tang. Revolution, Reintegration, and Crisis in Communist China: a Framwork for Analysis [C]//HO Ping-ti & Tsou Tang (ed.). China in Crisis. V. 1 Book 1. Chicago: University of Chicago Press, 1967:277-364.

② 此提法参见孙立平等. 动员与参与——第三部门募捐机制个案研究[M]. 杭州:浙江人民出版社,1999:12.该书认为:"后总体性社会"实质上是"总体性社会"向完全"市场化社会"的过渡阶段。这个时期不同于国家垄断和控制一切资源、对社会全面侵入的"总体性社会",但社会也并未获得完全"市场化社会"那样的自主性,国家权力作为一种根本性权力,仍然在组织动员、资源配置中发挥重要作用。

③ 马克思恩格斯选集(第三卷)[M]. 北京:人民出版社,1995:755.

④ 苏国勋. 社会学与文化自觉[J]. 社会学研究,2006 (2):1-12.

重关系研究的需要。

改革开放以来，我国国家与社会的关系发生了很大变化，社会资源的流动性加强，社会结构的分化给社会自主力量的发展带来了广阔的空间。我们在看到社会自主性的同时，也应看到国家是一个具有自身行动目标的主体，正确认识国家与社会之间的互动关系。在新的发展条件下，我国提出要对传统的社会治理体制和方式方法进行改革，实现社会治理的创新，这实质上是"国家—社会"关系在当代中国的重构。国际学术界从 20 世纪 90 年代中期起，就已经开始摒弃国家与社会之间两极对立的零和博弈观点，主张两者相互促进、协同发展的良性互动。我国有自己独特的国情和文化传统，在处理国家和社会的关系时当然不能照搬西方国家的经验。改革前我们走的是国家完全控制社会的道路，政府管理过多、过泛，导致社会活力尽失，社会发育和发展滞后。而社会管理创新集中体现了政府管理理念的重大转变，现代社会管理既包括国家对社会的管理，也包括社会的协同管理，因而既要提高政府对社会的管理能力，又要增强社会的参与协同能力。社会管理应是"国家和社会各自发挥自己的效用，并恪守各自行动的边界，寻求相互间的积极支持的复杂事物"①，现阶段，我国社会管理创新的格局既强调"党委领导、政府负责"，即国家的主导作用和对社会组织的支持和规范功能，又强调"社会协同、公众参与、法治保障"，即社会管理并不是政府包打天下，社会力量是社会治理的主体和政府的合作伙伴，社会治理还需要发挥好社会的协同、自治、自律作用，调动起公众参与的积极性、主动性和创造性，实现有效治理，这是我们对国家与社会关系重新认识的结果。

（三）"国家—社会"关系对流动人口治理的启示

"国家—社会"关系理论在很大程度上反映了流动人口问题的发展和演变趋势。在国家对流动人口长期控制、限制的管理模式中，国家力图通过公安机关将流动人口纳入其直接的控制体系内，防止游离于基层组织之外的个体对"国家—社会"同构关系的破坏。随着流动人口主体意识的增强，各种流动人口自组织不断涌现，再加上从国家中独立出来的社会力量不断成长，原来的强制主义管理方式已不再适用。此时，重新探究流动人口管理形势变化下的国家与社会关系，思考流动人口协同治理的意义和定位，并提出

---

① 任剑涛. 社会的兴起——社会管理创新的核心问题[M]. 北京：新华出版社，2013：76.

促进多元主体协同流动人口治理的对策建议就显得尤为重要。

"国家—社会"关系虽然是一个产生于西方的分析视角,但"我们在研究过程中使用'国家—社会'这对范畴,并不是要接受西方的价值和参照西方的经验,去探讨建构一个什么独立于国家、并与国家相对立的'社会',而是在尊重传统和坚持国家与社会统一的前提下,去探讨如何协调国家与社会的关系"[①]。在国家与社会关系发生变化的大背景下,人口流动打破了原有的属地管理体制,而传统的城乡二元分治模式无力对流动人口开展有效的服务管理,国家权力也从对流动人口的压制转向服务和管理,因而,政府在积极履行相关流动人口服务管理职能的同时,积极发现其他主体的作用非常重要。本书以流动人口治理作为研究对象,从逻辑上梳理多元主体协同流动人口治理的理论基础和实践逻辑,提炼流动人口协同治理的机制,以及社会力量在流动人口协同治理过程中因与国家的"碰撞"等原因而陷入的困境,并试图从国家和社会层面来寻求解决问题的办法。这种研究将国家与社会的视野投向实际生活中的案例,丰富了"国家—社会"关系的中国本土内容,其意义正如沈原所述,"在最现实的生活层面上,国家与社会相遇了"[②]。此外,在研究的过程中,本书还力图打破"国家—社会"框架的静态对立,特别关注社会力量的作用,揭示他们虽然处于既定社会结构与制度之下,但仍然努力采取各种行动参与流动人口服务管理,拓展其与政府的合作空间。以此将"国家—社会"置于一种动态的分析中,从而更接近转型期的中国社会之真实。

"国家—社会"关系的理论启示我们,在流动人口服务管理的问题上同样需要发挥政府与社会的双重作用。流动人口在流动的过程中,群体特征和需求都发生了一定的变化,随着流动人口主体意识增长,流动人口城市融入意愿与融入难的现实冲突日益凸显。但从地方实践来看,各种社会力量作为社会治理的多元主体,能够为流动人口提供便利的、切合实际需求的服务,且已经在服务流动人口方面发挥了重要的作用。在流动人口的协同治理有了一定发展的情况下,我国政府应顺势而为,改变过去防范式管制的思路,向各社会和市场主体让渡部分流动人口服务和管理职能,将其看成社会治理体制的一部分,积极促进流动人口的市民化。

---

① 郑杭生. 中国特色社会学理论的应用[M]. 北京:中国人民大学出版社,2005:510-512.

② 转引自何艳玲. 西方话语与本土关怀——基层社会变迁过程中的"国家与社会"研究综述[J]. 江西行政学院学报,2004(1):58-62.

二、新公共管理理论

(一)新公共管理理论的主要内容

新公共管理理论是自 20 世纪 70 年代以来在西方国家兴起的政府改革理论。面对由石油危机引发的经济滞胀、财政赤字、公共服务效率低下、福利国家不堪重负等一系列问题,西方各国政府掀起了公共行政的改革浪潮,普遍进入新公共管理时代。与传统的行政管理理论不同,新公共管理将现代经济学理论和私营企业管理方法引入公共部门的管理,主张摒弃官僚制,打破自上而下单向的控制,争取社会成员对工作绩效的认同,提升公共服务的能力。

新公共管理包括六项基本内容:一是政府职能不是划桨而是掌舵。新公共管理认为传统政府之所以低效,主要原因是忙于划桨而忘了掌舵,做了许多舍本求末的事。"掌舵的人应该看到一切问题和可能性的全貌,并且能对资源的竞争性需求加以平衡。划桨的人聚精会神于一项使命并且把这件事做好。掌舵型组织机构需要发现达到目标的最佳途径,划桨型组织机构倾向于不顾任何代价来保住他们的行事之道。"①政府应把宏观管理与微观操作、治理与执行区分开,可以通过重塑市场,让私人部门去划桨来提高行政效率。

二是奉行"顾客"至上的理念。新公共管理理论认为,私营部门"顾客"至上的理念值得借鉴,对于公共部门而言,"顾客"就是享受公共服务的公民,政府与公众的关系犹如企业与顾客的关系,政府不能依靠简单的发号施令来强制管治,而应该以公民的需求为导向,努力提供公平公正的公共服务。此外,"顾客"有以脚投票的权利,对公共服务的评价,应以公民的参与和满意度为主。政府作为负有责任的企业家,需坚持"顾客"至上的价值理念,优化资源配置,提供符合公共需求的高效服务。

三是重视公共服务的效率。新公共管理理论强调效率是公共行政的重要落脚点。传统政府管理往往重视投入,忽视结果,导致产出低效,而根据交易成本理论,公共部门同样需要关注活动的产出和结果,需要对外界的变化作出灵活调整和回应。对此,新公共管理理论主张在管理过程中引入市场机制,采用私营部门的目标管理、绩效管理和人力资源管理等手段,放松通过法规和制度控制的行政规制,实施严格的目标绩效控制,根据绩效来测

---

① 奥斯本,盖不勒. 改革政府[M]. 周敦仁,译. 上海:上海译文出版社,1996:12.

定和评估目标的完成情况，促进公共服务效率的提升。

四是主张公共管理引入竞争机制。传统行政管理认为，公共服务由政府提供，私营部门负责微观经济领域，不能参与公共行政。而新公共管理倡导公共行政遵循公开透明的原则，将竞争机制引入公共服务，打破公共部门供给的垄断，让更多的私营部门参与进来，从而提高公共服务的质量。公共部门和私营部门之间的竞争，将迫使垄断组织更重视"顾客"的需求和反应，增强工作人员的责任心和士气，降低行政成本。公共项目招标、公共企业私有化和承包等都是引入竞争机制的表现。

五是采用授权或分权的管理方式。由于政府是一个等级分明的集权组织，难以对快速变化的外部压力迅速作出反应，而市场和社会组织采取授权或分权的办法，分散决策权，往往能有效解决问题。因此，分权或授权比集权更灵活，更有创新精神和效率，政府也可减少层级，将公共管理和服务权限下放给社会，如社会组织、志愿者组织、社区、社会成员等，发动他们参与社会管理。引导社会组织和机构健康发展，是政府的基本职能，健康有活力的社会单元才能构成健康有活力的国家。

六是改造公务员制度。关于公务员和政务官员的关系，传统行政理论与新公共管理理论观点各异。传统行政理论认为公务员应保持政治中立，行政与政治必须分离，公务员不能以党派立场影响决策。但新公共管理理论则认为，公务员与政务官员之间的相互影响无法避免，应该正视这种影响，废除公务员价值中立原则，允许高级公务员参与政策的制定并承担相应责任，激励公务员主动设计政策，尽职尽责执行政策，更好地服务社会。

新公共管理理论是西方国家公共部门改革的产物，它改变了传统行政理论的研究范围、理论基础、主题、方法和模式，拓展了公共管理的范围与取向，创新了以激励为导向的公共管理方法，构建了以结果为导向的绩效量化管理，体现了公共管理部门实践和研究的新成就。然而，新公共管理理论不可避免也存在一定的局限，如"经济人"假设异化了人的本质，降低了人在公共管理中的地位；"效率至上"的理念容易带来公共性的缺失，导致急功近利的短期行为；结果导向的量化管理方法在某种程度上造成对公平正义等价值的忽视，导致公共责任的缺失，从而损害社会公共利益。

（二）后新公共管理时代的理论发展

新公共管理理论指导下的西方政府行政改革虽然取得了瞩目的成绩，但也一直遭受各式各样的批判。自20世纪90年代末期起，在对新公共管理理论继承和批判的基础上,出现了各种理论流派,学术界称这一时期为后新公共管理时代。以下是比较有代表性的理论。

1. 新公共服务理论

新公共服务理论由以美国公共管理学家罗伯特·丹哈特为代表的学者创立。它在对新公共管理理论的精髓——企业家政府的不足进行批判反思的基础上,吸收传统公共行政和新公共管理理论的合理内容,强调人本精神、服务理念和责任意识,主张人性、民主和公共利益优先的一种管理模式。新公共服务理论主要包含以下观点:

一是政府职能不是掌舵而是服务。新公共服务理论提出,政府的职能既不是划桨,也不是掌舵,而是服务。过去公共管理者更加关注掌舵,这使得公共行政侧重决策而忽视执行,事实上,社会发展的方向应由公众选择,而不是管理者掌控。好的公共管理应该建立一些具有整合力和回应力的机构,帮助公民表达并实现其利益诉求。

二是追求公共利益。公共利益是公共行政管理者和公民的共同利益,是公共管理的主要目标。管理者不是公共利益的单独主宰者,他们只是整个大治理系统中的关键角色。公共部门应该致力于确保公共利益的主导地位,使公民能清楚表达公共利益,经公平公正的民主规范产生解决方案,并鼓励公民采取一致行动来维护公共利益。

三是服务公民,而不是服务"顾客"。新公共服务理论认为,政府与公民之间的关系与企业和顾客间的关系不能等同,顾客的需求有先有后,利益也可分为短期和长期,而公民的需求没有先后之分。因此,政府服务的对象不应是顾客,而应是全体公民。政府必须关注全体公民的需求和利益,并为他们提供公正的服务,公民也需要承担起自身的社会责任,为社会做出力所能及的贡献。

四是关注人的价值。新公共服务理论强调公共管理不应该只重视生产率,同样应该重视人的价值。公共部门如果要求参与者具有奉献精神、责任心和公民意识,那么部门的管理者首先必须尊重并善待所有参与者,在此基础上通过协商合作的治理过程,成功的可能性就会更大。①

五是重视公共权利和公共服务。新公共管理倡导公共行政人员重视顾

---

① 顾丽梅. 新公共服务理论及其对我国公共服务改革之启示[J]. 南京社会科学,2005(1):38-45.

客的需求,追求效率最大化,像企业家一样思考和行动。而新公共服务理论则认为公共行政人员本质上不同于企业家,企业家是企业的所有者,但政府的所有者是公民,并不是公共行政人员,因而不能完全采取企业家那样的思维和行为。公共服务和公民权比企业家精神更重要,公共行政人员需要与公民共享权利,协同工作,成为负责任的参与者。

六是战略视野,民主行动。战略性是公共服务政策和规划的重要特征,公共部门可以通过与公民的协作来保障政策规划的制定和执行。其中,公共部门要确保可接近性、开放性和可回应性,建立高效率和负责任的机构,也可通过对公民的教育,提高公民民主化行动的能力。

七是责任的复杂性。新公共服务理论认为,新公共管理理论看待公共部门和公务员的责任过于简单化,公共部门治理最重要的目的是为公民权利和公共利益服务,与此相对应,宪法和法令、政治规范、职业标准和价值观等都属于责任范畴。这种责任既包括法律责任、政治责任,又包括专业责任和民主责任,公务员需要在多种冲突中进行平衡,借助公民参与和授权对话来作出民主决策。[①]

新公共服务理论提供了一种新的政府管理模式,强调尊重公民权利,重新定位政府角色,追求维护公共利益的服务价值理念,是对新公共管理理论的进一步完善,有助于建立以公共协商对话为基础的服务行政。但它也有不足之处,新公共服务理论过于提倡民主价值,容易带来低效率,且提出的不少观点都是公共管理的理想状态,在实践操作的措施层面还值得深入研究。

2.其他理论

整体政府理论。新公共管理引入市场机制提高效率,却无法克服政府管理碎片化的弊端,导致政府各部门相互推诿、各自为政,公众也难以获得全面准确的服务信息。对此,英国学者希克斯和邓利维提出了整体政府理论,该理论主张实行整体性运作,即政府内部各层级、各类组织、公民等主体通过纵向和横向的交互协作,有效利用各种资源,实现预期目标的治理模式。[②] 国际上英国是践行这一理论的典型。

---

① 珍妮特·登哈特,罗伯特·登哈特. 新公共服务:服务,而不是掌舵[M].丁煌,等译. 北京:中国人民大学出版社,2004:131.

② Tom Christensen, Per Lagreid, 张丽娜,袁何俊. 后新公共管理改革——作为一种新趋势的整体政府[J]. 中国行政管理,2006(9):83-90.

网络治理理论。进入 21 世纪后,国家与社会的相互依赖越来越深,面对传统管理存在的系统不稳定、内在失灵、缺乏协调等问题,欧盟国家学者克林倡导将政府网络与治理理论结合的网络治理理论。作为一种新兴的治理形式,网络治理能使各主体以非科层的形式连接,扁平化的机制有助于带来正和博弈,避免出现政府低效或市场失灵问题,是治理复杂或多层社会的有效手段。① 网络治理模式在德国和荷兰得到了普遍认可。

公共价值理论。以斯托克和摩尔等为代表的美英学者是公共价值理论的主要倡导者。他们认为,政府首先应该寻找和创造公共价值,而价值是否得以创造,主要看管理者的干预是否产生了积极的经济社会影响。其次是拓展公众参与,随着信息化的发展,公众参与的方式和途径日益多元。最后是建立灵活开放的公共服务递送机制,具体可通过与服务接受者磋商或公开竞争的方式进行。

后新公共管理时代中的"后"并不代表对新公共管理理论的否定和摧毁,只要在理论上有部分否定,或有对漏洞不足的补充,或有不同的理论主张等,都可被纳入后新公共管理时代范畴。这一时期,尽管没有任何一种理论能完全取代新公共管理,但它们对新公共管理理论的反思和补充,仍然值得我们借鉴。

(三)新公共管理理论对流动人口治理的启示

无论是新公共管理理论,还是以新公共服务理论、网络治理理论等代表的后新公共管理理论,都是在对传统行政理论予以扬弃的基础上产生的更加符合现代管理实践的新型理论。虽然他们各有侧重,也有一定的不足,但其中的合理因素对于统筹我国流动人口工作具有重要的现实意义。

首先,促进基本公共服务均等化。新公共服务理论特别重视政府的服务职能,其所倡导的公民权和公共利益理念对流动人口问题非常适用。尽管流动人口本应享受与城市居民同等的公共服务,但现实中,对流动人口的偏见,以及流动人口遭遇差别待遇的现象屡见不鲜。因而,相关政府部门有必要重新审视自己在流动人口问题中的角色定位,增强服务流动人口的意识,积极转变传统流动人口管理模式,以服务促管理,促进基本公共服务向包括流动人口在内的常住人口全覆盖。

其次,避免公共行政碎片化。新中国成立以来,我国基本采用的是人口

---

① 鄞益奋. 网络治理:公共管理的新框架[J]. 公共管理学报,2007(1):89-96,126.

分离管理的体制。其中,有关户籍、亲属关系、公民身份和住址信息通常作为治安事务,由公安机关管理;有关婚姻、伤残救助等常作为社会事务由民政部门管理;有关保健、医疗等事务由卫生部门管理;流动人口信息的收集和发布则主要由统计部门负责。各部门的流动人口工作相互独立,难以进行全面整体的协调,碎片化严重。根据整体政府理论,需要探索制度化、长效化的机制,整合流动人口治理的信息和资源,解决碎片化问题,提升流动人口公共服务水平。

最后,推动多元主体协同治理。新公共管理和网络治理理论强调政府回归"社会性"管理,规避私人性对公共性的侵蚀。为了避免 20 世纪 70 年代以来西方国家单一治理带来的"市场失灵"和"政府失灵",主张构建包含政府和社会在内的多主体治理体制,尤其网络治理被认为是增进公共利益的一种新形式。这促使传统只存在于公共部门的公共属性向社会扩散,社会逐渐承接了一部分公共服务和维护公共利益的功能,被称为"新公共管理运动的一个意想不到的收获"[①]。我国流动人口规模大,流动性强,需求日益多元,仅仅依靠政府的服务和管理,不仅成本高,还存在治理盲区,推动多元主体协同流动人口服务管理,是流动人口治理体制的重要创新。

第二节 多元主体协同流动人口治理的生成机理

多元主体协同流动人口治理,不仅是自上而下社会治理改革创新的要求,也是社会力量成长的必然结果。事实上,流动人口治理的改革探索从未停止过,要理解多元主体协同流动人口治理的生成机理,必须结合我国国情,从政府职能、制度空间、社会力量和流动人口自身等的变革与发展趋势进行分析。

一、社会转型与政府职能的转变

改革开放前,很难说我国具有现代意义上的"政府职能"概念。为了巩固新生政权,保障国家安全,这一时期政府工作主要围绕着阶级统治的政治职能进行,其他职能基本处于被忽视的状态。政府通过行政手段全面控制

---

① 张康之,张乾友. 民主的没落与公共性的扩散——走向合作治理的社会治理变革逻辑[J]. 社会科学研究,2011(2):55-61.

和管理政治、经济、社会生活等各个方面,公共领域与私人领域无所不包,属于典型的全能政府。1978 年,十一届三中全会作出全党工作重心转移到经济建设上来的重大决策,对应这一转变,政府的工作不再专注于政治统治职能,国家的阶级性与社会性随之开始剥离,经济发展和人民生活的改善得到越来越多的重视。自此,我国政府职能的转变逐渐走上快车道。从 1982 年第一次大规模的政府机构改革到党的十三大正式提出"职能转变"一词,乃至此后政企分开,建立与社会主义市场经济体制相适应的政府机构,一步步推动着政府职能的改革进程。概括来讲,这一时期,政府已经逐渐转变经济职能和管理方式,对改变全能型政府带来的权力高度集中、管理方式单一、效率低下等弊病进行了积极探索。

进入 21 世纪后,我国进入改革发展的关键时期,呈现出新的阶段性特征:一是经济体制发生深刻变革,市场经济体制的建立和发展,使得社会更加包容和开放,社会资源的自由流动性日益增强。二是社会结构出现深刻变动,原来"两个阶级一个阶层"的阶层结构被打破,新的社会阶层和利益群体不断涌现,"单位人"向"社会人"转变,社会管理失去原有的整合基础,与此同时,城乡结构、人口结构、家庭结构等也发生了巨大变化。三是利益格局进行深刻调整,随着自主和权利意识逐渐增强,不同群体表达利益诉求的愿望更加强烈,贫富差距和阶层分化拉大,公平正义成为社会公众的普遍期待。四是思想观念发生深刻变化,思想的日益多元需要价值观念和社会规范的整合,以凝聚社会共识。传统社会向现代社会的急剧转型,对政府职能改革提出了更高的要求,全球化带来的压力、社会对公平正义和弱势群体的关注,以及"非典"等突发公共事件的爆发,凸显我国社会管理和公共服务的不足。为此,这一阶段的政府职能转变更加注重完善社会管理和公共服务职能。2005 年,十届全国人大三次会议将建设服务型政府写入《政府工作报告》,2007 年,党的十七大更是明确提出建设服务型政府和实现基本公共服务均等化的目标。然而,由于社会生活的复杂化,加上人们的期望和要求不断提升,传统经验化的管理服务模式无法及时回应不断变化的实际需求,各类社会主体虽然日益活跃,但其拥有的权力资源,以及发挥的作用仍然比较有限,政府公共管理和服务仍然难以摆脱"心有余而力不足"的尴尬。因此,进一步转变政府职能,推进政府与社会分离,创新并落实公共管理和服务的供给,仍是一项艰巨的任务。

党的十八大以来,我国开启全面深化改革的新局面。当前我国承受着城市化、信息化、工业化等多重冲击,面临腐败、道德滑坡、贫富差距、环境污染等多种社会问题,需要继续推进政府职能改革,着力构建科学的政府职能体系,推动政府治理体系的现代化。2012年党的十八大对我国未来发展形势作出了"仍处在可以大有作为的重要战略机遇期"的科学判断,在此基础上,进一步明确了政府职能转变的新要求,提出要"深入推进政企分开、政资分开、政事分开、政社分开,建设职能科学、结构优化、廉洁高效、人民满意的服务型政府。"不仅如此,党的十九大报告也再次强调指出,新时代需"转变政府职能,深化简政放权,创新监管方式,增强政府公信力和执行力,建设人民满意的服务型政府。"可见,这一阶段,放权、政社分开、人民满意、服务型政府,已成为政府职能转变的关键词。新时代我国社会的主要矛盾已经发生变化,表现为人民日益增长的美好生活需要和不平衡不充分的发展之间的矛盾。化解新时期的矛盾和问题,必须坚定推进政府自身改革,打破垄断性公共服务供给,充分激发市场活力和社会创造力,推动形成"国家—市场—社会"共建共治共享的社会治理格局。

在过去的70多年时间里,我国政府对流动人口的管理经历了拒绝管理、防范管理、有序管理、服务管理等不同阶段,实际上,不管哪种政策都不是独立存在的,它们嵌在国家的整体发展战略中。从流动人口来看,个体流动的动机更多是对家庭生计和自身发展的考量,且流动的意愿往往较为强烈。但从政府决策的角度来看,流动人口政策是结合国家发展需要综合考虑的结果。新中国成立初期,落后的生产力需要优先保障重工业的发展,于是除重点经济和国防建设项目鼓励有计划的迁移外,其他地区都实行严格限制农民进城的政策。到了20世纪60年代,城市就业压力的增大,直接推动了城市人口上山下乡的逆向流动。始于70年代末的改革开放带来了巨大的城市用工需求,促进了政府对农民工进城限制的解除。然而,大量农村人口涌入城市带来的压力又催生了新一轮限制人口流动的政策。但随着城镇化的快速推进,流动人口的权益和市民化问题日益突出,因而政府更加重视对流动人口的引导和服务,出台了一系列促进流动人口城市融入的政策。自2006年《国务院关于解决农民工问题的若干意见》公布起,我国几乎每年都有保障流动人口权益,促进流动人口融合的政策出台,流动人口待遇的享有问题逐步得到了制度上的保障。由此可见,不同阶段的流动人口政策生动反映了不同时期政府的职能,政府的决策与流动人口个体行为之间存在一定的张力,但不论是限制流动,还是鼓励流动,抑或是促进融入的政策,都表明了一定时期政府对人口迁移流动的态度。综合政府公共服务职能的转型及现有流动人口政策不难看出,未来政府对流动人口的态度将更包容开放,流动人口服务管理的市场和社会空间呈现出日趋增大的发展态势。

二、流动社会与协同治理的制度空间

改革开放极大地激发了大规模的人口自由流动,描绘出一幅清晰的流动中国图景。计划经济时期,农村的公社和城市的单位是农民和市民生活的基本单元。在农村,农民进行集体劳动,收入通过公社进行集体分配,城市市民的生活则依赖于单位的全面照料,社会成员被牢牢束缚在一个个单位中,衣食住行均与单位的福利保障息息相关,而公社和单位又从属于更大的国家科层管理体系,并依赖于国家计划下的各项资源得以正常运转。这种管理模式有效维护了社会秩序的相对稳定,但也致使社会活力缺失,社会发展效率低下。社会成员被牢牢束缚在一个个公社或单位中,难有流动的自由,这种"社会成员—公社/单位—国家"的层层嵌入关系,导致国家权力的膨胀和整个社会的国家化。

社会主义市场经济体制的建立和发展,改变了传统的资源供应和社会整合模式,随着农村公社制和城市"单位制"的解体,国家逐渐削弱了对社会的全面掌控,部分职能经由市场向社会让渡,社会得以成为机会和资源的独立提供者,再加上城乡二元体制的逐渐"解冻",我国人口的流动继而进入历史上最为活跃的时期。一方面,农村家庭联产承包责任制的实施,不仅使广大农民获得了土地的自主使用权,还帮助他们摆脱了对公社集体劳动的束缚,在提高农村劳动生产率的同时,积蓄了大量的富余劳动力。另一方面,城市"单位制"的解体打破了传统意义上的"铁饭碗",单位不再是兼具生活、生产,甚至社会政治功能的复合体,而是更加突出它的生产功能。与此同时,在城市经济体制改革的过程中,个体、私营和外资经济等迅速发展,多种所有制经济形式给人们带来了多样的契约式就业机会,越来越丰富的资源被释放出来,为不同的主体所拥有。这种变化对于农民和市民而言意义巨大,由于资源和机会的垄断被解除,他们的流动空间大大拓展,自由流动进而成为常态。

流动社会的形成给传统社会治理体制带来了巨大的挑战,传统的城乡二元思维和管制模式难以有效解决人口流动带来的社会治理难题。在乡城或城城流动中,流动人口脱离了原有基层管理体制的控制,但他们又没有被完全纳入流入城市的管理范围,因而成了边缘人员。对于流入地而言,人口流动导致的人口集聚,不仅给资源环境带来承载压力,还带来一系列公共安全问题。也正因如此,流动人口往往容易被视为城市的包袱,其需求常常被

忽视,甚至被当作管制和防范的对象,难以享受到当地居民的同等待遇。而对于流入地政府而言,他们往往疲于应对复杂的流动人口服务管理事务。由于地方政府的人员配置通常以户籍人口为标准,极易陷入基层的科层治理困境。现实表明,过去依靠政府管控的工作思路早已不适应新形势下流动人口服务和管理的需求。

与此同时,随着改革的推进,我国社会管理面临巨大的改革创新压力。社会转型带来了经济结构、组织形式、利益主体等方面的多元化,这无疑是我国经济社会迅猛发展的强劲推力,但也催生了不少社会矛盾和社会问题,大量不稳定、不协调的现象加大了社会管理的难度。如"单位人"向"社会人"转变,如何承接从单位转移出来的公共管理和服务职能,更好地满足社会人的需求;流动人口大量增加,如何科学有效地配置公共资源,保障流动人口的合法权益;利益格局调整和价值取向的多元带来的碰撞冲突如何化解;以改善民生为重点的社会建设如何加强;等等。解决这些问题,需要大力推进社会管理创新,加强对流动人口等特殊人群的服务管理,进一步整合各方面的力量,通过良性互动达至"善治"。

与流动社会的形成相伴随,我国社会管理体制的改革经历了从社会管控、社会管理到社会治理的跃迁过程。① 管控阶段(1978—1999 年)政府的工作重点是经济建设,但从 20 世纪 80 年代中期起,国家开始向社会分权,城市和农村的基层自治组织成为分权的重要方式。不过,这一阶段社会管理的调整主要围绕发展经济服务,社会建设并不具有独立性,"大政府、弱社会"的格局明显。管理阶段(2000—2011 年)社会管理逐渐从经济建设的从属地位中解放出来,成为相对独立的组成部分。2002 年党的十六大将社会管理视为维护社会稳定的重要途径,其后的十六届三中全会又将社会管理与全面实现小康社会联系起来,并从完善市场经济的角度指出进一步完善社会管理职能。而 2004 年党的十六届四中全会是我国对社会管理认识的一个重要转折,全会对如何加强社会管理作出了重要部署,明确提出建立健全"党委领导、政府负责、社会协同、公众参与"的社会管理格局。这一提法首次突出政府、社会和公民的协同管理,体现了我国对社会管理认识的深化。2007 年党的十七大正式将"社会建设"提高到与"政治建设""经济建设"和"文化建设"同等的高度,成为我国四大建设的重要内容。这一阶段社会

管理目标逐渐从维稳走向维权，多元治理的理念也不断提出，顶层设计与地方创新不断互动，为社会管理的发展奠定了较好的基础。但整体上并没有完全转变过去重经济轻社会的状况，政府与社会的关系也尚未达到良性平衡，"大政府、弱社会"的格局没有根本改变。治理阶段（2012年以来）中国特色的社会管理理论得以继续丰富和发展。继党的十八大报告将"法治保障"列入社会管理体制后，党的十八届三中全会又对如何创新社会治理体制进行了详细阐述，这是我国第一次在党的文件中写进"社会治理"这一概念，是党的执政理念提升的重要标志。此后，党的十九大提出构建"共建共治共享的社会治理格局"，再次明确和强调了社会协同的重要性。

我国对社会治理认识的不断深化，是对新时代社会治理规律准确把握的结果，为各领域的社会治理创新创造了良好的政策和制度空间。社会治理是国家嵌入和社会自治的有机结合，需要治理主体从单一向多元转变，流动人口治理作为我国治理现代化进程的重要组成部分，其治理水平也在一定程度上反映和体现着国家治理的水平。因而，赋予人口流动正当合法的权利，促进流动人口服务管理走向多元主体协同治理，是我国社会协同治理大背景下的现实选择。

三、社会参与能力提升

社会力量的存在和成长是社会主体开展协同治理的前提。在我国经济体制改革和政府职能转变的过程中，社会的活动空间逐渐扩展，社会主体获取资源的能力逐渐增强，越来越多地被吸纳到社会治理的整体框架中。社会力量参与能力和机会的提升，是其协同流动人口治理的重要基础。

改革开放前，我国基本不存在任何社会力量，政府通过自上而下的行政控制对所有领域的事务进行管理，虽然有一定的群众参与，但其实质上是一种政治动员式的参与，还谈不上"公民参与"。实行改革以来，我国"大政府—弱社会"的格局发生了很大变化。传统计划经济体制的解体逐步削弱了对社会的全面掌控，政府的"全能型"职能收缩。随着市场对资源配置基础性作用的发挥，人们的权利意识不断增强，国家之外的社会有机会拥有更多的信息和资源，一些利益主体从市场化中独立出来联结成新的组织，成为沟通个人与政府的桥梁。由于公众利益需求日益多元，政府已无力承担社会生活所有领域的管理和服务事务，从而改变了过去包办一切的做法，将一部分政府做不了而市场又不愿意做的公共事务，交给社会组织去做，社会的自治自主能力从而不断发展，成为国家和市场之外的又一重要领域。

尽管如此,我国社会的发育程度仍然不高,需要政府的大力培育和支持,以促进社会力量的发展壮大,实现社会领域从缺位到补位的转变,从而达到政府与社会的双赢效果。政府对社会组织的支持突出表现在社会组织管理体制的不断完善上。由于改革前我国只存在少量的人民团体和群众团体,它们的政治色彩较为浓厚,因而国家并没有颁布专门的社会组织管理法规。但随着改革后社会组织的快速发展,相关法规的缺乏导致社会组织出现无序发展的局面。1989 年,我国出台《社会团体登记管理条例》,1998 年又对该条例进行了修订,正式确立了我国对社会组织实行"归口管理""双重负责""分级管理""非竞争性原则"的双重管理体制。该条例要求所有社会组织都必须由民政部门统一登记,根据开展活动的范围和级别,由登记管理部门和业务主管单位分级共同管理监督,并且遵循"非竞争性原则",禁止同一区域设立业务范围相近或相同的组织。在社会组织自身能力还比较弱的情况下,双重管理体制在一定程度上为社会组织的有序发展提供了制度保障,但也存在"一刀切"的登记管理制度、管理职责交叉,以及责权不统一等问题。进入 21 世纪后,我国社会组织稳步发展,社会组织管理体制也逐渐完善。2013 年,中共中央明确提出,重点发展科技类、城乡社区服务类、行业协会商会类、公益慈善类社会组织,这几类组织可直接申请登记。2016 年中央发布《关于改革社会组织管理制度促进社会组织健康有序发展的意见》,要求处理好"放"和"管"的关系,推进社会组织政社分开,进一步激发了社会组织发展的活力。政府向社会组织购买公共服务是创新服务的重要方式。目前,我国已经出台了一系列政策和制度对政府购买服务的行为加以规范,明确了购买服务的范围和重点、采购环节、绩效管理等内容。中央政策如《中华人民共和国预算法》、财政部《政府购买服务管理办法》《国务院办公厅关于政府向社会力量购买服务的指导意见》等,地方政策如杭州市《关于政府购买社会组织服务的办法(试行)》、上海市《政府采购集中采购目录和采购限额标准》等。通过政府购买服务,社会力量更多参与到社会治理中,提升了参与公共服务的能力和水平。

近年来我国社会组织增长迅速,据民政部数据,截至 2018 年,全国登记的社会组织数量已超过 80 万家,[①]并成为重要的社会治理力量。特别是在面对 2003 年非典、2008 年汶川地震抗震救灾、2013 年雅安地震、2019 年新

---

① 我国社会组织登记数量已超过 80 万家[EB/OL].(2019-01-03)[2019-12-22].http://www.xinhuanet.com/politics/2019-01/03/c_1123944315.htm.

冠疫情等重大突发性公共事件时,包括社会组织在内的社会力量积极参与,在抗击疫情、灾后重建中作出了巨大的贡献。随着社会需求的增加,社会主体参与公共服务的范围不断扩展,在环境治理、法律援助、社区治理、社会工作、特殊人群服务等方面已经成为重要的协同治理力量。如上海维情社工服务中心通过专业社会工作介入婚姻家庭矛盾调解,修复破损的社会细胞,促进了社会的和谐稳定。上海市浦东新区女律师联谊会借助自身专业优势积极参与妇女儿童维权工作,全方位助力妇女儿童权益的保护。深圳春雨社会工作服务社致力于在禁毒和司法领域开展社工服务,积极探索矫治帮扶的工作模式。宝安区禁毒协会联合 18 家专业组织开展禁毒服务工作,帮扶禁毒学员及家属,促进实现强制戒毒、家庭支持和社区康复于一体的帮扶格局,等等。在许多领域,人们已日益感受到社会参与的强大建设性力量,社会主体的成长和参与已成为社会发育程度的重要表征。

社会力量的发展为流动人口的协同治理创造了条件。在国家与社会分离的过程中,大量人口在农村和城市或者城市和城市之间流动,他们脱离了原来基层组织的服务和管理,又没有被纳入新组织的工作范畴,流动人口以原子化状态存在,当其多样化需求面对权力和资本的双重压力时,为了克服个人力量的不足组织起来维护权利就成为一种客观需要。这种组织化需求既为社会组织在流动人口服务管理中的生长提供了空间,又将进一步激发社会力量参与的内在潜能和活力。事实上,当前以社会组织为载体的社会力量服务流动人口的现象普遍存在,他们从流动人口紧急援助、法律咨询、流动儿童教育、社会支持、社区融合和照顾等多方面,回应了流动人口及其子女的需求,对于促进流动人口城市融入起到了不可忽视的作用。随着社会空间增大和社会力量参与能力提升,未来社会主体协同流动人口治理的情况也必然会继续发展。

四、流动人口主体意识增强

流动人口主体意识的发展是流动人口自身参与治理的内生动力。流动人口只有在正确认识自身地位和价值的基础上,才能调动其自主性和能动性参与流动人口的服务和管理。流动人口主体意识的形成是各种因素长期积淀的结果,正如 E. P. 汤普森所述:"工人阶级意识的觉醒和集体身份的形成,并不是如早晨的太阳在某个时刻固定升起,而是一个历史过程。"①

　　流动人口主体意识的形成离不开内外因素的综合作用。内部因素主要指流动人口群体的素质与结构变化。当前,流动人口大部分是青年人,他们的文化程度和素质相对较高,并且更认同自身的职业身份,相比流动人口中的其他群体,青年流动人口的主体意识和维权意识都更强。外部因素主要指流动人口生活和工作所依存的外部环境影响。市场经济体制的建立和发展,使自由、平等、自主、权利和法治等观念深入人心,在各种社会问题和矛盾的协商过程中,社会组织、公民与政府之间的沟通互动,不仅提高了公民的主体意识和理性看待社会现象的能力,也锻炼了他们参与公共生活的能力。流动人口的主体性在这一过程中同样得到了发展,他们的权利意识、政治参与、组织化意识都在逐渐增强,视野不断拓展,认识和判断能力也不断提升。随着政府流动人口政策从严格控制、有限控制、管理服务到服务管理的变化,流动人口从被城市驱赶和打击的对象向"城市新居民"的主人翁地位过渡,以人为本的发展观使流动人口得到越来越多的尊重和保护。流动人口不再仅仅重视其经济利益,对自身身份的认同和社会政治权利的关注日益增多。可见,外部环境的变化增进了流动人口对所处环境的理解和认识,激发了流动人口对个人发展和群体命运的思考,促进了流动人口主体意识的提升。

　　流动精英的涌现是流动人口主体意识发展的重要体现。大量有关人口流动的调查表明,乡土关系对于流动人口的生活和交往极其重要,绝大部分资深流动人口都是先联系好了工作,再让亲友或老乡进城,且多是先让亲友或老乡干自己熟悉的本行,这样既易带上路,又方便在城市彼此照应。这种流动方式往往导致大量从事同一职业的同乡流动人口聚居在一起,进而在城市里形成有明显边界的社区,如北京市的"浙江村""安徽村"、深圳市的"四川村"等。而那些具备为乡亲解决实际困难的流动人口逐渐赢得其他人的服从和权威,他们积累了一定的资源和社会资本,社会经验较为丰富,具有较强的动员力和感召力,是流动人口中的精英群体。流动精英往往是流动人口中素质较高、能力较强、主体意识最先觉醒的一批人,他们的社会责任感和社会活动能力也显著强于其他流动人口,更愿意也更有可能为流动人口服务和发声。有的还以流动精英为核心,成立了流动人口自组织,开展

---

　　① 转引自郭伟和.转型社会工作中国本土模式初探——以建筑业农民工社会工作为例[A]//2012海峡两岸暨香港社会工作行动研究研讨会(内部交流资料).2012:176.

自我管理和自我服务，帮助流动人口维护权益，表达群体诉求，发出群体声音，积极推动流动人口生存状况的改善。流动人口这种自发自觉的行动，是流动人口主体意识增强的生动体现，同时，流动精英的示范和带动，以及流动人口自组织的引导和培育，又将进一步启发和促进流动人口主体意识的发展。

流动人口主体性的成长反过来又在一定程度上对政府决策产生影响。流动人口主体性的逐渐增强，在一定程度上参与和推动着不公正、不合理因素的变革。改革伊始，流动人口从传统经验式的乡土社会中挣脱出来，迈向变动性大、竞争性强的城市社会，这是他们从自在自发向自由自觉生存状态的进发。流动人口对城市做出的巨大贡献，他们在权益受损时进行的各种非正式的主体性抗争，不断激发社会重新思考对待他们的态度和方式。自20世纪90年代以来，社会各界对流动人口群体由之前关注负面效应向关注他们的生存境遇等转变，促使政府不断规范劳动用工制度，并调整相关的流动人口管理政策。如孙志刚事件就是促使流动人口收容遣送制度废除的助推器；刘汉黄事件所引发的劳工声援则折射出流动人口的群体力量和阶级意识；富士康职工跳楼事件更是激发社会对劳工权利、企业社会责任的关注，启示政府对流动人口治理方式的反思。总之，流动人口主体意识的成长，无疑将推动流动人口对有关流动人口事务的参与，促进社会与政府在流动人口问题中的良性互动。

五、国家与社会关系变动的现实选择

国家与社会的关系在我国发展实践中具体表现为政府与社会之间的关系，两者之间彼此互嵌互构，政府的治理行为嵌入在社会中，治理效果于社会的发展中体现，社会的发育水平也在一定程度上影响着政府的治理行为。根据政府治理能力和社会发育水平的状况，政府与社会之间的关系可分为四种类型。

第一种类型，政府治理能力较弱，社会发育水平较低。这时政府可能竭尽全力来管理和控制社会，方式通常简单而直接，首要目的是维护社会的稳定和秩序，由于社会依附于政府存在，其后果是社会可能会越建越小。"这种稳定以垄断的政治权力为制度特征，以绝对管治秩序为表象，以国家暴力为基础，以控制社会意识和社会组织为手段。它缺乏制度弹性和韧度，忽视

了内在的整合和发展转型的适应性要求。"[1]一旦政府的管控超出其能力或成本可承受范畴，刚性稳定则很有可能变成无序或混乱，甚至导致"国家失败"。[2]

第二种类型，政府治理能力较弱，但社会发育水平较高。由于政府保障力量不足，社会为了维护自身利益，会更大可能地开展自我管理和自我服务。但这种自主治理仍然受限于整个国家的制度和法治环境，社会的自治仍然需要一定的国家治理基础，否则社会自治只能是有限的自治，难以维护整个社会的秩序和利益。因此，不能脱离政府或国家治理谈社会自治，良好的社会自治需要国家的在场。[3]

第三种类型，政府治理能力较强，但社会发育水平较低。这种情况下政府掌握的资源以及拥有的权力都具有明显优势，在社会治理中处于主导地位。但良好治理的目标也将促使政府认识到，政府并不是万能的，无所不包只会带来政府工作的高成本和低效率，只有社会主体参与到社会治理中，才能真正事半功倍。因而，出于有效治理的需要，政府会创造参与平台和制度化渠道，促进社会力量发挥作用，此时政府与社会之间是一种协同关系。

第四种类型，政府治理能力较强，社会发育水平也较高。政府与社会之间就实现某种共同目标形成平等合作的关系。由于政府与社会都比较理性，能认识到自己在治理中的职责、边界和作用，因而两者能够相互协调配合，良性互动，实现整体利益的最大化。这是政府与社会关系最理想、同时也最难达到的一种状态，当处于社会协同状态下的社会力量不断发展成熟，政府与社会间的协同关系就有可能过渡到平等合作关系。

当前我国政府与社会之间的关系可从以上两个维度来分析。一方面，从"政府治理能力"来看，参考世界银行"知识促进计划"支持的全球治理指标（WGI）的数据（见图 2-1），2010—2019 年，我国"政府效能"的水平比较高，"政治稳定""腐败控制"和"法治"指标近几年有较大提升，但"监管质量"状况略有下降，"民众的声音和责任"指标虽有增长，仍然处于较低水平。不难

---

① 于建嵘. 从刚性稳定到韧性稳定——关于中国社会秩序的一个分析框架[J]. 学习与探索，2009(5)：113-118.

② 甘均先. 国家失败与失败国家——关于"失败国家"现象的一些批判性思考[J]. 国际论坛，2007(5)：25-30，79-80.

③ 任泽涛. 社会协同治理中的社会成长、实现机制及制度保障[D]. 杭州：浙江大学，2013.

看出,我国政府的总体治理水平在波动中呈上升趋势,表明治理手段基本有效,加之中国特色社会主义制度优势,在处理重大事件和应对突发事件时,我国政府往往表现出较强的动员能力、整合能力和执行能力,能快速整合各种资源形成强大的力量优势。

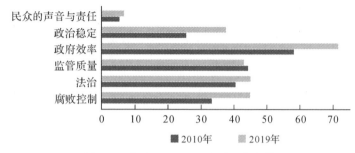

图 2-1　中国 2010-2019 年治理指标①

另一方面,就社会发育水平而言,与过去相比,尽管我国社会力量的参与能力有较大的提升,但总体而言还存在诸多不足,与国际相比差距仍然较大。赵鹏、郭一丁结合 2014 年我国各省万人社会组织拥有量、各省地区生产总值和城镇化率,经过赋权测算出反映我国社会发育程度的社会发育指数。他们的测算结果显示:我国社会发育还处于起始阶段,我国万人社会组织的拥有量不仅远远少于发达国家,甚至与部分发展中国家也存在较大的差距。此外,我国社会发育水平存在区域的不平衡,东部地区比中西部地区发育的程度更高。从经济发展程度来看,也略显不平衡,我国部分经济发展好的地区,其社会发育状况并不好,经济的发展并没有必然带动社会的发育。另外,从城镇化的发展情况来看,很多地区由于城镇化程度低,影响到社会的发育水平,同时也有部分地区城镇化发展速度慢于社会的发育程度,两者之间也存在不平衡的问题。② 蒋牧宸在研究中也指出,我国每万人拥有社会组织的数量是 2.4 个,而美国是 52 个,日本是 97 个,法国是 110 个,同属发展中国家的巴西有 13 个,阿根廷有 25 个。③ 可见,我国社会的发育还比较弱小,培育社会力量的发展依然任重道远。

① 世界银行"知识促进计划"支持的全球治理指标(WGI). Worldwide Governance Indicators [EB/OL]. [2019-12-25]. http://info. worldbank. org/governance/wgi/Home/Reports.

② 赵鹏,郭一丁. 中国社会发育指数报告[J]. 社会学研究,2018(1):23-37.

③ 蒋牧宸. 基本公共服务供给机制探析[J]. 江西社会科学,2013(12):194-197.

　　综合政府治理能力和社会发育程度两方面的特征,我国政府与社会间应当是一种协同关系。在社会治理中,需要改变政府行政垄断的现象,弱化行政权力驱动,重视发挥多元主体的作用,充分展现社会活力,促进社会治理体系和能力的现代化。流动人口服务管理属于社会治理的一部分,同样也需要政府与其他主体的协同。伴随中国社会向现代社会转型,传统的城市基层管理体制遭遇冲击,以单位为基础的公共服务供给模式逐渐衰退,大规模人口的流动更是对政府治理带来挑战。在当前我国国家和社会关系变化的新情况下,流动人口的主体意识正日益增强,契合政府职能转变的新要求,变革政府服务管理流动人口的单一模式为多元主体的协同治理,是符合我国国情和流动人口实际的创新选择。在这一过程中,政府的治理体系和治理能力具有显而易见的优势,能发挥主导作用,但流动人口的需求具有多样化、复杂性和动态化特征,流动人口的服务管理不能仅仅局限于单一的政府治理,需要鼓励社会组织、市场组织等力量参与进来,统筹协调一切可以利用的社会资源,形成协同治理模式,共同做好流动人口的服务管理工作。

第三节　多元主体协同流动人口治理的基本框架

　　多元主体协同流动人口治理,是政府、企业、社区、社会组织、流动人口等主体围绕流动人口服务管理工作,参与到不同项目和环节,发挥流动人口治理的合力和协同效应的过程。各主体互相配合互相补充,共同投入资源、共同承担风险并分享收益,为流动人口提供公共服务,形成了"一主多元"的协同治理格局。

一、多元主体协同流动人口治理的架构

　　流动人口协同治理的目标是整合各主体的治理资源,促进相互间的信任和合作,弥补各自的功能欠缺,推进流动人口的城市融入,形成治理的协同效应。在多种治理力量中,政府是主导,企业是重要支持力量,社区是枢纽,流动人口是核心,其他社会力量是助推器,政府与其他主体之间构成了"一主多元"的关系。流动人口协同治理的关键,在于充分调动各方力量和资源,共同推进流动人口的服务和管理,因而在"一主多元"的协同治理框架中,各主体的地位作用、参与意愿和参与行为非常重要,它们不仅深刻影响各主体间的关系,也最终决定着各主体在协同治理中的参与程度和参与效

果(见表 2-1)。

表 2-1　多元主体协同流动人口治理框架

主体名称	地位作用	参与意愿	参与行为
政府	主导	流动人口服务管理属公共事务,参与意愿强	制度政策支持、项目推动、资金扶持等
企业	重要支持	根据利益来考量	能动嵌入、企业化管理
社区	枢纽	流动人口聚居社区有较强的参与意愿	人性化服务管理、吸纳流动人口参与式管理
流动人口	核心	参与意愿随自身主体意识而增强	加入自组织、自我管理自我服务
社会组织等其他力量	助推器	因其非营利性、社会性和志愿性,参与意愿较强	专注于社会组织或个人的业务范围和关注点

(1)政府是主导。政府的资源丰富,工作具有全局性,且有较高的权威,对国家和地方的发展有考量和担当,又极为关注最基础的社会事业和公共服务,毫无疑问,政府是流动人口治理的主体,服务管理好流动人口,政府有很强的意愿和动力。但也要看到,与其他主体相比,政府的地位又是最重要的,它是多元主体协同流动人口治理的主导力量。政府不仅是制度政策的制定者和改革创新的推动者,同时也是各项政策落实的监督者和保障者。在流动人口治理中,政府需要根据一定的社会发展水平和社会结构特征,以及流动人口的利益诉求,统筹与之相关的劳动就业、土地制度、社会保障、公共资源配置等系列政策;需要完善有关社会组织发展的法律法规政策,支持和培育社会组织的成长;需要综合协调各部门各主体的流动人口工作,不断推进制度创新,为多元主体的协同治理提供稳定的政策支持和制度保障。

(2)企业是重要支持力量。流动人口的社会资本和人力资本相对薄弱,而企业不仅经济资源和社会资源都比较丰厚,还是流动人口工作岗位的提供者,因而对流动人口来说,企业的支持是他们城市融入的重要力量。不过对于企业而言,是否参与流动人口治理以及参与的程度,它们会根据自身利益来考量。尽管有部分企业会自觉承担一定的社会责任,但其最关键的目标还是追逐更多的利润。由于流动人口的流动性很强,企业往往不愿在职业培训等方面在流动人口身上做太多投入,以避免"为他人作嫁衣",也不愿因给员工提供生活服务而承担其中的潜在风险。但企业在流动人口服务管理中的能动嵌入,不仅能帮助缩减政府开支,为流动人口的融入提供强大经济和社会资本的支持,企业自身也能从中获得巨大的隐形收益。如及时回应流动人口诉求,降低员工与企业冲突的风险;降低员工的流动性,进而间接提高企业员工的投入收益比;大大增强公司的无形资本等等。

(3)社区是枢纽。"枢纽"是事物之间联系的中心环节,德国社会学家滕尼斯最先使用"社区"这一名词时,指基于亲族血缘关系形成的社会联合,蕴涵"和睦或家庭精神"[①]。今天的社区同样强调共同体特征,它是民意国情上传下达的重要枢纽。在流动人口治理体系中,要让流动人口留得下来,不再是无根的漂泊者,离不开社区提供的服务和便利,社区是流动人口真正完成社会心理层面的市民化,顺利实现角色和身份同步转化的场所,同时还是各类主体协同参与、各种制度交接转换的平台和枢纽。社区尤其是流动人口聚居社区作用发挥得好,能有效整合投入流动人口服务中的各类政府和社会资源,既能化解社区治理中流动人口工作的难题,又能增进流动人口与城市居民的互动,从而加快流动人口的城市融入。

(4)流动人口是核心。流动人口自身是多元主体协同治理的核心,究其原因,首先,在多元主体协同流动人口治理的框架中,流动人口的利益是各主体行为的出发点和最终落脚点,各主体参与治理的目的就是为了满足流动人口的需求,维护流动人口的合法权益。其次,流动人口自身是其实现城市融入的重要主体,而不是客体或对象。流动人口并非所谓的盲目流动或非理性流动,[②]而是从一开始,就在个体理性的驱动下采取了最合理的流动方案。在国家力量缺席的流动人口群体中,"权力关系的形成遵循着另外一条路径"[③],血缘、地缘和业缘关系的推介建构着不同的权力格局,也为流动人口的市民化打下了坚实的基础。为了克服在城市的孤立无援,流动人口通过各种同质性的社会网络,不断扩充他们的社会资本,"老乡会""互助社"等流动人口自组织应运而生,通过这种休戚与共的共同体,流动人口获得信任、情感支持、工作介绍等各种帮助,维护着作为"外来者"的切身利益,这是在制度性保障不足的情况下,流动人口进行的自我管理和支持。最后,流动

---

① 滕尼斯.共同体与社会——纯粹社会学的基本概念[M].林荣远,译.北京:北京大学出版社,2010:60.

② Laurence J. C Ma and Biao Xiang. Native Place, Migration and the Emergence of Peasant Enclaves in Beijing[J]. The China Quarterly, 1998,155(9):546-581.

③ 王晴锋,郎晓波.农民工城市融入的支持模式及其比较[J].广东行政学院,2016(2):31-38.

人口的参与式管理，是帮助流动人口融入城市的有效方式。流动人口加入各类社区组织，不仅可以发挥他们的特色专长，参与社区日常管理和各项活动，还可以通过民主表决、公开讨论等方式，来表达自己的利益需求，通过参加各类活动和志趣团体，促进社会关系网络的重建和生活共同体的形成。

（5）其他社会力量是助推器。包括社会组织、媒体、志愿者等在内的其他组织和个人，因其突出的非营利性、社会性、志愿性等特征，往往具有较强的意愿参与流动人口的服务管理。他们往往侧重于自身所关注的相关流动人口工作内容，既能通过培训和服务，帮助流动人口提高专业技能水平，丰富业余生活，又容易了解到流动人口的真实需求，并经适当途径向有关部门传达。一些具有专业技能的社会组织，还能通过发挥专业优势，帮助提升流动人口治理水平。

不难看出，受各主体自身的性质和特点、与流动人口的关联度等因素的影响，多元主体在流动人口协同治理网络中的地位不一，他们对参与流动人口治理的意愿强弱不同，参与行为客观上呈现出多样化的特点。流动人口服务管理是政府工作的重要内容，随着政府转变职能改革的推进，政府与其他主体协同治理的意愿逐渐增强，可以在宏观政策和制度支持、项目推动、资金扶持等方面发挥关键作用，行政性资金和人力的投入是支撑其参与的资源来源。企业主要根据自身利益来考量参与程度，参与资源来自援助性资金和志愿者，企业的参与是流动人口协同治理的重要支持力量，将大大提高流动人口服务管理的成效。社区作为流动人口协同治理的枢纽，在整合各方资源、人性化服务管理、吸纳流动人口自治管理中发挥重要作用，其资源主要来自政府的资源扶持和专职社工的努力。流动人口和社会组织等其他社会力量的参与资源都以外部汲取的资源为主，如专项的活动资金、专业社工和志愿者，前者的参与意愿随着其主体意识的增强而增强，后者的参与意愿则与组织目标密切相关，往往侧重于该组织所关注的相关流动人口工作领域。

二、多元主体间关系的"一主多元"

在流动人口协同治理体系中，政府与其他主体之间绝不是零和博弈的非此即彼关系，而是协同治理的正和博弈。政府和其他主体都是流动人口治理的合作者，从这个意义来说，他们的地位是平等的，但同时政府在多元主体中的职责又最重要，在多元主体中处于主导地位。就两者扮演的角色和发挥的功能来看，一方面，政府不是"长辈"，而是"同辈中的长者"，其制定流动人口治理的目标,综合运用市场、法治、道德等多种方式向其他主体释放参与空间,并通过一系列规范制度来监督其他主体的参与行为。另一方面,其他主体也不是"好孩子",而应是政府同辈的"好伙伴",①他们分担部分流动人口治理任务,激发公民的参与热情,与政府是"一主多元"的协同伙伴关系。

政府的主导地位体现为政府是流动人口协同治理效果的最主要影响者。政府是否作为,以及在多大程度上作为,是流动人口问题最深层次的根源,"城乡分治"带来的待遇不公和流动人口弱势问题的根本解决主要取决于政府,市场失灵带来的市场秩序和公平维护离不开政府。社会力量参与和流动人口组织化空间的释放同样离不开政府。可见,政府是流动人口协同治理,乃至流动人口问题解决的最主要推动力。流动人口服务管理的多主体参与,不是简单地要求政府把一些领域的事务交给其他治理主体,而是要充分发挥政府"掌舵人"职能,增强管理能力,促进并保护多元主体的流动人口服务供给。内容包括制定鼓励其他主体参与流动人口治理的相关政策;引导各主体把参与流动人口事务的意图与流动人口协同治理的目标相协调;协商制定流动人口协同治理的程序规则,细化激励政策和绩效评估标准,为各类主体的参与创造良好的外部环境;监督管理落实情况,及时处理其他主体在流动人口服务管理中可能出现的问题,推动形成各类主体多元参与、良性互动的流动人口协同治理格局。

政府与多元主体之间的信任与支持,是实现流动人口协同治理的前提。协同实质上是一种合作,而合作能否成功,尤其取决于政府与其他主体是否相互信任和支持。首先是政府对其他主体的信任。其他各类主体是政府了解流动人口诉求、联系公众的重要渠道,政府与合法规范的主体合作的效率,远比直接同原子化的流动人口个人直接沟通高。政府掌握的公权力和资源决定了它具有超强的调控能力,因而在协同治理中,政府的姿态至关重要。近些年来,我国政府多次强调创新社会治理。2020年10月通过的"十四五"规划纲要再次提出,要求完善"共建共治共享的社会治理制度",开放平等地对待各类社会主体,动员社会多个主体共同参与公共事务管理和公共服务,这为流动人口的协同治理创造了良好的环境。可以看到,政府的信任得到了其他主体的积极回应。在各地流动人口服务管理的实践中,一些

---

① 杨锴龙,徐利平,帅学明. 论协同治理视域下多元善治与正和博弈[J]. 前沿,2010(1):137-141.

致力于流动人口服务的企业、社区、社会组织等主体已经付诸了行动。如湖南省浏阳市在蓝思科技有限公司建立了流动人口亚健康关爱基地;杭州市拱墅区半山街道夏意社区孵化培育社区社会组织,促进流动人口社会融合项目;厦门市海沧区海虹社区创办社区居民大学促进新老居民融合项目;青岛市市北区"商会+协会"双赢模式构筑社会融合新桥梁项目;北京市"工友之家"的流动人口开展自我管理;等等。以上协同治理实践产生了良好的示范效应。这表明,多元主体基于信任基础上的合作共治、各司其职,是实现流动人口协同治理的关键。

第三章　参与逻辑:二元秩序下的多主体选择

　　"秩序良好的社会应该是一个合作伙伴关系的社会。"①流动人口的城市融入涉及政府、企业、社区、社会组织和流动人口自身等众多主体,如果他们各自为政,只能在各自擅长的领域发挥作用,难以有效满足流动人口对公共服务多样化的需要和不断增长的需求,多元主体协同流动人口治理是化解城乡二元秩序下这一难题的不二选择。对流动人口协同治理中的几个主要主体一一剖析,分析他们参与流动人口服务管理的动力,明确他们的角色和职能定位,厘清其参与协同治理的优势和劣势,有助于充分发挥各主体的优势和协同作用,最大限度地整合社会资源,促进流动人口问题的有效解决。

第一节　协同治理主体之一:政府

一、政府协同流动人口治理的动力

　　涉及有关流动人口的服务管理事务,政府之所以愿意与其他主体协同合作,发挥其他主体的作用,主要有以下几方面原因。

　　第一,政府协同的内生动力在于协同对其流动人口工作的重要意义。目前政府内部科层制的行政组织结构虽然对提高流动人口治理的绩效有不少正面功能,但随着社会环境的变化,其固有的缺陷日益突出:职能部门都

---

① 帕特南. 使民主运转起来[M]. 王列,赖海榕,译. 南昌:江西人民出版社,2001:134.

有独立的分工，相互协调难度大；组织机构缺乏弹性，管理层次多组织易僵化，不能完全适应流动人口治理的现实需求；组织权力集中在上层，民主参与不够；系统内部规则繁杂严格，缺乏沟通和协调等。政府科层制治理的弊端在流动人口问题上集中表现为难以提供多元化和个性化的服务，与其政府掌控全部的流动人口服务管理事务，效率不高，不如促使市场和社会力量直接参与进来，不仅弥补政府流动人口服务管理工作的短板，而且可以提升政府公共事务的治理能力。

第二，政府通过与其他主体的协同，可以获取更丰富的资源，扩展流动人口的服务和管理功能。政府作为单一主体，难以在控制财政支出的同时增加服务项目并提高服务质量，满足流动人口不断变化的需求。而在社会参与意愿逐渐增强的情况下，政府与其他主体的协同，可以丰富和完善相关的流动人口服务，如流动儿童课后照料、流动人口健康咨询和文娱活动服务等。在这一过程中，政府可以借助其他主体提供的流动人口服务渠道和人力，延伸自己的服务管理功能，对于政府购买服务的项目，政府也可以通过对项目的评估来监管服务合同的履行情况。

第三，市场和社会主体参与意识的增强促使政府让渡部分治理空间。随着社会经济发展，我国市场主体逐渐强大，各类社会组织茁壮成长并广泛影响社会领域的各个层面，公民参与社会治理的意愿不断增强，参与的形式和手段也更趋多样化。对于政府来说，调整自身与市场和社会的关系，积极"瘦身"整合社会资源已成为众望所归。为此，我国从顶层设计高度确立了"党委领导、政府负责、社会协同、公众参与、法治保障"的社会管理体制，进一步明确了社会和公众在社会治理中的参与地位。流动人口存在时间长、规模大，服务管理涉及面广，是一项系统的治理工程，其他主体的协同能有效弥补政府失灵，他们参与意识的增强是政府采取协同态度的外在动力。

二、政府的角色与职能定位

开展社会管理和提供公共服务是政府的主要职能。新公共管理理论认为，政府的权力是其履行社会管理和公共服务职能的工具，政府在履行职能时应担负起维护社会公平正义的责任，不仅要服务并回应广大公众的需求，还要通过政策的制定和实施，解决社会矛盾和社会问题。促进流动人口的社会融合，诚然也是政府责无旁贷的重要职责。政府的治理体系和能力具有独特的优势，能够通过税收、财政划拨等手段筹集资金，且可动员广泛的社会资源，因而是流动人口服务的最大供给者，可以帮助流动人口实现权益的最大化。在流动人口的服务管理中，相关政府部门的工作基本涵盖了流动人口服务和管理的各个方面，无论是流动人口管理体制机制，还是流动人口服务的供给和完善，政府都发挥着关键的作用，主要体现如下。

第一，建立健全相关法律法规，保障流动人口的基本权益。目前，我国不仅从国家层面出台了一系列具有指导性的流动人口法律法规，如《流动人口婚育证明管理办法》《流动人口计划生育工作管理办法》《流动人口疟疾管理暂行办法》等法律法规。各地区也相应出台了有关流动人口服务管理的规定，如各地区的流动人口服务和管理规定、流动人口计划生育管理实施细则、流动人口就业管理暂行规定等。这些法律法规为对流动人口的管理和服务提供了法律和制度依据，也为流动人口权益的保障提供了法律支撑。

第二，深化户籍制度改革，有序推进流动人口的市民化。由于我国的社会福利状况与户籍资格密切相关，没有户籍，就难以享受到社会保障、医疗、教育、住房等各种福利，因而我国政府高度重视户籍制度的改革，先后实施过蓝印和红印户口、暂住证和居住证制度，并取消农业和非农业户口类型，统称为居民，打破了长期固化在城乡人口身上的身份标签。2014年国家卫生和计划生育委员会专门就流动人口的社会融合问题开辟地区试点，从全国选定了15个城市为试点城市，探索流动人口社会融合的工作机制，取得了积极成效。

第三，流入地和流出地跨区域合作，提升流动人口服务管理效率。从已有的实践来看，流入地和流出地之间的合作主要源于计划生育领域。2009年原国家人口计生委提出推动长三角地区流动人口服务管理体制创新，要求浙江、江苏、上海率先建立流动人口计划生育服务管理的区域协作机制，构建一体化的信息共享平台。随后，2010年国家进一步提出深化泛珠三角地区人口和计划生育区域协作的机制，其中流动人口信息和计划生育工作的协同管理是重点。我国流入地和流出地在流动人口计划生育工作中的协作探索，对流动人口教育培训、卫生医疗、社会保障等其他层面的合作有重要的借鉴意义，为全方位的区域合作奠定了基础。

第四，开展各项具体的流动人口服务和管理工作。流动人口规模大，事务庞杂，地方政府承担了许多具体的流动人口服务和管理工作，比如扩大流动人口享有公共服务的范围，将有关公共服务覆盖到流动人口；进一步规范流动人口劳动用工管理，帮助流动人口妥善处理各种矛盾纠纷；改善医疗卫生条件，让流动人口享受到与当地居民同等的医疗服务；调整优化产业结构，为流动人口提供更多就业机会，对流动人口进行职业技能培训；等等。

不难看出,政府的职能涉及流动人口生活的方方面面,这对政府的领导、组织和服务能力提出了很高的要求。作为流动人口管理和服务供给的核心主体,政府同时还必须认识到其并非唯一主体,单一化的供给不仅不符合流动人口需求的实际,也不符合国家与社会关系变化下社会化发展的要求,只有让其他主体也参与进来,充分发挥多元主体的作用,才能实现流动人口服务管理效能的最大化。因而,从这个意义来说,政府不仅是流动人口政策的制定者、流动人口管理的实施者和服务的供给者,还是流动人口协同治理的合作者。如何通过引导和支持,为各类主体参与流动人口事务提供良好的外部环境,促进形成多元主体良性互动的流动人口治理格局,已成为一项重要的政府工作职能。

三、政府服务管理流动人口的优势与劣势

流动人口服务管理是社会治理的重要组成部分,是政府履行职责的必然要求。事实上,相对于其他主体,政府的优势最为突出:第一,从政府属性来看,政府公共部门的性质决定了它是为流动人口提供服务的天然主体。政府活动的最终目标是通过提供公共产品和服务,维护社会公共利益,满足社会成员的需求,促进公共价值的实现。正因如此,流动人口的服务管理必将是政府公共行政的内容之一,政府不仅不会因为无利可图而放弃对流动人口的服务和管理,相反,政府更要顾及社会公平,尽可能平衡总体公共产品和服务的供给,促进流动人口公共服务的均等化。

第二,政府拥有其他组织所不具有的强制力,制定的各项方针政策能为流动人口的城市融入奠定良好的制度基础。政府在社会治理中的"掌舵"功能,使其能在流动人口协同治理中有条件进行宏观调控,将一些具体的流动人口事务外包给其他治理主体,扶持各类主体提高协同流动人口治理的能力,并加强对它们工作的监管。政府作为国家力量的代表,享有制定规则的权力,因而政府还能出台各项惠及流动人口的政策措施,如建立系统性的人力资本供求信息,规范流动人口用工制度,健全覆盖流动人口的社会保障制度,完善流动人口子女的受教育权利等,从政策法规方面为流动人口的顺利社会融入创造制度平台,推动流动人口合法权益的实现。

第三,政府资源相对丰富,具有操作上的优势。政府公共产品和服务供给的资金来源主要是税收,公民通过纳税购买公共产品和公共服务,实际上享受的是"税收价格"。由于政府行政活动受国家财政支持,中央政府行政级别最高,财政资源非常丰富,对流动人口长远发展也最具战略担当。各级

地方政府则根据本地区的实际，明确各地流动人口服务管理工作的重点，并配合完成中央各项战略任务。近年随着信息化发展，电子政务迅速普及，为政府共享与查询流动人口信息、提高流动人口服务管理效率，以及多元主体的协同治理，都提供了有力的技术支撑。

与此同时，政府开展流动人口工作也存在一定的局限。首先，政府信息不充分影响流动人口服务管理的质量和效率。政府是权威性很高的治理主体，在流动人口治理中具有很强的合法性，但由于信息的不对称，政府不可能了解所有流动人口的需求，而收集信息进行分类分析又需要耗费大量的成本，这些成本不仅增加了公共经费的开支，还可能导致信息的延误和决策的迟缓。这反应在流动人口身上容易导致供求的脱节，流动人口的需求难以得到满足，社会参与度不高。

其次，政府对流动人口的服务管理存在缺位和越位问题。现实生活中并不存在全能的理想政府，政府各部门在流动人口治理过程中的条块分割、各自为政，极易导致责任主体的缺位和越位现象。一些本该属于政府职能部门的工作出现相互推诿的情况，而一些本应由市场和社会承担的责任，却又被政府越俎代庖。可见，理顺政府与其他主体以及政府内部各职能部门之间的关系，实现有效的公共产品和服务供给非常重要。

最后，中央宏观政策难以完全在地方层面"落地"。近年来我国从国家层面出台了不少新的流动人口政策，但并不是所有政策都能真正落实好。比如国务院曾于 2003 年颁布了《2003—2010 年全国农民工培训规划》，明确了我国农民工职业培训的任务和目标，并对培训作出了具体部署，但事实上享受到这个政策的农民工还不到三分之一，接受过职业技能培训的农民工培训效果也不是很理想。除了职业培训，其他方面像流动人口的劳动合同、教育和社会保障等无不如此。中央政府要求地方政府将流动人口纳入社会政策范畴，保障流动人口的权益，但中央政策并不能百分之百地在地方贯彻实施，政策制定与执行之间存在明显的落差。究其原因，一方面，中央政策只是原则性的指导，允许地方政府结合当地实际制定实施细则，而我国对此并没有科学的评估机制，这给予地方政府很大的政策解读空间，使其采取悬置或通过预设解构政策成为可能。另一方面，地方政府具有自主性及自利性特征，在利益面前，会倾向于寻找理由来化解上级政府的压力，对政策进行不彻底或变通地执行，使得问题得不到彻底有效的解决。[①]

第二节　协同治理主体之二：社区

一、社区及公共空间意义

社区（Community）一词最早由德国社会学家滕尼斯提出，后被各国广泛接受，指在一定地域范围内有共同价值取向的人们组成的社会共同体。滕尼斯强调社区作为共同体的意义，是"有计划的精打细算的共同生活"[②]，社区不同于"社会"，它以人们的共同生活和相互交往为基础，社区成员在这个共同体中守望相助，关系密切，他们不仅可以得到物质上的帮助，还能获得精神上的满足。

社区在中国的发展经历了一个本土化过程。西方的社区概念突出共同的心理和行为对社区形成的影响，认为社区是受自然约束的本质意志的产物，而我国城市管理所说的社区由政府自上而下推动建立，具有法定社区的属性，更注重社区的地域居住特征。2000年中共中央办公厅、国务院办公厅转发《民政部关于在全国推进城市社区建设的意见》，其中对社区进行了明确的界定："社区是指聚居在一定地域范围的人们所组成的社会生活共同体，目前城市社区的范围一般是指经过社区体制改革后作了规模调整的居民委员会辖区。"[③]社区是我国城市基层管理的重要组织，在生活便民、文化体育、卫生保健和治安调解等方面起着其他主体难以替代的作用。但如何增强流动人口对社区的归属感和认同感，促进流动人口的社区融合，建立滕尼斯意义上的共同体，是我国社区建设中需要深入探讨的问题。

对流动人口来说，社区不仅是他们在城市的落脚点，还是他们与城市居民发生联系，拓展社会资本，获得情感认同和支持的重要场所，社区构建的公共空间对流动人口具有特别重要的意义。社区公共空间既包括社区建筑

---

①　王春光. 中国地方治理与农村流动人口的公民权实现问题［M］//郑真真，贺珍怡，张展新编. 中美流动迁移比较研究. 北京：中国社会科学出版社，2016：112.

②　卡斯滕斯. 滕尼斯传［M］. 林荣远，译. 北京：北京大学出版社，2010：1.

③　中共中央办公厅、国务院办公厅发出通知转发《民政部关于在全国推进城市社区建设的意见》［EB/OL］. 人民网.（2000-12-12）［2019-12-25］. http://people. com. cn/GB/channel1/10/20001212/346497. html.

之间开放的实体空间，也包括居民参与公共事务的网络空间。哈贝马斯曾明确提出"公共领域"一词，用来表示公民参与公共事务且不受国家干涉的领域，理想的社区可以归属为这样一个介于国家与私人之间的领域。已有研究表明，社区公共空间是影响流动人口市民化的重要因素。刘志林等基于四大城市的实证研究表明，社区的公共服务设施会显著影响流动人口的社会融入。① 杨菊华通过八个城市的调查研究发现，社区公共服务和活动有助于促进流动人口的社会适应。② 社区公共空间一方面是影响流动人口生存状况的重要力量，如果社区空间生产者能考虑到流动人口的诉求，能实现空间配置的正义，那么流动人口就能感受到更多的获得感和幸福感。另一方面，社区公共空间是塑造流动人口伦理价值的重要平台。伦理共识"使人与人之间在社会中的和谐共处以及行为协调、相互合作成为可能：缺乏伦理和价值层面基本的共识，人与人之间的协调、人与人在行动实践过程中的合作便很难想象"③。如果流动人口能和城市居民产生普遍相似的道德认同，就越有机会彼此交流且相互包容，建立起和谐关系，流动人口也更能从这种关系中获益，并对社区乃至整个城市产生强烈的归属感。因此，社区是做好流动人口工作的基础，流动人口的服务管理需要在社区得以落实，社区是参与流动人口治理的重要主体。

二、社区协同流动人口治理的动力

社区原本是我国的一级居民自治组织，但在我国经济体制转型的过程中，由于政府人力物力和财力的限制，难以包揽处理大量繁杂的事务，因而将部分公共事务向社区下放，使得社区同时承担着自治和行政服务功能，具有非常明显的行政属性。我国《居委会组织法》第三条就明确规定，城市社区居委会承担着公共服务、治安维护、民意表达、政治整合、政府协助、民意调解六大职能，其中明确要求需"协助人民政府或者它的派出机关做好与居民利益有关的公共卫生、计划生育、优抚救济、青少年教育等项工作"④。这为我国行政职能下放提供了法律依据。随着涌入城市社区的流动人口越来

---

① 刘志林，冯叶. 住房、社区与"乡—城"移民的社会融入——基于四大城市群流动人口问卷调查的实证研究[J]. 规划师. 2016(11):11-15.

② 杨菊华. 中国流动人口的社会融入研究[J]. 中国社会科学. 2015(2):61-79,203-204.

③ 杨国荣. 论伦理共识[J]. 探索与争鸣. 2019(2):30-35,55,141.

④ 刘慧扬. 社区居委会的职能定位研究[J]. 沈阳干部学刊. 2018(6):42-44.

越多，社区承担的社会管理和服务项目也逐渐增加，已经成为我国政府基层执政的重要着力点。党的十九大以来，我国进一步推进国家治理体系和治理能力现代化，并将之写入党章，在推动便民服务事项下沉、公共管理重心下移的过程中，社区成为城市社会治理阵地的地位愈加突出。

正因如此，我国政府多次强调流动人口社区化管理的意义。早在 2006 年，国务院出台《关于解决农民工问题的若干意见》，明确提出要以社区为基础来构建农民工管理和服务平台，促进农民工市民化。随后，国务院又在《关于加强和改进社区服务工作的意见》中指出，要对流动人口和城市居民实行统一的管理和服务。此外，在 2011 年印发的《社区服务体系建设规划（2011—2015 年）》中，国务院再次强调了社区的"兜底"功能，并提出"十二五"末，将基本公共服务覆盖到包括流动人口在内的所有社区居民。第二年，民政部接着发布了第一个促进农民工融入社区的政策文件，具体提出了促进农民工融入社区的五项任务。2014 年，国家卫生和计划生育委员会又出台了《关于做好流动人口基本公共卫生计生服务的指导意见》，指导社区加强对流动人口的服务管理。通过社区化管理，能使大规模人口的管理化整为零，在帮助流动人口改善生活质量的同时，缓解政府流动人口管理的压力。

社区参与流动人口治理，其实不仅是社区承接部分政府行政管理职能的体现，服务管理好流动人口，也是维护社区现实利益和发展的必然要求。流动人口对城市社区的影响是双面的，一面是积极影响，流动人口的进入给社区带来了异质性，为社区建设提供了充足劳动力，他们的服务极大便利了城市居民的生活。从经济效益来看，流动人口的到来增加了社区房屋租赁收入，这在一定程度上也是支撑原社区居民家庭经济的重要保障，而针对流动人口需求的社区服务业的发展，也直接带动了社区餐饮娱乐等服务业的兴旺。但另一面流动人口也给社区治理带来了一定的隐患，大量流动人口流入社区，易造成辖区内交通拥挤、垃圾增加、环境污染加重、资源供应紧张等问题，加大社区基础设施的负担和管理的难度。如果大量流动人口长期在社区聚居，并形成自己的生活圈子，会导致形成与原有社区差别较大的"二元结构"，甚至会冲击到原有社区的治理。因此，从社区发展的角度出发，社区需要对流动人口开展服务管理，以充分发挥流动人口的积极作用，限制其有可能带来的消极隐患，促进流动人口与社区双方利益的同向而行。

三、社区的角色与职能定位

社区是流动人口服务管理的第一线，明确社区的角色和职能定位，提高社区的流动人口服务水平，是解决流动人口问题的重要突破口。社区对流动人口城市融入的作用主要体现为：首先，社区能有效弥补政府宏观层面服务管理的不足。政府关注的是多数流动人口的需求，很少能关照到流动人口个体，而社区是基层群众自治组织，具有草根性特点，来源并扎根于群众，更了解流动人口的个体需求，从而服务和管理的内容具有贴近流动人口的优势，也更易为流动人口所接受。而且社区这一生活共同体在培育流动人口的行为和价值，诸如荣誉、信任、规范等方面，能完成政府难以完成的事情。

其次，社区是流动人口协同治理的桥梁与纽带。社区作为基层组织，是联系和构建多元主体协同流动人口治理的沟通媒介，能为多元主体搭建平等对话的平台。"基层是社会协同管理的基础。要通过加强基层基础建设，在基层构建一个横向到边、纵向到底的社会治理体系，切实把社会问题和社会矛盾解决在基层。"①社区通过调动现有的设施和资源为流动人口服务，并可在此基础上吸引外部资源进入社区，扩充流动人口服务管理的力量，从而把企业单位、社会组织、新老居民等各种力量整合起来，实现多元主体的参与、协调和融合。

最后，社区是流动人口服务管理的载体。政府有关流动人口政策的推行，最终基本需要落实到城市社区层面去执行。如借助社区为流动人口提供技能培训、生活援助、心理疏导等服务，推进基本公共服务均等化；依托社区举办丰富多样的文化活动，增强流动人口对城市的认同感；立足社区扩大流动人口的社会网络，加强流动人口与本地居民的互动，提高流动人口的生存和适应能力。

社区在流动人口服务管理中的职能主要集中在以下方面：第一，流动人口日常管理工作。主要包括流动人口基本信息采集、统计与整理，及时掌握流动人口的性别、年龄、文化程度、户籍地、婚姻家庭、就业及孩子入学等情况，建立流动人口信息库，统计社区内流动人口的需求。第二，将流动人口服务纳入社区工作职责。通常来说，流动人口社区归属感的建立有两个过程：②一是社区基础设施和服务的享有，社区满意度是建立社区归属感的基础，而社区物质条件是影响流动人口社区满意度的重要因素，流动人口是否有权享受以及可以多大程度上享受社区公共物品，将直接影响流动人口的

---

①　马凯. 努力加强和创新社会管理[J]. 求是，2010(20)：8-13.

②　吴海燕. 重构与治理[M]. 北京：中央文献出版社，2006：321-322.

评价。二是社区服务和文化建设,社区的风气和氛围会影响社区成员的心理和行为,如果流动人口所在的社区文化温馨且服务友善,那么流动人口便容易融入,从而与本地居民建立和谐的邻里关系,在潜移默化中产生社区认同和归属感。第三,充分发挥社区作为流动人口服务管理平台的作用。不同主体可以在社区层面参与协同流动人口的管理和服务,但协同的效果与社区作用的发挥密切相关。社区需要动态了解流动人口的需求,优化整合社区内的社会资源,帮助化解其他主体间的利益矛盾,提升流动人口治理效能。

四、社区服务管理流动人口的优势与劣势

由于流动人口工作之余的生活主要发生在社区,社区最贴近流动人口也最便于服务流动人口,因而对于流动人口的服务和管理,社区具有明显的优势。第一,社区对流动人口的支持更显直观有力。流动人口柴米油盐、休闲娱乐和家长里短的场所基本在社区,社区给流动人口提供什么样的公共服务,给予他们多大程度的支持,直接影响流动人口的城市生活质量和对这个城市的认知。社区做好流动人口工作,不仅是对政府和市场可能失灵的补充,而且是流动人口在地域转变基础上实现身份认同和转变的重要支持力量。第二,社区共同体建设是促进流动人口城市融入的重要途径。共同体"需要对一系列共享的价值观、规范、意义以及共享的历史和身份——概而言之,即一种共享的文化——作出承诺"①。社区通过引导流动人口参与社区活动,增强社区归属感,消除局外人心理。流动人口由此形成的集体感、身份感和社区认同感,将使他们具有一定的共同体意识,这时的流动人口不再是无根的漂泊者。流动人口在与社区居民的互动中,社会关系网络逐渐强化,流动人口运用社会资本和社区资源保障自己权益的能力也会逐渐增强,从而克服流动人口社会网络的内卷化趋势。第三,社区能提供整合政府和民间力量服务流动人口的有效平台。社区对流动人口的支持可以既不完全依赖政府,也不由市场来操控,而是建构一种权利和义务的共同体,结合政府和民间力量融合共治的过程。社区能将宏观的制度、中观的执行机构和微观的流动人口个体结合起来,形成开放性的多主体协同治理模式。

虽然社区做流动人口工作有天然的优势,但也有不足之处。第一,社区

---

① Amitai Etzioni. The Responsive Community: A Communitarian Perspective [J]. American Sociological Review, 1995,61(1):1-11.

对流动人口的需求重视不够。这主要体现在目前社区对流动人口重管理轻服务，缺少对流动人口的关爱，不利于流动人口广泛参与社区活动，真正实现"进得来，留得下"。此外，部分社区只愿意承担户籍居民的公共服务，治理资源主要以户籍居民来配置，流动人口的诉求相对被忽略。相关研究表明，流动人口在物质和社会环境方面存在被剥夺现象，户籍居民集聚社区的公共资源供给明显优于流动人口集聚社区。[①] 第二，社区结构及其治理的行政化制约。在我国，社区虽然是自治组织，但仍然是整个行政组织体系的神经末梢，承担着上级政府和街道下派的各项任务。社区工作的60%以上属于行政事务，且主要依靠政府输血供养。因而，在实践中，社区往往难以独立于政府，它以政府任务为导向开展工作，往往不自觉沿用政府工作方式，整齐划一地去推进，忽视流动人口个性化的需求满足。在这种情况下，流动人口可能会缺少参与条件和参与热情，将社区各项事务看成"事不关己"的政府行为。第三，社区面临资源不足的问题。社区工作繁杂，涉及文化、司法普查、妇联、团委等一百多个项目，但社区工作人员很少，往往疲于应付各项政府工作，难以分出足够的人力来处理流动人口事务，容易导致流动人口工作流于形式，尤其是流动人口心理层面的认同感和归属感，没有投入大量持续的细致工作，往往是难以实现的。

第三节　协同治理主体之三：企业

一、企业协同流动人口治理的动力

企业是从事经济活动，实行自主经营、自负盈亏的市场竞争主体，同时也是社会协同治理的重要主体。有研究表明，企业参与社会治理是一种明智利己的选择，具体可通过慈善捐赠、资助、伙伴关系及善因营销等多种方式参与。贝瑟和米勒将企业参与的动机分为公共关系和命运共同体两种类型，公共关系动机指企业相信良好的声誉可以带给企业经济回报，命运共同体动机则意味着企业相信良好的社会环境能促进企业的发展。[②] 对于流动

① 田莉，王博祎，欧阳伟，等. 外来与本地社区公共服务设施供应的比较研究——基于空间剥夺的视角[J]. 城市规划，2017(3)：77-83.

② Terry L. Besser，Nancy J. Miller. The Risks of Enlightened Self-interest：Small Businesses and Support for Community[J]. Business & Society，2004，43(3)：398-425.

人口治理而言,企业协同的动力主要体现在以下几方面。

第一,协同流动人口治理是企业自身长远发展的内在需要。流动人口是我国目前大多数企业员工的重要来源,历史上曾有一段时期,由于企业过于注重利润,忽视对流动人口员工的尊重和权益的保护,"劳资矛盾成为一种经常性的社会矛盾"①。随着我国法律的健全和行政监管力度的加大,企业从自身管理和长远发展的角度出发,不断调整对待流动人口的方式,也越来越重视员工的身心健康和队伍稳定对企业发展的影响。虽然与创造利润相比,促进流动人口员工的城市融入并不是企业的主要目标,但基于对队伍稳定和长远发展的考虑,企业有动力与包括农民工在内的流动人口签订用工合同、改善工作环境,为拥有高人力资本的流动人口申请落户指标,甚至拿出部分资金为员工购买社会工作服务,提供心理咨询、技能培训、维权等服务,协助流动人口解决各种生活和工作难题。

第二,协同流动人口治理是企业履行社会责任的一种途径。企业社会责任要求企业超越利润第一的传统理念,强调对环境、消费者和社会的贡献。在这种理念的推动下,越来越多的企业意识到自己除了追求经济利益外,还需要承担起社会主体的责任,这样才能实现自身的可持续发展。企业与其他主体一起协同流动人口治理,参与流动人口服务,关注流动人口的利益,帮助流动人口融入城市,正是其履行社会责任,由经济主体向社会主体转化的重要途径。

第三,协同流动人口治理有利于树立良好的企业形象,带来直接或间接的经济效益。当今企业间的竞争不单纯是产品数量和质量的竞争,还包括企业形象的竞争。良好的企业形象能帮助企业赢得社会公众对其产品和服务的认可,扩大企业的知名度和美誉度,是企业非常宝贵的无形资产。凭借良好的声誉,企业可以获得直接或间接的经济利益,因而越来越多的企业通过大众媒体来宣传企业理念和文化,或者通过慈善、捐赠、赞助等方式参加各种公益活动,以扩大企业的知名度和影响力。在城市发展中,流动人口是备受关注的一个群体,企业参与流动人口的服务管理,不仅能够帮助改善流动人口生存和发展的环境,还能让公众看到该企业的社会责任感,更易对企业产生认同。

二、企业的角色与职能定位

改革开放以来我国经济快速发展,社会公众对公共服务的需求日益增

---

① 李培林,等. 当代中国和谐稳定[M]. 北京:社会科学文献出版社,2013:32.

多,单一的政府供给往往因缺乏竞争出现效率低下、供给质量不高的问题,致使公众的多元或个性化需求难以得到满足。随着市场经济体制改革的推进,企业成为相对独立的主体,政府通过项目外包、业务合作等方式,将部分职能转给市场或企业来行使,可以弥补政府在公共服务中的不足,提升公共服务的质量和水平。

在计划经济时代,企业不仅要对本单位的生产经营负责,还承担了一些与企业生产经营没有直接联系的职能,如职工生活、福利和社会保障等,某种程度上形成了企业和单位办社会的模式。经过多轮改革,社会保障职能逐渐从企业中分离出来,企业办社会问题基本得到解决,企业真正成为市场竞争主体,活力大大增强。在当前我国加强社会治理的大局中,企业作为一大主体,同样肩负着重要的参与责任。企业的发展需要良好稳定的社会环境,而这种环境的营造离不开企业自身的努力,企业不应为了盲目追求经济利益而推卸社会责任,而应积极参与社会治理。在社会转型期,企业不仅要最大效率地整合和利用资源,满足公众的需求,还需要对生态环境、弱势群体等突出问题予以回应,促进社会公正得到维护。

在流动人口服务和管理中,企业可以通过教育、养老、医疗等方面的参与,为流动人口提供多元选择,成为流动人口治理的重要力量。一方面,企业具有为流动人口提供安全生产环境、应得薪酬和福利待遇的职能。企业是流动人口工作和生活的重要场所,企业的支持与否无疑是流动人口城市融入的重要影响因素,薪酬奖励机制是否公平,工作环境是否安全,管理是否人性化等,这些都将直接影响流动人口对所在城市的心理认同,并最终影响他们的融入程度。因而,企业应该消除对流动人口尤其是对他们中农民工群体的偏见,保障这一弱势群体的法定权益,创造条件加强对生活困难者的帮扶救助,积极开展职业技能培训,提升员工的业务能力,并妥善处理各类矛盾,将可能出现的冲突化解在企业内部。另一方面,企业也具有同其他主体沟通协作,积极参与流动人口治理的职能。比如企业需做好流动人口信息采集工作,并及时向有关部门反馈;与所在社区和街道协调,积极配合相关流动人口服务管理工作,切实承担起相应职责,自觉发挥其在流动人口协同治理中的作用。

三、企业服务管理流动人口的优势与劣势

作为吸纳流动人口城市工作的主体,企业在流动人口服务管理中具有其自身独特的优势:一则企业供给在资源配置和需求应对方面具有效率优势。企业运作主要遵循市场机制，而市场供给是以流动人口对产品和服务的需求为依据，通过市场竞争促进供给者不断提高产品和服务的质量，达到资源的优化配置，并实现流动人口服务供需的平衡，从而在一定程度上缓解流动人口需求多样化与资源不足之间的矛盾。比如以流动人口为主要消费对象的服装批发市场、民营托幼机构、职介婚介等相关营利性组织的出现，就是市场机制下企业组织对流动人口需求的积极应对，这种市场化运作既满足了流动人口的需求，也减轻了政府或社区服务管理的负担。二则企业具有灵活、应变能力强等政府难以比拟的优势。企业能根据政策或市场环境的变化，对自己的生产经营活动做出调整，以保证目标的顺利实现。企业的这种灵活性与应变能力使其能保持一定的弹性，具有良好的竞争力，因而政府可以将企业积极吸纳到流动人口治理中，鼓励企业等市场主体参与有关流动人口的住房、医疗、养老等服务的供应可以构建政企合作的新模式。

不过，企业参与流动人口服务管理也存在劣势：一是企业提供公共产品和服务时面临失灵的问题。市场机制固然有利于资源的优化配置，在产权界定明晰、成本可控的情况下，企业的参与能提高流动人口服务管理的效率。但是，由于不少涉及流动人口需求的供给属于公共产品供给，而公共产品供给无法完全避免"搭便车"行为，企业又是注重投入产出比的理性经济体，因此，对于回报率低的流动人口服务产品，尽管市场的需求比较大，但企业却仍有可能不愿意去提供，这也是许多公共产品和服务都由政府来供给的主要原因。二是企业参与需要政府的引导和监管。企业参与流动人口治理是其履行社会责任的体现，然而，追求利润的最大化是企业的主要目标，企业并不会为了流动人口放弃盈利，甚至有的企业之所以参与流动人口治理，就是为了直接或间接地获取一定的经济或社会利益。由于流动人口的流动性强，企业存有"为他人作嫁衣"的担忧，要求企业主动加大对他们的职业培训投入、配套相关的防治措施，或主动负担医疗费用，通常比较困难。如果企业对盈利的追求超过其社会责任意识，还有可能出现提供劣质产品和服务的问题，因此企业的参与还需要与政府的引导和监管相结合。

可见，企业参与流动人口治理的劣势和优势同样鲜明，在实践中，不能让企业完全按照市场机制来权衡和供应流动人口服务，需要引导企业与政府、社区、社会组织等其他主体合作，扬长避短，充分发挥其优势，合力促进流动人口的城市融入。

第四节　协同治理主体之四:社会组织

一、社会组织协同流动人口治理的动力

社会组织是社会成员按照一定的规范、制度和系统建立,并围绕特定目标聚合而成的社会群体,它有明晰的界限,内部分工明确且形成了协调成员活动的关系结构,是现代社会的重要细胞。社会组织参与流动人口服务管理的动力包括外动力和内动力两方面。外动力指激发社会组织参与流动人口服务管理的各种外部推动力,它反映了流动人口对社会组织的实际需求,以及政府对社会组织参与流动人口治理的支持和重视程度,包括政府的财政投入、出台的政策、制定的社会组织管理和考核办法等。内动力指社会组织供给流动人口服务内容,并获取资源保障自身发展的内部推动力,内动力的大小直接关系到社会组织的管理水平和服务能力,从而影响其流动人口服务管理的质量,主要包括价值引导、团队建设、管理和技术的创新等。

从外动力来看,政府政策的鼓励和扶持是社会组织参与流动人口治理的重要支持。近年来,政府制定了一系列政策和管理制度,为社会组织参与公共服务提供了刚性保障。如《关于改革社会组织管理制度促进社会组织健康有序发展的意见》《中华人民共和国政府采购法实施条例》《政府购买服务管理办法》等,明确规定社会组织是我国社会主义现代化建设的重要力量,并规范了社会组织参与公共服务的程序流程,而在这些制度方案中,引导社会组织为流动人口提供服务通常都是其重要内容。如民政部印发的《2019 年中央财政支持社会组织参与社会服务项目实施方案》对拟资助类型规定如下:"拟资助社会组织开展社会工作服务活动,即以社会救助对象、城市流动人口、农村留守人员、老年人、儿童青少年、残疾人、社区矫正人员、优抚对象和受灾群众等特殊群体为重点服务对象。"[1]2020 年民政部又印发了《培育发展社区社会组织专项行动方案(2021—2023 年)》的通知,指出"邻里守望"系列社区志愿服务活动是社区社会组织发挥作用的关键领域,重点是为"社区内低保对象、特困人员、空巢老人、农村留守人员、困境儿童、残疾

---

[1]　民政部办公厅关于印发《2019 年中央财政支持社会组织参与社会服务项目实施方案》的通知[EB/OL]. 中华人民共和国民政部. (2019-04-16)[2020-01-08]. http://www.mca.gov.cn/article/xw/tzgg/201904/20190400016721.shtml.

人、进城务工人员及随迁子女等困难群体提供亲情陪伴、生活照料、心理疏导、法律援助、社会融入等各类关爱服务"①。这些规定无疑有助于调动社会组织参与流动人口治理的积极性,为社会组织服务流动人口提供多样的介入路径和资金保障,激发社会组织的参与活力。再者,流动人口的多元需求是社会组织参与流动人口治理的巨大拉力。流动人口的需求表现在劳动就业、居住安全、子女教育和社会保障等多方面,而政府的管理和服务不可能面面俱到,无法及时回应流动人口的各项需求,这为社会组织的参与提供了空间。事实上,流动人口服务中心的一项专项调查表明,80多家社会组织中,几乎所有社区服务类组织都将流动人口作为其特定的服务对象,②流动人口显然是社会组织工作面向的重要群体。

从内动力来看,社会组织具有相应的意愿和能力,是构成其参与流动人口治理的主要动力来源。社会组织是围绕特定目标聚合形成的群众组织,组织成员通常具有基于一定价值取向的共同理想追求,奉行奉献、互助、友爱的志愿者精神,较为关注社会弱势群体的利益,也比市场组织更关注社会公共利益。因此,社会组织有较强的动机关注流动人口,支持流动人口的发展。而且城市社会组织地处经济发达区域,广泛聚集着城市社会的资源,有的具有较强的动员和组织能力,有的能获得相对稳定的筹款渠道,有的能赢得政府的信任和经费,总之组织自身具有一定的行动能力,使其能为流动人口提供支持,帮助他们解决困难融入城市生活。不仅如此,社会组织也可以通过参与流动人口治理来获取组织发展所需的资源,如政府的资金补贴、政策扶持,以及社会对其社会合法性的认可和物质捐赠,组织成员也能从中收获社会荣誉和成就感,实现社会价值。

二、社会组织的角色与职能定位

我国社会组织的发展深刻体现着民众的智慧,不少组织在缺乏政府援助和资金支持的情况下,通过挖掘组织资源,优化组织管理,实现了社会组织的蓬勃发展,成为我国党和政府加强社会治理的重要合作者。在流动人口的服务管理中,社会组织同样发挥着促进流动人口诉求表达、弥补政府流

---

① 民政部办公厅关于印发《培育发展社区社会组织专项行动方案(2021-2023年)》的通知[EB/OL]. 中华人民共和国民政部. (2020-12-08)[2020-12-10]. http://www.mca. gov.cn/article/xw/tzgg/202012/20201200030935.shtml.

② 肖子华,林颖,赵小平. 社会组织参与流动人口服务的现状、问题与政策建议——基于对80家社会组织的调研[J]. 人口与社会,2018(6):44-57.

动人口公共服务不足和提供流动人口融入支持的重要功能。

首先,社会组织是流动人口公共政策制定的重要参与者。社会组织参与治理的内容和手段不同于政府部门,政府主要依据政治权力,对行政性和政治性公共事务进行"硬治理",而社会组织主要通过舆论监督、自律规范、政策倡导等方式对一般性公共事务进行"软治理"①。作为连接政府与个人之间的桥梁纽带,社会组织在流动人口的诉求表达、舆情引导和政策倡导等方面可以发挥自己的特长优势。在诉求表达方面,社会组织引导流动人口合法参与表达真实意愿,将流动人口关心的问题反映给相关政府部门,进而提出合理的意见建议。在舆情引导方面,社会组织的组织化专业化特点,能更好地联系流动人口,为他们的诉求表达提供多种渠道和合法的表达方式,从而有效减少流动人口的失范行为,维护社会秩序的稳定。在政策倡导方面,社会组织还可以通过影响流动人口公共政策的制定,为流动人口利益表达提供有效途径。如发布流动人口调研报告、举办研讨会、联合媒体呼吁、向政府决策部门提交有翔实资料支撑的书面建议等等。

其次,社会组织是流动人口公共服务的重要提供者。政府虽是流动人口公共产品和服务的主要供给者,但政府更多着眼于宏观层面流动人口整体公共服务和政策的供给,难以有效回应流动人口微观局部的公共服务需求。当前,我国流动人口的基本公共服务还存有盲点和空缺,流动人口在经济和社会生活中的权益难以得到全面保障,城市融入仍然存在不少困难。相对于政府而言,社会组织反应更灵敏,工作内容更具体,行动更灵活,社会组织能够为流动人口提供政府无暇顾及,不愿或不便提供的公共产品和服务,社会组织所承接的部分政府职能,既有利于降低行政成本,优化政府行为,又是对政府流动人口工作无法全面覆盖的有益补充。社会组织的流动人口服务涉及教育、住房、文体、就业等多个领域,据肖子华等基于对国内80家社会组织的调查,其中,教育、家庭发展和健康卫生方面的服务占比最大,涉及的社会组织占所有组织的比重依次为 75.00％、58.75％和 46.25％。②按照服务专业性程度的不同,社会组织为流动人口提供的服务可分为:以捐赠简单款物或组织零散活动为主的服务,如对流动人口生活物资的捐赠;开

---

① 曾正滋. 走向协同治理:社会治理的内涵解析及其创新前景——以"社会组织参与社会治理"为论域[J]. 福建农林大学学报(哲学社会科学报),2015(2):69-72.

② 肖子华,林颖,赵小平. 社会组织参与流动人口服务的现状、问题与政策建议——基于对80家社会组织的调研[J]. 人口与社会,2018(34):44-57.

展项目化体系化的活动,如农民工就业培训项目;进行社会化运作的项目,动员社会公众广泛参与,如流动儿童犯罪倾向阻断与行为干预等。

最后,社会组织是流动人口社会支持的重要供给者。社会支持指一定社会网络给予个体物质或精神上帮助的行为的总和,充分的社会支持是个体获得社会资源,增强自信心的重要因素。流动人口的人力资本和社会资本相对处于弱势,在完全依赖自身资源很难改善现状的情况下,外部社会组织提供的社会支持,是其获得生活和职业帮助、情感支持和社会援助的重要渠道。社会组织给流动人口提供的支持主要包括四种类型:一是认知性支持,以宣传、讲座和展览等形式为流动人口提供信息、建议和指导。如农民工职业病防治知识宣传,社会组织不仅要先了解我国职业病防治法律法规的内容,而且要以相对易懂的方式将相关内容传递给农民工,以便他们用这些信息有的放矢地指导自身工作。二是情感性支持,以聊天、谈心、鼓励等形式来关心帮助流动人口。如针对流动儿童心理问题,社会组织的工作人员经常和他们聊天,倾听他们的想法,鼓励他们坚强面对学习生活中的挫折,并帮助改善家长的教育方式,增进流动人口亲子家庭关系的和谐。三是技能性支持,以讲座、培训和开展活动等形式为流动人口提供生活和职业技能、兴趣特长方面的支持。如组建文学小组、舞蹈和乐器兴趣小组,电脑技能培训班,流动儿童课后志愿辅导班,等等。四是救助性支持,以实物或现金等形式为流动人口提供免费法律援助、紧急疾病治疗,以及流动儿童学费资助等支持。

三、社会组织服务管理流动人口的优势与劣势

社会组织作为一个重要的协同治理主体,之所以能在流动人口工作中发挥积极作用,与其特点和优势分不开。社会组织具有非营利性、志愿性和自治性等特征,能够克服政府对于行政逻辑的依赖,避免市场对于经济利益的过分追求,为流动人口权益诉求、利益主张提供组织化载体。

总的来说,社会组织参与流动人口服务管理的优势主要包括以下几方面:第一,社会组织目标明确,工作弹性大。非营利性是社会组织最显著的特征,不少组织成员是为实现自己认可的社会价值而工作,具有一定的使命感和奉献精神,社会组织非营利这一内在驱动也使其更加注重组织目标的落实,注重工作过程和实际效果,因而,以流动人口的需求为服务目标的项目,组织目标比较明确,项目实施过程跟踪评估,往往很少出现偏差。与此同时,社会组织较为弹性的组织结构,能使其迅速适应外部环境的变化,灵

活调整行动策略和应变方式,提高流动人口工作的效率。第二,社会组织扎根基层,能提供较为切合流动人口需求的服务。社会组织生长发展于民间,能深入流动人口群体,了解流动人口真正所需,收集流动人口的信息和诉求,在推行流动人口项目上更具有针对性,提供服务时也比其他主体更具关怀精神。此外,流动人口借助社会组织这个平台参与活动时,也更能以平等的身份进行互动,与工作人员建立相互信赖的关系,从而促进流动人口的社会参与和城市融入。第三,社会组织专业性较强。社会组织拥有专业社会工作人员和志愿者,充分发挥其专业能力和专业工作手法,有利于实现组织方式和工作模式的创新,形成个案、小组工作等个性化工作方法,满足流动人口对多元化和专业化服务的需求。社会组织的这一专业化精细化优势,无疑有助改善和提升当前流动人口的服务水平。第四,社会组织具有资源整合优势。社会组织较为关注弱势群体,工作中崇尚志愿和互助精神,以此为内驱力的平台容易得到各方关注,从而吸引并连接起政府、企业、高校和媒体等资源,提高资源的整合和使用效率,为流动人口服务管理工作提供保障。

然而,社会组织因其自身所处环境和内部治理的限制,在参与流动人口服务管理时也存在一定的局限。第一,社会组织所处的政府管理环境有待进一步优化。尽管在包括流动人口治理在内的社会治理创新中,各级政府都强调发挥社会协同的功能,但因为缺乏促进创新的政策和机制,社会组织发展和参与治理的空间并没有被完全打开。相反,一些地方政府的观念较为保守,对社会组织地位和作用的认识不到位,仍然习惯把对社会组织的监管和稳定的维护放在首位,缺乏社会组织承接政府转移职能的具体政策规定,难以大力扶持和促进社会组织在流动人口工作中的协同治理。第二,社会组织内部治理需加强。目前规模较大的社会组织管理架构比较完善,但许多小组织通常存在组织架构不健全,自治规范程度低的问题。不少组织缺乏有效的理事会或监事会,尤其对草根组织来说,要找到合适的人形成一个规范的理事或监事机构并不容易,这样的组织管理很大程度上取决于负责人的个人素质,缺乏明确的章程、行动纲领和管理规则,组织的透明度、活动能力和可持续发展能力都大打折扣。另外社会组织专业人才比例偏低,加之薪酬待遇不高,又缺乏成熟的社会福利体系,工作人员流动性较大,不利于社会组织工作的开展,人才不足导致的组织能力不足,是制约社会组织服务管理能力的重要因素。第三,社会基础仍然比较薄弱。当下我国正处于社会转型的过渡期,旧的道德观念和价值体系受到巨大冲击,而新的利他、参与和互助的价值文化也尚未真正培育起来,社会本身并未充分发育成熟,公民参与公益事业和志愿活动的意愿不高,这将影响公众对社会组织工作的认可和支持。现实生活中,公众信任度或参与度不足影响社会组织流动人口服务效率的情况并不少见。

第五节　协同治理主体之五:流动人口

一、流动人口自我管理的动力

面对城市生活的困难,流动人口通过组织力量把分散的个体连接起来,互助互济,为他们开拓出一块自我管理和自我服务的城市空间,究其动力,既有流动人口内生需求驱动和主体意识成长的原因,也离不开整个社会政策环境的孕育。

具体来说,流动人口自我管理的动力之一在于其主体意识的逐渐增强。流动人口主体意识指"流动人口对于自身的主体地位、能力和价值的一种自觉认识"[1],是促使他们开展自我管理的重要思想动力。近年来,流动人口的主体意识正日益增强:一是权利意识增强。一些学者的调查表明,越来越多的流动人口不愿意别人称呼他们为"农民工""打工妹"等,认为这是一种身份歧视。当发生争议或冲突时,采取各种手段表达诉求维护合法权益的情况也日益增多。二是政治参与和组织化意识增强。2010 年,国务院发展研究中心曾对 6000 多名农民工做过一次大型调查,结果显示,"67.5％的人认为应该参与所在社区的选举","55％期待参与所在企业或社区的民主管理",[2]当问到农民工是否愿意加入组织时,除了 19％的被调查者表示无所谓外,表示想参加的占 73％,不想参加的只有 8％。[3] 可见,农民工的政治参与和组织意识已比较强。三是青年流动人口的主体意识凸显。与老一代流动人口不同,青年流动人口留在城市的愿望更强,就业动机不再是简单地求

---

① 陈菊红."国家—社会"视域下的流动人口自我管理[M]. 杭州:浙江大学出版社,2016:46.

② 国务院发展研究中心课题组. 农民工市民化、制度创新与顶层政策设计[M]. 北京:中国发展出版社,2011:133,293.

③ 国务院发展研究中心课题组. 农民工市民化、制度创新与顶层政策设计[M]. 北京:中国发展出版社,2011:134.

生存，而是谋求更好的发展机会，追求体面劳动和丰富的精神生活，法律保护和维权意识也更强。四是文化主体性不断显现。伴随人口的流动浪潮，一种反映打工生活和情感的文学现象——打工文学——勃然兴起，后来又逐渐扩展成丰富多样的打工文化，一大批打工者用诗歌或文艺作品来记录审视打工者的生活，发出打工群体的声音，在社会上产生了广泛影响，彰显了他们主体意识的觉醒。

流动人口自我管理的动力之二在于情感认同和社会报酬的内生驱动。流动虽然是流动人口的重要特征，但不少流动人口已经在流入地居住较久，他们有建立稳定生活家园的需求。长时期基于业缘、地缘等关系的聚居和互动，使他们彼此之间形成一定的情感联结和认同，这将有助于激发流动人口对群体事务的志愿和奉献精神，进而产生韦伯所说的价值合理性行动。事实上，笔者所访谈过的不同行业人员，无论是政府工作人员，还是社工或志愿者，都对流动人口自组织的骨干成员大加赞赏，认为他们有爱心、有使命感和奉献精神。此外，社会报酬也是流动人口开展自我管理的重要激励因素，流动党员和精英骨干通过组织流动人口的自我管理和自我服务，不仅能收获到帮助他人的价值感，还能赢得流动人口的信任和支持，提升在流动人口群体中的威望，有的甚至能获得政府授予的荣誉和奖励，以上由价值感、流动人口支持和地位荣誉构成的社会报酬，是激励流动精英组织开展自我管理的重要动力。

流动人口自我管理的动力之三在于流动精英自我管理能力的具备和流入地的推动。一方面，组织者具备一定的组织管理能力，掌握相关的专业知识和技能，熟悉了解流动人口群体，都是开展自我管理必不可少的条件。在流动过程中涌现出来的流动精英是流动人口自我管理的重要组织者和推动者，他们或是受教育程度较高，或是有较为丰富的从业经验，或是社会关系比较广，已经凭借自己的活动能力在流动人口小群体中树立了良好的口碑和威望，具有较强的号召力和影响力，因而能够调动起流动人口参与自我管理的积极性。另一方面，流入地也有塑造流动人口自我管理秩序的需求。庞大的外来人口给流入地带来巨大的治理压力，尤其对村级和社区组织而言，其有限的治理能力难以应对大量流动人口涌入的治理压力，从而产生塑造流动人口自我管理秩序的现实需求。对此，习近平总书记也曾在参加十三届全国人大一次会议广东代表团审议时强调："要拓展外来人口参与社会治理的途径和方式，发挥外来人口积极性，加快形成社会治理人人参与、人人尽责的良好局面。"①对于基层治理来说,吸纳流动人口参与治理分担服务职能,并配合完成一些事务性工作,其收益远大于成本,这种对流动人口参与治理的角色期待是推动流动人口自我管理发展的重要力量。

二、流动人口自我管理的职能定位

"一个真正具有效率、效能的服务计划需要服务对象的主动参与,而不是服务对象的被动接受。"②流动人口作为社会融入的主角,不应该仅仅是被动接受管理或服务的对象,而是能与政府或其他力量相互合作的治理主体,应变流动人口的"被动"融入为"主动"融入,调动其主动性和积极性,通过组建流动人口自组织,③开展自我管理和自我服务。

流动人口自我管理的职能主要体现在以下方面:第一,开展与政府部门的互动。流动人口对本群体的状况和想法比较了解,能通过群体间的自我管理,及时向政府部门反馈流动人口的信息和需求,更好地协助政府流动人口政策的科学制定,还能发挥部分社会组织的功能,将政府政策向流动人口宣传,便于流动人口了解和接受,润滑政府治理过程。同时,流动人口自我管理还可通过自我控制防范可能出现的流动人口失范行为,化解各种纠纷和矛盾,引导流动人口理性表达诉求。其中,尤其是流动精英往往能起到很好的示范和带头作用,并能有效缓解和调解流动人口之间的矛盾,促进流入地的社会稳定。第二,协调保障流动人口利益。流动人口自组织通过吸纳社会资源,开展培训、救助和维权等活动,帮助流动人口拓宽就业渠道,维护合法权益。流动人口的跨区域流动导致其缺乏社会资源的积累,所拥有的社会资本相对低端,流动性又较强,当在城市面临各种实际困难时,解决问题的能力通常比较有限。而流动人口的自我管理和自我服务,则可以促进流动人口之间互帮互助,在一定程度上弥补流动人口社会资本不足的缺陷。如流动人口走正规渠道维权的周期长、成本高,成功的现实可能性不大,流

---

① 新华社. 习近平李克强栗战书汪洋王沪宁赵乐际韩正分别参加全国人大会议一些代表团审议[EB/OL]. 中国政府网. (2018-03-07)[2020-01-10]. http://www.gov.cn/xinwen/2018-03/07/content_5272037.htm.

② 彼德斯. 政府未来的治理模式[M]. 吴爱明,夏宏图,译. 北京:中国人民大学出版社,2001:60.

③ 参考学者们对流动人口自组织的定义,本书认同陈菊红在《"国家—社会"视域下的流动人口自我管理》一书中的界定,"指由流动人口自愿组成、自主发展、自我运作,按照成文或不成文章程开展活动的社会组织。"

动人口自组织就可为流动人口提供相关的法律咨询和援助,甚至直接为流动人口代言,帮助调解各种劳动纠纷,为流动人口维权。第三,提供流动人口公共服务。流动人口可通过自我管理为流动人口群体提供政府和市场不愿或不能提供的社会服务,满足流动人口的生活和工作需求,增强他们对城市的归属感和认同感。如职业培训和就业服务、流动儿童教育服务、精神文化和生活服务等等,流动人口通过参加他们自己组织的各项活动,有利于提高他们的生活和就业技能,拓展人际交往圈子,丰富精神文化生活。第四,搭建民主参与的平台。一方面,通过自我管理,可动员流动人口了解并参与流入地的重要事务,增进彼此间的沟通,促进求同存异,积极为流入地的发展出谋划策,贡献力量。另一方面,在自我管理中组织起来的流动人口,可以借助公共倡导来反映流动人口的诉求,发出流动人口的声音,呼吁公众对流动人口问题的关注,推动符合流动人口利益的政策出台。

三、流动人口自我管理的优势与劣势

流动人口基于感情、地缘、业缘、志趣等原因聚集形成不同的自组织,开展的活动丰富多样,涉及流动人口教育培训、生活服务、联谊文娱、权益维护、政策倡导等领域,能较好地弥补流动人口个人力量的不足,在流动人口公益事业和城市融入中发挥积极作用。

与其他主体相比,流动人口开展自我管理和自我服务具有自身的优势。首先,基于自组织模式的支持自主性较大。流动人口自组织包括正式和非正式组织两种类型,正式流动人口自组织的任务和组织结构较为明确,稳定性较强,如"工友之家""打工妹之家""同心希望家园"等;而非正式流动人口自组织结构相对松散,组织没有明确的制度规范,最典型的是各类老乡会、同乡会等组织。但不论哪种类型的自组织,都呈现出组织结构扁平化、组织内部等级秩序模糊、权威弱化、组织人员和机构设置弹性化、组织核心部门资源网强化等特征,因而,流动人口自组织的自主空间较大、运作较为自由灵活、组织成员间的地位比较平等,组织氛围一般也比较宽松,这种模式下的自我管理适应性强,能及时对外界环境作出反应,也能吸引流动人口更广泛地参与,提高流动人口组织化行动的能力。其次,流动人口自我管理能提供符合流动人口需求的服务。流动人口同时作为自我管理的主体和客体,他们对本群体成员的生活和需求非常熟悉,对流动人口融入城市的困难有切身感受,从而在自我管理和自我服务中更具有同理心,这不仅有利于他们开展流动人口真正需要和感兴趣的活动,还能促使他们在服务时更快地融

入服务对象中,增进相互间的理解和支持,提升管理和服务工作的效果。再次,流动精英是推动流动人口自我管理的重要力量。北京零点调查公司早期对北京的流动人口生活状况进行调查后认为,"几乎所有的流民都是以不等的规模围绕着一些大大小小、影响力范围不等的权威为中心在生活着"①。这些权威中心实际上就是指从流动人口中凸显出来的流动精英,他们的受教育水平、经济活动能力、社会交往面通常高于一般的流动人口,自觉关注群体的状况和地位,有较强的奉献精神、社会责任感和活动能力,经常力所能及地帮助别人解决实际困难,因而逐渐赢得其他流动人口的尊敬和服从,成为个人魅力型的权威人物。流动精英对流动人口具有天然的亲和性,号召力和动员力较强,又能较为理性地处理问题,流动人口愿意相信他们,政府部门也愿意借助他们的力量,因而,流动精英支持和带动下的自我管理,更容易取得流动人口和政府的双重信任,发挥实际作用。最后,流动人口的自我管理有一定的资源整合优势。流动人口属于社会弱势群体之一,容易吸引社会组织、高校专家学者、记者媒体、志愿者等社会力量的关注,因而流动人口自组织作为自我管理的重要载体,有机会构建一个社会力量共同参与的支持网络,以项目、公益价值、信任等来连接资源,为整合各方力量起到搭台唱戏的作用。

　　然而,流动人口自我管理尽管在自主性的发挥、提供符合流动人口需求的服务、流动精英的推动,以及资源整合方面具有优势,但它建立在相对封闭的社会关系网络基础上,存在其自身难以克服的劣势。一是流动人口自我管理的水平受制于流动人口的自身素质和能力。不得不承认,农民工占主体的流动人口,其总体受教育程度和组织管理能力显著低于城市居民,很多人还不具备现代组织管理能力,再者流动人口的社会资本层次较低、同质性较强,这都不利于提升其自我管理的效率。此外,很大部分流动人口从事的工作较为繁重,休息时间有限,很难有充分的时间和精力去参与自我管理,这将割裂流动人口之间相互联系的可能性,进一步影响他们参与自我管理和自我服务的积极性。二是流动人口的自我管理活动具有明显的小团体特征,其对流动人口的支持力度会随流动而变小。不同职业的流动人口组成的自组织,存在团体化程度差异。如地缘关系是从事建筑业的流动人口自组织的重要纽带,内聚程度较高,而从事制造业的流动人口自组织则主要

---

①　袁岳,张守礼,王欣. 北京流民组织中的权威[J]. 社会学研究,1997(2):113-122.

以业缘关系为基础,内聚程度相对较低。[1] 虽然基于自组织模式的自我管理能对流动人口起到支持作用,但这仍只是一种非正式的支持,流动人口嵌入该支持网络越深,受到的约束往往也越强,容易致使流动人口囿于本群体,产生生活空间的自我隔离,很难从该网络之外获得更多的帮助,而且这种以强关系为主的支持,很容易随着流动人口的流动而变小甚至消失。[2] 三是流动人口自组织若管理不善会造成严重的治安问题。流动人口通常聚集而居,他们多开展有利于维护小团体利益的活动,在不良习气或利益驱动下,有的甚至拉帮结派,形成一块块城市"飞地",滋生各种犯罪问题,造成不良社会影响,从而给当地社会治安带来难题。因此,流动人口的自我管理的良性运行,还需自组织内部的积极治理、成熟制度环境的约束和适度的引导监管。

---

① 杜海峰,李树茁. 农民工小团体现象的探测与分析:基于社会支持网络的研究[J]. 社会,2009 (2):131-146,226.

② 李树茁,杨绪松,悦中山. 农民工社会支持网络的现状及其影响因素研究[J]. 西安交通大学学报(社会科学版),2007(1):67-76.

第四章 创新与挑战：协同治理的融合实践

实践是理论创新的源头。伴随着政府失灵和市场失灵，多元主体的协同治理逐渐进入人们的视野。如果各主体继续单打独斗，各自为政，作用和效果往往有限，而多主体间的良性协同，将共同推动社会治理的创新。在各地流动人口的治理中，实际上已经出现了多元主体的协同实践，有的实践甚至已经探索多年，但尚缺乏从协同治理角度的审视和梳理。因此，聚焦实践，分析不同案例的协同机制及运行成效，总结创新性经验，探究继续推进流动人口协同治理面临的挑战，具有重要价值。

本书在北京市、浙江省和广东省选取四个流动人口协同治理的典型案例开展调查，通过参与观察和半结构式深度访谈，全面深入了解各主体协同流动人口服务管理的动因、采取的策略、与其他主体的互动、面临的困境、工作人员的想法、服务对象的感受等，以获取翔实的资料，准确把握不同主体协同流动人口治理的机制、成效、经验和遭遇的挑战。相比于传统的流动人口治理，协同治理的最大优势是其他主体力量的吸纳和单一政府治理的打破，书中所列四个实践案例不乏亮点，从中我们可以看到政府外其他主体力量的不断发展壮大、成长成熟，也能看到这些实践形成的宝贵经验。但客观地说，如同集体行动的协调难度大，流动人口协同治理的发展还存在诸多挑战，主体间的关系、权力、能力等都影响着协同治理未来发展的广度和深度。

第一节　政府主导合作型:广州市登峰街道宝汉社区

政府主导合作型协同指在流动人口治理中,政府是主要治理主体,但不是唯一主体,这一模式强调政府在治理网络中的引导和协调功能,以及各部门各主体联动协作机制的发挥。广州市登峰街道宝汉社区不仅居住着少数民族和汉族人口,还集聚着一定数量的外国人,社区居民身份的多重性以及文化的多样性增加了流动人口服务管理的难度。如何让国内各民族流动人口和外国人参与并融入社区生活,是宝汉社区一直积极探索的重要问题,其政府主导下的协同治理实践,为流动人口聚居社区的治理创新提供了生动样本。

一、广州市登峰街道宝汉社区概况

广州越秀区是广府文化发源地、千年商都的核心,也是广州市行政资源、商业资源、文化资源、基础教育资源和医疗卫生资源比较集中的区域之一。越秀区下辖的登峰街道面积 4.75 平方公里,位于越秀区北部,与广州火车站距离较近。由于地理位置优越和开放包容的氛围,登峰街道不仅吸引了国内大量流动人口到此就业创业,还吸引了诸多外国人来此旅游、就业、经商。尤其是其辖区范围内的宝汉社区,更是有回族、藏族、维吾尔族、东乡族等大量少数民族流动人口以及外国人在此生活居住,多民族、多种族相互交融。

自 20 世纪 90 年代以来,有"世界工厂"之称的珠三角地区经济快速发展,成为中国市场经济较为活跃的地区之一。也正因为如此,珠三角地区吸引了来自世界各地的客商,登峰街道宝汉社区的商贸由此赢得了快速发展的机遇,天秀大厦、怡东大厦等很快成为中外业务密集开展的重要基地。最初有不少非洲商人、中东商人在此经营服贸和小商品批发市场,他们将此地看成是自己人生梦想的起点。为了使自己的广告牌醒目易懂,这里的商铺同时使用汉语、阿拉伯语、英语和法语等不同语言,吸引了很多来自不同国家不同地区的消费者到此购物。一间一间的商铺中常常夹杂着不同风格的外国餐馆与酒吧,每到夜幕临近时,空气中飘满着浓郁的烧烤等各种美食的香味。与此同时,宝汉社区也吸引了诸多包括少数民族人口在内的国内流动人口,在这一区域内从事餐饮、中介、劳务等工作。

大量外来人口的进入在促进当地经济社会发展的同时,也给当地环境卫生、社会秩序、社区治理等带来了巨大挑战。为了实现营商环境净化与产业提升"两手抓",打造一个集文化、休闲、旅游于一体的商贸街区,当地联合各部门迅速成立了几百人的工作队伍,对辖区内随意摆摊、非法销售、破坏环境等行为进行了集中整顿,"三无"产品基本销声匿迹,不少商户逐步转型,低端业态也随之转型升级。同时,为了保护外来商户的合法权益,各部门还对出租房屋市场定期进行巡检,以规范房东与外来租客之间的租赁行为。

近年来,登峰街道坚持"包容发展、和谐共融"的理念,结合当地经济社会发展的需求,把促进中外友好交流以及国内民族团结进步作为重要治理任务来抓,积极探索出一条符合当地实际情况的外来人口服务管理道路,为特大城市破解流动人口服务管理难题积累了宝贵的经验。2019年,宝汉社区被列入2018年广东省"民主法治示范村(社区)"创建单位名单。如今,街道景观发生了翻天覆地的变化,辖区内商铺林立,既有琳琅满目的商品展现着不同的地域文化和异域风情,又有熙熙攘攘的人群充满活力,秩序井然。

二、协同机制及运行成效

社区是流动人口生活的重要场所,社区的服务质量直接关系到流动人口对城市生活的满意度。广州市登峰街道宝汉社区作为流动人口聚居社区,近年来以流动人口为中心,坚持流动人口服务与管理机制创新的探索,在政府主导下,构建了一个富有活力和效率的流动人口协同治理体系。

(一)宝汉社区流动人口协同治理的机制

在宝汉社区的流动人口治理实践中,政府主导合作型协同治理的主要特征表现为,在政府的引导和协调下,整合各职能部门、社区组织和志愿者的力量,通过一定的方式构建大流动人口工作体系,开展互动交流合作响应,实现多部门多主体的责任分担与资源共享,形成治理合力,提升了社区流动人口的治理效率。

一是优化流动人口治理体制,促进流动人口治理资源的整合。广州市2014年就在市级层面设立了来穗人员服务管理局,统筹协调流动人口的服务管理工作。登峰街道则根据本地区流动人口来源广泛、居住分散等特征,指导成立了宝汉社区管委办,形成了以街道办事处牵头,社区居委会和政府其他部门等参与的流动人口协同治理体制。宝汉社区管委办则根据具体工作需要,主动争取驻区内各部门、单位和组织的支持,并与之建立起广泛联系,为各项工作的协同开展打下了良好基础。如在环境整治工作中,社区管委会联合辖区内工商所、食药监所、城管、派出所等部门共同开展集中清查,对街面进行巡逻盘查,检查场所、消防和交通安全等行为,以确保辖区内安全问题零发生。针对社区成员中有不少少数民族这一情况,登峰街道始终把民族宗教工作作为一项重要的政治任务来抓,成立了以党工委书记为组长,街道办事处主任、党工委副书记为副组长的领导队伍,在相关职能部门中抽调骨干力量组成了一支政治过硬、行动力强、业务精通的民族工作小组,并设立专门的民族团结进步创建工作经费,确保了保障到位与责任落实。小组成员经常开展有关民族宗教问题的调研,广泛宣传国家民族和宗教政策方针,呼吁社区居民尊重少数民族人员的宗教信仰和生活习惯,积极调解少数民族居民与其他居民之间的矛盾与冲突。

二是搭建流动人口服务和文化交流平台,彰显社区融入特色。目前,宝汉社区成立了社区综合服务中心、少数民族工作室、外国人服务管理工作站、青少年服务中心等各类社区组织,以项目化的方式提供包括弱势群体关怀、邻里互助、社交资讯等便利流动人口的各种服务。为了让合法入境居留的外国人更好地融入社区生活,登峰街道以服务外包招标的方式组建了外国人综合服务中心,成立一支英语水平较高的服务团队,为外国人提供房屋租赁、法律咨询、外币兑换、涉外纠纷调解等便捷式服务,帮助他们在当地舒心生活。针对外国人政策法规不明、语言不通等问题,以项目化形式开办中文学堂,为外国人提供语言培训、法律宣传、政策咨询等服务,帮助外国人了解中国的传统文化、语言文字、法律法规,增强他们的适应能力。除此之外,宝汉社区还经常组织各种文体和社区教育活动,如社区文化节、邻居节、中外美食分享节等,为流动人口和本地居民搭建沟通交流平台,增进了不同族群的融合。

三是推行网格化治理,培育打造志愿者队伍。宝汉社区探索推行网格化治理,网格员负责网格内流动人口的相关管理和服务,对社区流动人口做好登记、走访、核销等各项工作,确保信息收集到位且及时更新,同时将与流动人口生活与工作息息相关的安全生产、矛盾纠纷、劳动保护等纳入到网格中,构建起以信息化支撑为基础、精细化服务为保障的网格化治理模式。不仅如此,为了丰富服务载体,登峰街道和宝汉社区精心打造了两支志愿者队伍,一支面向外国人开展社区服务活动,主要由专业社工和大学生组成,他们大多具有专业技能和语言优势,能较好地同外国人互动交流,帮助解决一些实际问题。另一支则主要由懂汉语的外国人和少数民族流动人口组成,目的是通过发动和鼓励流动人口参与社区志愿服务,推动流动人口的自我管理和自我服务,发挥他们在流动人口群体中的影响和带动作用,促进他们尽快融入本地生活。

(二)宝汉社区流动人口协同治理的成效

宝汉社区的政府主导合作型治理模式,从本质上说是为了解决政府作为单一主体难以有效应对流动人口治理的复杂性而探索出来的新模式。宝汉社区的治理实践主张政府重视各职能部门间以及不同主体间的协同,倡导各部门和各主体建立平等友好的合作关系,从而实现仅仅依靠自身无法完成的流动人口治理目标。

首先,流动人口的社区归属感进一步增强。归属感是指个体或群体对一件事物或现象的认可与接纳时所产生的一种心理感受。[①] 流动人口对流入社区的认同感与归属感直接影响到他们对整个城市的情感。流动人口对流入社区的归属感并非短时间内就能够形成,而是他们在长期的生活与工作中,与流入社区及各类人群在交流、互动过程中不断形成的。

一方面,国内流动人口对宝汉社区的归属感日渐增强。在快速工业化和城镇化过程中,不少流动人口到宝汉社区务工经商。他们如何享受当地经济社会发展的成果、基本权益如何得到保障、如何获得公平的生存和发展机会等,都成为宝汉社区流动人口工作关注的重点问题。为了营造包容接纳和友好共生的社区环境,让流动人口共享更多的公共资源,登峰街道和宝汉社区创新服务管理方式,利用大数据精准分析国内流动人口的实际需求,提供更精准、更精细的民生服务,并通过积分入户、积分入学、积分入住公租房等方式帮助他们获得享受当地各类资源的机会。流动人口感受到自身所获得的社会支持越来越多,并逐渐被当地社会所认可,由此对宝汉社区产生更深的认同感。

以前刚来到这里的时候,这里的环境没有那么好,小区的人之间也特别的陌生,不认识的人之间很难能够说上一句话。后来,小区工作人员做了好多的工作,也经常帮助我们解决生活中的难题,小区里也弄了好多活动,有时间的话,我们很多人也会参加的。这样,彼此之间就越来越熟悉了,感觉到了这里的温暖,小区居民对我们也很友好。(YDK,

---

① 杨菊华. 以强大的正式社会支持形塑流动人口的归属感[J]. 人民论坛,2020(2):62-64.

男,务工人员)

另一方面,外国人对宝汉社区的归属感也逐步提升。宝汉社区开放包容的特质吸引了众多外国人到此来寻梦、圆梦,在经济社会建设的多个领域都能看到外国人的身影。为了帮助外国人更好地融入社区生活,当地建立了以政府为主导、各部门联动、社会参与的外国人融入服务机制,不仅搭建了中外居民相互交流的平台,还定期举办丰富多彩的文化交流活动,在活动中增进中外居民的感情与友谊。如组建中外青少年足球队,通过以球会友、以球促融,向社区中的外国人传递尊重、包容和友善的服务理念。针对外国人的具体需求,政府以购买服务的形式与专业社会组织合作,开办"中文学堂""融合课堂",外国人通过参加中文等课程的学习,对中国文化和政策有了更多了解,有利于他们有序融入当地生活。

> 在这里生活还好的,环境好,中国人也友好。以前做生意有人看我是外国人,给的价格高,现在规范多了,他们看我还会说简单的中文,也不会骗我。以后让我的家人和朋友也多来这里,因为我喜欢这里。(DW,男,非洲来穗经商人员)

其次,少数民族流动人口服务管理体系进一步健全。人口流动促进了各民族交往交流交融,呈现出大流动、大融居的新特点。习近平总书记明确指出,我们要顺应这种形势,出台有利于构建互嵌式社会结构的政策举措和体制机制,努力完善少数民族流动人口服务管理体系。① 这些重要论断强调做好城市少数民族流动人口服务管理工作的重要意义,对宝汉社区完善少数民族流动人口服务管理体系具有很强的指导性。宝汉社区针对辖区内具有诸多少数民族群体的基本现实,依法保障少数民族合法权益,帮助他们在辖区内留得住、过得好。

一是为少数民族流动人口提供针对性强的服务管理。登峰街道充分利用少数民族流动人口自身力量实施分类管理,在派出所既有队伍中抽调一定数量干警的基础上,从少数民族流动人口中招聘若干名辅警作为少数民族流动人口服务管理的补充力量,更好地调解各民族成员之间因日常交流产生的纠纷,建立风险评估机制,将可能存在的潜在风险降到最低,有效处理各类矛盾,促进了民族团结。二是提高了少数民族流动人口服务管理工

---

① 习近平. 在全国民族团结进步表彰大会上的讲话[EB/OL]. 中国政府网. (2019-09-27)[2022-07-12]. http://www.gov.cn/gongbao/content/2019/content_5442260.htm.

作的智能化和专业化水平。登峰街道利用互联网、大数据、人工智能等新技术新手段,在各部门之间构建综合协作网络,使各部门在少数民族流动人口工作中实现信息共享和工作协同,提高服务能力和水平。三是有效促进了少数民族流动人口的就业创业。宝汉社区把保障各民族流动人口就业创业工作放在至关重要的位置,坚决杜绝在就业创业活动中出现的任何歧视少数民族流动人口的行为,尤其是在企业招工、学校招生等各项活动中禁止将民族作为招收条件。宝汉社区还为社区内的少数民族流动人口集中提供必要的就业资讯、法律宣传、教育培训等各类服务,积极回应他们在就业创业过程中遇到的各种问题,有效促进了少数民族流动人口在当地顺利就业创业。

> 我们这里有好多像我一样的少数民族呢,大家在这里待了很长时间了。我们一些人经常主动配合社区来维护这里的治安,这里的治安情况挺好的,人与人之间也不错。而且对我们少数民族也很关心,经常给我们提供好多帮助,比如找工作上有什么难题啊,社区里的工作人员会关心我们,还会给我们提供一些信息。(BMXY,女,维吾尔族务工者)

> 以前总是听说广州这边发达,有好多工作机会,后来就和几个熟人过来了。在这里待了四五年了,这里的工作人员经常给我们提供一些帮助。(LHX,男,藏族务工者)

最后,中外文化交流得到进一步拓展。党的十九大报告明确提出,要加强中外人文交流,以我为主、兼收并蓄。宝汉社区所在的越秀区作为广州的经济、商贸和文化中心,是外国人来穗经商交流的主要汇聚地和中转站,也是来穗外国人最活跃的居住地、工作地和贸易地之一。[①] 宝汉社区的外国人在此生活工作,不仅促进了辖区贸易的繁荣,带动了当地经济的发展,也促进了中外文化交流。宝汉社区通过讲好社区故事,展现真实、立体、全面的社区文化,让更多的外国人了解中国。宝汉社区定期开展丰富多彩的文艺体育活动,组织社区内外国人参加"广府庙会""广府文化旅游嘉年华""二沙岛

---

① 经济、教育、文化、旅游……越秀,就是这样,开放、积极、阳光地奔走在"一带一路"前进的路上[EB/OL]. 广东越秀区政府网. (2017-05-17)[2020-01-15]. http://yxwhg. yuexiu. gov. cn/yxxxw/xxgk/pop. jsp? catid=4659&id=426886.

音乐季""广州爵士音乐节"等活动,让他们更深入地了解广州风俗以及中国文化。为了促进不同族群之间的交流,宝汉社区通过举办各种活动或比赛,搭建相互之间的沟通桥梁,增进彼此间的日常互动。宝汉社区的中外文化交流及相关经验吸引了国际社会的广泛关注,2015年国际移民组织总干事斯温来华访问,实地走访了登峰街道外管综合服务中心和宝汉综合服务中心,详细了解了宝汉社区在中外文化交流和社区服务管理等方面的创新举措。2016年国际移民组织在广州举办"移民和城市政策研讨会",此次研讨会向国际社会展现了广州在中外合作交流中的风采,宝汉社区也同样成为国际社会了解广州与中国的重要文化窗口。

三、宝汉社区的基本经验

宝汉社区实行政府主导合作型流动人口治理,政府、社区、社区组织、居民、流动人口等不同主体基于公共利益构建合作网络,共同参与流动人口事务的治理。在各方的协同努力下,宝汉社区在促进流动人口融入、推动流动人口服务管理与社区发展的协调互动中积累了宝贵经验。

以社区治理为支点提升流动人口服务管理品质。近年来,越秀区坚持源头施策、精准定位,积极启动社区治理行动计划,不断推进和谐宜居社区建设。一是优化社区生活环境。宝汉社区对老旧房屋进行整治提升,对小区内落后的公共设施进行更新改造,在辖区内开展包括清理臭水沟、生活垃圾、楼道杂物等为主要内容的人居环境卫生大整治活动,为流动人口与入驻企业创建一个优美、整洁、干净的社区环境。二是优化营商环境。登峰街道深刻认识到良好的营商环境是一个地区发展的重要软实力,紧紧围绕商贸、健康、文创等重要产业的发展,提升涉企工作人员的服务意识与服务质量,坚决杜绝多部门重复执法的情况,给辖区内的企业营造一个公开透明、充满活力的发展环境。三是优化社区服务。城市主要街区、广场是不少流动人口的休闲娱乐场所,宝汉社区延伸社区服务功能,经常在人口聚集处为他们提供信息咨询、事务办理等便利性服务。同时,在制度层面促进党员干部下沉到社区,借助于驻点帮扶、志愿服务等形式为流动人口提供社区服务。

有序组织流动人口参与社区治理。宝汉社区并非将流动人口看成是社区的"外来人"或"边缘人",而是将他们看成是社区建设与社区治理的重要参与者。因此,宝汉社区摒弃了传统意义上只依靠政府力量解决流动人口问题及自上而下的政府包办思维。一是通过宣传引导,激发流动人口参与社区治理的内生动力。宝汉社区以社区为依托,以专业社会组织及社会工作专业人才为支撑,向流动人口广泛宣传社区治理目标、规划以及流动人口帮扶政策等重要内容,引导动员流动人口积极投身于社区志愿服务工作,激发其主人翁意识。在涉及流动人口切身利益的相关工作中,宝汉社区通过深入流动人口家庭,主动询问他们的意见,耐心听取他们的心声,及时吸纳流动人口的意见和建议,让他们切实参与到社区建设与社区治理中,彰显他们的主体地位,强化他们的社区认同感。二是注重情感培育,实现流动人口参与社区治理效能的最大化。宝汉社区异质性较强的流动人口加剧了治理的难度。为了消除社区居民与流动人口之间的隔阂,宝汉社区充分考虑流动人口的喜好和需求,通过文艺特长表演、邻里互助小组等活动不断增加相互之间的亲近感,消除邻里之间的冷漠与隔阂,积极构建空间上相近、道义上相助、情感上相融的社区共同体。三是创新参与平台,畅通流动人口参与社区治理的渠道。宝汉社区积极利用信息化科技手段,通过社区事务公开、在线听证、民主评议等渠道,拓展流动人口参与的方式。

加强社区党建在流动人口治理中的引领功能。习近平总书记曾指出,坚持把加强基层党的建设、巩固党的执政基础作为贯穿社会治理和基层建设的一条红线。[①] 宝汉社区在流动人口治理中充分发挥党组织的引领作用,形成了党委、政府、其他主体协同治理的工作格局。一是推进以流动人口需求为导向的基层服务型党组织建设。针对流动人口主体多元、需求多样、流动性强等特征,宝汉社区以网格化党建为依托推进基层服务型党组织建设。基层党员干部利用网格责任区精准掌握外来人口的实际需求,第一时间为外来人口解决日常生活中的各类问题,做到"小事不出网格,大事不出社区",发挥基层服务型党组织在服务流动人口以及社区治理中的堡垒作用。二是加强基层党组织的思想与作风建设。基层党组织是密切联系外来人口与社区居民的重要纽带,也是最能感知民意的主要触角。宝汉社区紧紧依靠基层党组织,用党建这根"绣花针"穿起了社区治理与外来人口服务管理的千条线,让每一针每一线都能够精准对接社区发展的现实需求。通过理论学习提升基层党员的能力素养,激发他们的主动性和创造性,发挥他们在社区治理中的"领头羊"作用,通过鼓励党员发挥先锋模范作用,以党员带动流动人口参与社区治理。三是健全党群共建服务平台。社区党群服务中心是党建引领流动人口参与社区治理的重要载体,宝汉社区利用党群服务中

心联动辖区范围内的企业、社会组织、流动人口、社区居民等开展宣传教育、学习培训、便民利民活动，加深他们对社区发展的了解，进一步提升流动人口对社区事务的参与意识，增强了流动人口的责任感。

四、政府主导合作型协同面临的挑战

关于政府主导下流动人口治理的协同，宝汉社区虽然已经取得了有效经验，但也还存在一些问题有待我们深入探讨。

第一，在政府主导的合作网络中如何进一步细化各主体职责。在宝汉社区当前的合作网络中，政府、社区、居民等不同主体之间的职责仍然存在划分不清的问题，比如没有明确街道办事处、社区以及相关部门之间的权责，这有可能导致政府治理效率不高、社区服务保障不到位与治理效果不佳等问题。对于宝汉社区这样一个包含多民族、多种族身份的特殊社区来说，在政府主导的合作网络中更加明确地细化各主体职责，提升流动人口服务效率及居民生活品质尤其必要。基层政府作为城市社区的治理主体与领航者，不但承担着贯彻落实党的基本政策的重要任务，而且还承担着推进社区建设、提升社区治理水平的职责。在这种情况下，基层政府应该更好地厘清自身与其他主体之间的关系，在进一步明确自身功能定位的同时，统筹好参与社区流动人口治理的相关机构，充分发挥政府的教育教化职能，培育社区居民以及流动人口的参与能力，实现"社区人治理社区事"的重要目标。就社区方面而言，既要有效落实好上级各项政策，又要对社区居民及流动人口参与社区治理报以欢迎的态度，主动协助他们参与流动人口服务，增强社区对流动人口的凝聚力和向心力。对于社区居民和流动人口而言，也需要摒弃那种社区公共事务与我无关的观念，积极参与到社区流动人口事务中，与政府、社区组织等共同推动流动人口治理目标的实现。

第二，流动人口聚居社区如何更好地实现依法管理与人性化管理相结合。宝汉社区有很多来自世界各地的外国人和国内流动人口，由于他们中不少人来宝汉社区的主要目的是挣钱养家，因而对社区事务的参与意识不强，更不会为了推动宝汉社区的健康发展而去做积极努力。然而，随着他们在宝汉社区居住的时间越来越长，并且不少人已经在这里结婚生子，他们对参与当地社区公共事务的愿望越来越强烈。因此，基层管理者需要不断改进社区治理的方式方法，在具体实践中将依法管理与人性化管理有效结合，以便更好地让流动人口群体感受到本地社区给予他们的关怀与温暖。一方面，基层管理要逐步从治安管理向服务管理转变，对涉及违法犯罪以及治安违规行为坚决依法处理,而对一些不涉及违法违规的行为既要讲法制也要讲情感,不断健全社区惩戒劝告机制,将管理寓于服务之中。同时在社区日常活动中也要经常向流动人口宣传法律法规,帮助他们掌握一定的法律常识。另一方面,在社区公共决策以及社区建设中,进一步健全外国人和国内流动人口表达机制,畅通他们建言献策的各项通道,减少因不同种族、不同民族之间的文化差异而产生的误解与分歧,使他们真正成为宝汉社区"共建共治共享"的重要成员。

第三,在社区发展中如何建立覆盖面更广泛的流动人口公共服务体系是流动人口服务创新的重要内容,也是保证流动人口留得下、留得住的必要条件。宝汉社区在就业权益、技能培训、生活服务等方面赋予流动人口和当地居民同等待遇,在很大程度上保障了流动人口的基本权益。然而,宝汉社区还需要进一步拓宽流动人口服务管理工作的思路,构建覆盖面更广的流动人口公共服务体系,有效提高流动人口的管理和服务效能。目前广东省建立了全省综治维稳信息平台以及全省流动人口计划生育平台,这两个平台能为流动人口公共服务创造条件,但是彼此之间又相互独立。为了提高流动人口服务管理能力,亟待按照社会参与、部门联动、信息共享的思路,通过整合各方资源构建一个涵盖流动人口身份信息以及就业、社保、医疗、教育等内容的流动人口信息综合管理平台,全面掌握流动人口的动态变化,为建立覆盖面更广的流动人口公共服务体系提供数据支撑。同时,充分挖掘平台所具有的数据附加价值,识别和监测流动人口基本公共服务供给的基本情况,不断改进当前服务方式、服务内容和服务流程中存在的不足。此外,结合宝汉社区的发展实际,逐步增加社区流动人口公共服务机构的数量和设施,开展更多针对流动人口需求的基本公共服务项目,缩小他们与当地居民在享受公共服务待遇上的差别。

第二节　政社合作型:北京市协作者社会工作发展中心

政社合作型协同指在流动人口治理中,政府与社会组织的合作突出,社会组织在流动人口服务管理中发挥了重要的作用。"北京市协作者社会工作发展中心"(以下简称北京"协作者"或"协作者")是一家从草根组织发展起来的全国最早民办社会工作机构之一。该机构以当前我国社会转型期突出的流动人口问题和城市化问题为切入点,致力于推动流动人口服务创新、相关政策倡导及对服务型社会组织的专业支持。北京"协作者"作为一个民办机构，与政府建立了广泛合作，是政社协同流动人口治理的典型代表。

一、北京协作者社会工作发展中心概况

2003年春，非典型肺炎疫情暴发。在突如其来的疫情灾害面前不少农民工心理素质较差，产生了一定的恐慌情绪。关注到农民工的身心健康问题后，几个年轻人以此为契机，在北京东五环外的一间出租屋内成立了北京市协作者社会工作发展中心。"非典"时期，北京"协作者"广泛筹集资金，与政府进行多项合作，走进农民工居住的社区为其提供救助，宣传健康卫生知识。北京"协作者"成立之初，虽然办公设施简陋、人员数量少，但却始终秉持"团结协作，助人自助"的服务理念，坚信每一个弱者都该拥有自身的力量，每一个个体都应该被尊重。在对农民工提供咨询服务的过程中，北京"协作者"始终认为农民工所扮演的角色并不仅仅是被动接受服务者，更是具有智慧并致力于国家与社会发展的建设者和贡献者。

2003—2006年，北京"协作者"改变以往过于注重提供具体服务的工作模式，积极探索服务创新的方式方法，且开始重视将服务创新与政策倡导结合起来。在帮助以农民工为主的流动人口及流动儿童解决实际困难的过程中，社会工作者与志愿者不仅直接为他们提供生活服务、权益保护、日常照护等专业服务活动，还强调帮助他们提高应对风险、合法维权和融入城市的能力。在提升流动人口各方面技能的同时，倡导不同群体间互动互助，鼓励流动人口加入志愿者队伍，积极服务他人、服务社区。为了帮助农民工群体更好地释放情绪、缓解压力，北京"协作者"鼓励农民工借助于音乐、歌曲、戏剧、演讲等方式表达自我、展现风采。其中，由农民工群体自编自演的戏剧《一个民工的美丽期待》受到社会的广泛关注与好评。同时，积极邀请农民工及其子女出席有关农民工与流动儿童的研讨会，让他们作为嘉宾全程参与并发言，而不只是作为被动帮扶和研究对象。

北京"协作者"不断总结自身经验，认真思考如何将其模式进行推广。2007年5月，北京"协作者"主要成员带领志愿者建立南京市协作者社区发展中心，致力于为流动人口提供能力建设、政策倡导等服务活动。2008年12月，北京"协作者"继续在珠三角地区推广自身模式，成立珠海市协作者。珠海市协作者在鼓励青年流动人口参加组织建设与服务、掌握先进理念与知识、寻找自信与自我价值方面进行了积极探索。北京"协作者"的成功经验与模式被逐步推广到长三角与珠三角地区。

北京"协作者"在行业发展中，主动探索"服务—倡导—支持"相结合的新型服务模式。2010 年，北京市政府开始购买社会组织的服务，北京"协作者"主动承接政府购买服务的"社会组织服务民生行动志愿者能力建设项目"，加强与政府的合作。为进一步给高校社团、社会组织以及个人提供支持，北京"协作者"相继制定"社会工作者助力计划"和"社会组织助力计划"等，并积极承担北京市相关政府部门的委托项目，对所购买的服务项目进行监测评估。北京"协作者"充分利用社会工作专业理论与方法，主动配合政府部门工作，承接政府与流动人口服务和社会组织培育有关的项目，通过政社合作推进了创新流动人口服务管理的实践。

2017 年以来，北京"协作者"以项目合作为基石，不断总结既有的服务理念与实践模式，积极发挥民办社会工作机构的治理经验和专业优势，重点围绕困境儿童救助、流动人口社会融入、社会工作者培育等，探索规范化、标准化和精准化的社会服务。

二、协同机制及运行成效

社会组织如何发挥专业特长为流动人口服务？如何与政府建立良性互动，甚至带动更多主体和资源的参与？这是不少社会组织在成长与发展过程中不得不面临的一个重要问题，北京"协作者"利用专业服务优势与本土经验，与政府建立了富有创新性的政社合作关系，在提升承接流动人口服务的能力与效率方面做出了积极努力。

（一）北京"协作者"协同治理的机制

第一，利用社会工作专业化优势，反哺政府流动人口治理创新。提高流动人口服务管理水平，促进流动人口城市融入，是政府社会治理创新的重要目标，而这一目标的实现有赖于多元社会力量的协同。社会组织作为连接政府与社会成员的桥梁与纽带，它的草根性、灵活性和专业服务能力，能够很好地协助政府流动人口服务，使服务成效倍增。北京"协作者"作为兼具服务性与支持性的社会组织，在流动人口服务过程中运用社会工作"助人自助"的专业理念以及"使能者"的角色等专业方法，精准对接流动人口的个性化和多元化需求，推动了流动人口工作的实务创新。

北京"协作者"在调查中发现，不少流动人口家庭的健康卫生知识匮乏，存在较为严重的健康卫生问题。其中，流动儿童的健康问题与其日常生活习惯息息相关，倘若能够较早地预防、介入与治疗，很多健康问题便不会进一步恶化。为了给流动儿童提供医疗卫生知识，帮助他们形成健康的生活习惯，北京"协作者"通过招募志愿者、筹措各方资源等方式为流动儿童提供免费体检。在这一过程中，北京"协作者"除了提供健康咨询与治疗建议等服务外，还发挥其社会工作社区教育和社会救助的专业优势，培育了一批社区公益健康辅导员队伍，为流动儿童及其家庭提供及时便利的帮助。在北京"协作者"的积极动员努力下，一些社区逐渐形成了由社会工作者、志愿者和社区流动人口共同参与、相互扶持的照护服务模式。

除了流动人口的社区照护服务，北京"协作者"还根据流动人口的需求，在实践中探索多种社会工作服务方法和项目运作，提高了流动人口服务的专业化水平，是对政府流动人口治理创新的反哺。如针对流动人口易搬迁、不稳定性特征，"协作者"提出流动性社区探访服务的方法，志愿者和社会工作者深入到社区、企业或工地，为流动人口提供小组、社会工作个案和社区教育等服务，帮助流动人口建立团结互助的支持系统。2020 年新冠疫情防控期间，本就脆弱的农民工生计遭遇了严重打击，而"一刀切"的防控政策又很难照顾到农民工群体的个性化需求，于是，"协作者"于 1 月份紧急启动了"农民工抗疫救援行动"。但"协作者"并没有采用传统的物资救援手段，而是将对农民工的个性化紧急援助与公众和政策倡导相结合。工作人员不仅为农民工提供在线信息咨询、防护物资和心理支持等服务，还积极向外界介绍农民工的处境和需求，使社会各界对疫情下的农民工群体有了更多的理解和支持。

第二，主动争取合法性，积极承接政府购买流动人口服务的项目。在古典社会学家韦伯看来，合法性的"法"范围非常广泛，既包括国家制定的规章、制度和法律，又包括由道德、宗教、习俗等构成的规范和价值观。[①] 由此，他还进一步将统治的合法性基础分为三种经典类型：传统型、法理型和个人魅力型。为了有效考察社会组织的合法性，北京大学高丙中教授根据合法性基础的不同，把社会组织的合法性操作化为社会合法性、法律合法性、政治合法性和行政合法性四种类型。[②] 其中，法律合法性、政治合法性和行政合法性，都来自政府，或符合政府部门制定的法律要求，或符合政府倡导的价值规范，或得到政府相关部门及其代理人的认同或授权。对于社会组织来说，法律、政治和行政合法性是其重要的稀缺资源，也是社会组织与政府建立互惠合作关系的基石。

①　韦伯. 经济与社会（上）[M]. 林荣远，译. 北京：商务印书馆，1997：64.
②　高丙中. 社团的合法性问题[J]. 中国社会科学，2000（2）：100-109.

在与外部环境的互动中,北京"协作者"并不是消极被动,而是通过积极行动去获取来自政府的合法性。2009年,民政部出台《关于促进民办社会工作服务机构发展的通知》,规定只要符合条件的民办社工机构,"民政部门可直接担任其业务主管单位"。在这种情况下,北京"协作者"主动向北京市民政局提交材料,接受审核,正式注册为民办社会工作机构,获得了合法性身份,成为北京最早获得合法身份的民间组织之一。合法性身份的获得为北京"协作者"继续开展流动人口融入活动提供了重要保障,为其进一步开展与政府的合作创造了条件。为了更好地为流动人口及其家庭服务,北京"协作者"积极抓住北京市政府购买公共服务项目的契机,开发了"边缘流动儿童公益健康服务暨社区健康辅导员支持系统建设项目",并探索出"健康普查+紧急救助+个案咨询+社区教育+社会倡导"五位一体的流动儿童社会工作健康服务模式。① 北京"协作者"采用专业的服务方法与运作方式为流动人口等困难群体提供了丰富的服务,有效弥补了政府流动人口工作的不足。正是由于其工作的专业性、科学性以及服务能力的不断提升,"协作者"得以与政府建立稳定、可持续的合作伙伴关系,成为推动社会组织发展、创新流动人口服务的重要力量,先后获得"北京市优秀社会工作服务机构""北京市社会组织诚信建设争创单位"等荣誉称号。

第三,着力推进政社合作,通过研究倡导聚力多元主体的协同。北京"协作者"与政府的协作具有一定的现实基础,不仅"协作者"对政府赋予的合法性有依赖,政府也对"协作者"提供的相关社会性服务有需求。② 由于政府精力有限,面对繁杂的流动人口多元需求,难以做到面面俱到,需要社会组织为其分担,"协作者"具有一定的实践经验与专业能力,正好迎合了政府的这种需求。不过,"协作者"并没满足于此,而是非常重视维护与政府的良性互动关系。对待每一个政府项目,"协作者"都会全力以赴,为了按质按量完成工作,有时甚至要连续熬几个通宵,也正是因为这种态度,"协作者"能长期持续地赢得政府部门的信任和认同,从而在政府购买服务项目的竞争中保持较强的竞争力。

---

① 李涛. 社会组织在政府购买社会工作服务进程中的功能和角色——北京协作者参与政府购买社会工作服务经验总结与思考[J]. 社会与公益,2012(8):31-36.

② GAZLEY B. Why not partner with local government? Nonprofit managerial perceptions of collaborative disadvantage[J]. Nonprofit and Voluntary Sector Quarterly, 2010,39(1):51-76.

不仅如此,北京"协作者"还积极开展研究倡导工作,呼吁社会各界共同关注关心流动人口,为流动人口提供支持。"协作者"在推进与流动人口相关的实务工作的同时,还扎实开展各类流动人口问题的调查研究,利用自身影响力,就流动人口问题积极在社会上发声,进行政策和社会倡导。至今"协作者"已完成了《中国农民工幸福报告》《中国留守儿童家长研究报告》《社会工作人才服务农民工问题研究报告》等多个调研报告,正式出版了《流动人口社会工作实务手册》《流动与融合》《工殇者》等九本书,并组织召开了三次关于流动人口权益保障与服务创新的全国性研讨会议,邀请政府、企业、学者、媒体和其他社会组织等参加,呼吁社会各界重视流动人口问题,动员全社会加强合作,给予流动人口更多帮助和支持。

"协作者"的专业和努力收到了大量正面的反馈和认可,中央电视台焦点访谈、新华社半月谈、人民日报等媒体都对其工作进行了宣传报道。目前,"协作者"受邀参加了促进农民工融入城市社区的意见、促进民办社会工作机构发展意见、政府购买社会工作服务项目意见等多项社会政策的制定起草工作,并与超百家企业、基金会和社会组织发展了支持合作关系,和二十多所高校建立了社会工作实践基地的合作,"协作者"已然成为流动人口协同治理的一个重要聚力平台和资源连接中心。

(二)北京"协作者"协同治理的成效

首先,流动人口服务和公益平台发展成效显著。坚持公益性是社会组织扩大社会影响力的重要方式。北京"协作者"在建设与发展过程中,始终秉持公益的理念,致力于开展参与式流动人口服务,积极回应流动人口的需求,促进了社区各群体彼此间的理解及流动人口的社区融合。北京"协作者"自成立以来,已累计开展近2万次社会工作专业服务,为上百万人次流动人口及其子女、孤寡老人提供了公益服务。

> 北京协作者做了很多好事,经常向有困难的人提供帮助,在新闻报道里都看到过。希望他们在以后的发展过程中,可以越做越好,能够为弱势群体发出更多的声音,为他们做更多的事情。(HL,女,社区居民)

> 北京协作者,知道啊,是一个社会组织嘛。这个组织常常在我们小区开展一些公益性活动,比如说给有困难的人捐物资,还给社区里的外来人口的孩子提供帮助,为了不让那些孩子在社区里感受到孤独,不让他们被社区里的本地孩子排挤,他们开展这类活动感觉还是很有价值

和意义的。我们的社会还有不少弱势群体,他们为了生活不容易,希望像协作者这样有爱心的组织越来越多。(ZRH,男,社区居民)

为了更有能力帮助困难群体,北京"协作者"发挥公益平台的功能,广泛争取政府、基金会以及社会爱心人士的支持与捐助,向有需要的流动人口家庭提供物质支持、资金帮助和陪伴服务;向在寒冬里缺乏物资的紧急救援对象提供睡袋、电暖气、台灯等取暖用品和救助基金;向打工妈妈提供全身免费体检和健康能力建设培训;等等。此外,北京"协作者"还联合北京博源拓智儿童公益发展中心等发布《儿童公益组织行为准则指南》,联合明德公益研究中心等完成《北京市公益支持性组织发展现状调研报告》。在不断努力下,北京"协作者"荣获了"首都最佳慈善组织"、中央编译局授予的第二届"中国社会创新奖"、全国妇联授予的"全国三八红旗集体"等一系列荣誉称号。

其次,流动人口服务的志愿者队伍得到培育和扩充。北京"协作者"将流动人口、志愿者、社区居民都看成是重要的流动人口服务管理资源,在各项工作中非常重视培育各群体参与流动人口服务管理的能力,丰富了流动人口服务队伍。一方面,"协作者"坚持"助人自助"理念,在流动儿童社区照护、流动人口社区教育、流动探访服务、新市民和新生活能力建设等服务中,"协作者"不仅为流动人口提供切实服务,还注重流动人口能力的培养,鼓励流动人口积极参与力所能及的志愿活动。在他们的带动下,越来越多的流动人口参与公益服务,有的甚至从农民工成长为专职社工。

> 我们相信每个弱者都有力量,所以我们在开展各种活动时除了帮助流动人口解决困难外,还会特别注重提升流动人口的自我服务和社区参与能力,协助他们从受助者成长为助人者。这些年,我们机构在服务中培育了许多志愿者,有的成了我们机构的骨干。像×××以前煤球厂工人、送水工、保洁工等都干过,后来认识了我们协作者,锻炼成长得很快,好几年前就取得了社会工作师资格,大家都很佩服他。(LQ,女,"协作者"工作人员)

另一方面,北京"协作者"注重发掘和培育社区内生力量,发展社区居民志愿者,并帮助他们提高服务能力。在"流动人口互助行动""社区照护牵手行动"等项目实施过程中,北京"协作者"发现部分社区居民有服务他人的热情,但缺乏相关组织和服务经验。对此,北京"协作者"积极连接社会工作者与社区居民,通过开展"社区领导者培育"的相关培训,以及传帮带的具体实践活动，增强了他们的服务信心和能力。与此同时，北京"协作者"的专业能力和对弱者的无私关爱，也激发了更多人的思考和行动，起到了很好的带动作用。

> 北京协作者到我们小区来开展活动，在他们专业力量的带动之下，我们也学到了很多东西。时间久了，我们自己的专业性和服务社区居民的能力也有了提高。比如以前我们总觉得流动人口工作费力不讨好，流动人口不高兴参加，看到他们在小区办的流动儿童托管服务这么受欢迎，我们也在反思，只有真正从尊重、关心流动人口的角度出发，才能抓住流动人口的需求，调动他们的积极性。（DJH，男，社区工作人员）

> 北京协作者我们知道啊，在我们这里搞过活动，还在社区里招过志愿者，让大家一起在社区里做一些公益性的活动，就是为了让小区变得更好，人与人之间变得更温暖。他们开展的很多活动不错的，尤其是对那些有困难的人，多提供一些帮助，我们能够做到的，也会多参加。（WLM，女，社区居民）

最后，服务项目的运作能力进一步提升。项目运作能力是衡量社会组织工作效率的重要指标。社会组织项目运作指以项目实施与评估的方式，向服务对象提供服务，从而实现资源的优化配置，这意味着社会组织在资金、人才、场地等资源有限的情况下，需在一定时间内高质量地完成项目任务。北京"协作者"的工作经费多数依赖于社会公益基金以及政府的项目经费，但在获得经费的过程中常常会遇到经费拨付不及时导致项目活动仓促推进、评估审计繁复等问题。针对这种情况，北京"协作者"在承接服务项目的过程中，不断总结经验教训并改进工作方法。北京"协作者"认为做好任何一个项目，在前期要成立专门的项目团队，对团队成员进行合理分工，明确职责，同时，在项目团队成员中开展项目管理与运营、财务与税收等培训，让团队成员充分掌握项目运作的基础知识。在中期项目实施阶段，需和政府、社区以及服务对象等及时沟通，不断完善项目实施方案，及时推进项目进度。项目顺利完成以后，仍然需要通过评估表、走访调查等方式了解项目实施效果，总结经验教训，为后续项目的顺利运行提供参考。"协作者"成熟的项目运作能力，使之与政府建立了广泛合作，先后从各级政府部门承接了三十多个服务项目，未来与政府合作的前景也非常广阔。

三、北京"协作者"的基本经验

北京"协作者"通过长期探索，积极开展与政府的合作，为我国流动人口治理的政社协同积累了丰富的实践经验，值得总结和推广。第一，合作空间的培育是实现政社合作的基础。政社协同的实现需要双方共同培育合作空间。政府和社会组织作为自主行动主体，职能定位存在差异，政府有它自身一套自上而下的行政运作模式，社会组织则扎根基层，较为关注服务对象。两者的合作需要双方从服务对象的需求和所解决的实际问题出发，寻求合作空间，相互协商，相互支持，从而发展成一种共变共生的关系，[①]彼此履行责任的同时又共担风险。近年来北京市政府非常重视社会组织在社区治理、公共服务供给等领域的作用，鼓励社会组织参与公共服务的承接工作，将民生保障、公益慈善等领域的服务项目，优先向社会组织倾斜，这给北京"协作者"提供了合作的空间。"协作者"关注流动人口的现实困难，协助流动人口和草根组织增能，准确对接政府购买服务的需求，从而能在承接政府职能转移项目、开展公益服务合作等方面赢得机会。在政府与北京"协作者"的合作互动中，二者逐步形成了稳定有序的协同模式。一方面，北京"协作者"作为兼具服务性和支持性的民办社会工作专业机构与政府合作，在参与流动人口治理、支持服务性社会组织发展、倡导公共政策等方面获得了政府的肯定。另一方面，政府吸纳北京"协作者"参与相关公共事务，将政府服务目标嵌入北京"协作者"的工作中，通过北京"协作者"愿景和使命的完成来实现相应的治理目标。

第二，扎实的服务能力是实现政社合作的关键。社会组织对公共服务的补充性供给功能是政府与之合作的最重要原因，对于社会组织来说，扎实的服务能力和高质量的服务成果是寻求与政府合作的硬资本。"协作者"的经验是对这一理论的生动诠释。作为一个草根起家的社会组织，"协作者"深刻认识到，光有服务流动人口的热情还不够，还需要通过踏实做事，让政府和社会看到自己的能力及价值。而这种能力不仅体现在组织的建设和管理上，还体现在其流动人口服务的效果上。在组织建设中，"协作者"以章程为基础，建立了包括理事会、专家委员会、发展委员会、监事会等在内的组织结构，健全了组织决策与组织监督的职能。"协作者"还利用对照分析工具

---

① 韦克难，陈晶环. 新中国 70 年社会组织发展的历程、成就和经验——基于国家与社会关系视角下的社会学分析[J]. 学术研究，2009(11)：46-54,177.

(OMT)对财务管理与安全、人力资源与保障、团队建设与提升等多个环节进行监测评估，不断优化组织运行。在项目实施中，"协作者"将精力放在扎实的服务上，在为流动人口服务的同时也不断地对他们赋权，并将服务效果转化为有数据支撑、可推广的成果，服务活动也多渠道最大化地向公众开放，主动接受各方监督，保障了组织的良好公信力。正是"协作者"展现出的服务能力和服务成效，促进了政府与它的合作。

第三，服务模式的创新是实现政社合作的催化剂。传统的社会组织服务只关注服务对象，关注具体的服务内容，更多表现为救助型服务。与之不同，"协作者"对流动人口服务的创新，既增强了服务的实效，又大大增强了该组织的社会影响力。"协作者"的创新主要体现在三方面：一是协助流动人口的同时提升其助人自助的能力。"协作者"立足社区，从社区照顾、社区互助、社区参与及融合层面开展流动人口工作，构建专业服务体系，在回应流动人口需求的同时注重帮助其提升能力，鼓励流动人口参与社区服务，成长为服务他人的志愿者。二是实务工作和政策倡导相结合，为政府流动人口工作献言献策。"协作者"并不局限于微观的流动人口服务，而是在服务实践中，同时开展调查研究和政策倡导工作，形成了一系列有说服力的理论研究成果。这些成果促进了政府、企业、社会公众等对流动人口群体的关注和支持，成为整合社会多元主体的资源，促进社会参与和政社合作的重要载体。三是提炼总结服务经验，助力社会组织行业发展。"协作者"在服务过程中不断总结服务的理念、方法和模式，不仅这一服务模式被成功推广到南京、珠海、江西和青岛地区，还探索出了对服务型社会组织的支持培育模式。"协作者"能力的不断发展进一步催化了与政府的合作，也吸引了各类资源的加入。自2015年北京市社会组织发展服务中心委托北京"协作者"运营以来，"协作者"逐渐发展成服务型社会组织的赋能大平台，政社合作日益密切。

四、政社合作型协同面临的挑战

从北京"协作者"的实践来看，政社合作型协同主要还是社会组织主动争取政府资源的过程，政府的干预如何适度、社会组织的参与如何深入、自我造血能力如何提高，都是需要厘清的问题。

政府的干预如何适度的问题。整体来看，包括北京"协作者"在内的大部分社会组织都是在顺应政府职能转变的背景下创建的，政策环境对社会组织的成立、发展与壮大具有深远影响。客观地说，政府与社会组织的实力和资源拥有量并不对等,政府的资源丰富,决策力执行力比较强,社会组织在政治、行政合法性及资金方面都依赖于政府的供给,这就要求在政社合作中政府的干预需适度,尽量避免政府优势对社会组织的不良影响。从北京"协作者"与政府的合作来看,社会组织应立足于自身发展和服务对象的需求来制定服务方案,而不是为了迎合政府管理的需要。而政府的准确定位则是释放政策资源扶持各类社会组织,为它们提供必要的制度、政策、资金等支持,建立公开透明的参与机制,培育第三方机构协助对社会组织的项目运作、资金流转状况进行评价审查。同时,政府应尊重项目规律和市场规律,尊重合作双方的责权利,不用传统的行政手段随意变更项目协议内容,避免过多干预社会组织的内部事务和项目运营,为社会组织的独立运行创造良好的外部环境。

社会组织的参与如何深入的问题。北京"协作者"自成立以来,以其专业优势参与政府购买服务,并与政府部门开展多个项目的合作,一定程度上实现了社会力量与行政力量的优势互补。实际上,包括北京"协作者"在内的社会组织在参与社会治理的过程中,大多能够通过自身行动产生一定的社会效益,为有需要的群体提供服务。但是,目前全社会并未形成支持社会组织参与社会治理的良好环境,北京"协作者"仍然面临深入参与的困难。社会组织的参与水平取决于高质量的社工队伍,然而调研过程中,机构的不少工作人员表示社会组织的社工地位偏低、待遇较差,社会的认同度不高,导致他们的工作不易被亲朋接受和理解。这一状况直接造成了社会组织人员队伍的不稳定,影响社会组织的服务质量。而且基于社会环境的制约,"协作者"从学校、医院等单位获取资源的壁垒依然较高,广泛的共治共享格局并未完全形成。因此,未来要进一步推进社会组织深入参与社会治理,需在营造有利于社会组织参与的良好环境基础上,提升社会组织的业务能力,凸显其作为专业型组织的优势以实现其不可替代性,增强政府、企业、基金会等与之合作的动力。

社会组织自我造血能力如何提高的问题。资金是社会组织最重要的物质基础。资金对于一个社会组织的功能,犹如血液对于一个生命体的作用。没有资金,社会组织就会成为一个空壳,自然谈不上与政府和其他主体的协同治理。由于社会发展尚不成熟,社会捐赠和经费来源不稳定,社会组织自身的整合能力又有限,因而普遍存在资金短缺的现象,即使是资源整合能力较强的组织,也不无这方面的担忧。北京"协作者"面临同样的问题。随着自身发展对专业人才的需求量越来越大,因其资金短缺和自我造血能力不足，工作人员的流动性较大，项目运营也曾由于资金的入不敷出出现过运营困难，进而影响到社会组织发展的内生动力。因此，提高社会组织的自我造血能力非常重要，需继续推动政府职能向社会组织转移，合理筹建社会组织孵化基地，引导市场资源、社会资源、人才资源向其集聚，帮助社会组织进行规范化建设，提升其社会参与能力，为增强社会组织的自我造血功能奠定基础。

第三节　政企合作型：宁波力邦社区

政企合作型协同指在流动人口治理中，政府与企业间的合作突出，企业在流动人口服务管理中发挥了重要的作用。政企如何合作推进流动人口的城市融入，政府"掌舵"、企业"划桨"的协同机制如何运行，除了常见的捐助和提供志愿服务外，企业如何更深层次地参与流动人口治理并发挥作用。浙江省宁波市力邦社区聚焦流动人口聚居社区的治理难题，以其生动实践，展现了一个政企合作推进多主体协同流动人口治理的框架，探索了政府、企业和流动人口等主体参与流动人口服务管理的机制，取得了良好的成效。

一、力邦社区概况

力邦社区地处浙江省宁波市奉化区西坞街道（原为奉化市西坞镇），是一个流动人口集中居住的社区。21 世纪初，为了发展地区经济，奉化市和西坞镇政府积极招商引资，奉化市人民政府批准建立西坞外向科技园区，吸引了不少国内外企业，同时也吸引了大批流动人口前来园区就业。在此背景下，如何管理辖区内大规模增长的流动人口成了摆在政府面前的一道难题。对此，西坞镇政府决定建设西坞外向科技园区服务中心（又称"园中园"），对园区内的流动人口进行集中统一的管理。从 2001 年开始，政府先后投入900 多万元，用于征地和相关基础设施的建设，初步建成"园中园"。但是，由于流动人口数量庞大，成分复杂，管理难度很大，流动人口集中居住区建成后的运行和管理又成了一个新问题，如果作为公益性事业全由政府承担，势必会极大地增加政府的负担。经过反复讨论，当地政府最后决定将集中居住区的建设和管理打包成一个招商引资项目，向社会公开招标，引进企业来建设和经营。

最后，浙江力邦控股集团有限公司以廉价住宿和伙食优势中标，与政府达成以股份合作的方式建设并管理"园中园"的协议。力邦公司购得了该项目 90％的股权，而西坞街道则保留 10％的股权，虽然股份不多，但实质性地保留了政府对重大决策的干预和否决权。为了更好地实现对流动人口聚居区的有序管理，力邦公司专门注册成立了子公司力邦村后勤服务有限公司（也称"力邦村"）来负责，之前的聚居区名称"园中园"也随之更名为"力邦村"。可见，最初的"力邦村"其实是一个企业名，并不是行政区划的名称。为了更充分地实现对流动人口管理和服务功能，"力邦村"与奉化市民政局和西坞街道多次协商，决定在流动人口聚居区实行社区化管理，将该聚居区重新冠名为"力邦社区"。与其他社区不同的是，居住在力邦社区的人员全部是在附近各企业上班的流动人口，该社区虽然是在街道政府的主导下建设而成，其管理服务也受当地政府的指导，但其运行却主要由力邦集团及其下属的"力邦村"负责。

在力邦社区的建设和管理中，力邦集团及其"力邦村"公司全面负责社区管理和社区服务，企业经营兼具项目人文关怀和市场逐利逻辑。一方面，力邦公司投资修建了一系列便民的公共服务设施，力邦社区占地 70 余亩，建筑面积 3 万多平方米，看上去和一般城市社区无异，环境优美，秩序井然，公共配套如社区广场、球场、文化中心、医务室等齐全。此外，企业还必须遵循合同约定，不得随意提高房租和食堂伙食的价格，保障流动人口的基本需求。另一方面，企业也有较大的自由空间来开发经营项目，实现一定的盈利，如小卖部、食堂小炒、网吧及各种摊位出租等，都能帮助企业获利。在具体管理层面，力邦社区打破了管理者和被管理者的界限，充分发动流动人口实行自我管理和自我服务。2003 年 12 月，力邦社区选举产生了第一届社区居民委员会，所不同的是，在 7 名当选的居委会成员中，外来流动人口占了 4～5 人（后几届的居委会成员基本参照此比例设置），并且在力邦党总支（社区和企业党组织合并成立）的领导下，社区先后成立的共青团、妇联、工会等组织负责人也主要由流动人口担任。为了加强与租住流动人口的沟通，社区还投票选举产生了社区居民代表大会，37 名居民代表全由流动人口自己选举产生，社区居民除了可以通过调查表、常设意见箱反映自己的意见建议外，还可通过居民代表传达，社区则会在此基础上及时作出反馈处理。

虽然社区居民来自四面八方，但社区的服务非常人性化，为租住在此的流动人口营建了一个温馨家园。新居民入住社区后都能领到一本居民手册和一张社区居民证，居民手册用于帮助新居民尽快熟悉环境，融入社区生活，而有了居民证，新居民就可以享受社区图书借阅、无息小额借款申请等服务。目前,社区已为上千人提供了应急借款,为 100 多位居民发放了 10 多万元救助金。流动人口的业余生活比较单调,社区还根据大家的兴趣爱好,组建了文化技能培训班和各类文体俱乐部,通过参加各项活动,流动人口的文化资本和社会资本得到很大提升。此外,社区"十佳居民""优秀青年""五好家庭"等的评选表彰,也很好地激发了流动人口对社区的荣誉感和归属感。力邦社区模式,不仅赢得了流动人口的强烈认同,也获得了非常高的社会评价。近年来,力邦社区先后获得诸如"品质社区""全国文明社区"等多项地市级乃至全国级荣誉称号,成为流动人口服务管理创新的典型社区。

二、协同机制及运行成效

力邦社区的做法,最大亮点在于政企合作推动下,行政力量、市场力量和社会力量三者基于社区平台的协同共治。西坞街道的策划和主导推动,力邦村公司的投资建设和运营,其他社会力量在力邦社区治理中的介入,以及流动人口的参与式治理,促成了真正意义上的多元共治,较好地实现了多元主体的共治共赢。

(一)力邦社区流动人口协同治理的机制

第一,政府领导方式的创新和主导作用的发挥,是力邦社区流动人口协同治理的基础和前提。西坞政府当年若没有突破传统行政包办束缚的胆识,就不会有"园中园"的战略规划和浙江省内第一个外来人口集中居住公寓的建设,也不会有力邦社区的项目外包、投资建设和管理。同样,若没有当地政府的指导和监督,也很难想象企业化运作能坚持长期低成本地优先满足流动人口的基本需求。力邦社区虽然交由力邦村公司独立运营,但当地政府从未放弃过对社区流动人口治理的领导和指导。即使后来西坞街道将原本保留的 10% 股权完全转给了力邦集团,但一直与该企业保持着密切联系,并专门指派了街道的一名党委成员联系指导力邦社区的工作。

> 谈到预留股权的初衷,街道工作人员表示:"别看现在力邦社区运营得不错,当初我们还是有压力的。我们希望花较少的钱为更多人服务,企业的经济效益高,但因为这是公共事业,如果一下子完全推向市场,最后搞不好,出了事还是要由政府承担,留一部分股权来引导,我们就好把握点。"(ZTP,男,街道工作人员)

政府对力邦社区流动人口服务管理的指导还体现在项目创建的引导

上，尽管当地政府不直接管理力邦社区，但却时常借助开展和谐社区、文明社区、学习型社区等创建活动，引导力邦社区将这些内容渗透进社区流动人口的服务和管理中。

此外，西坞街道还通过区域化党建来引领该地区的流动人口工作。西坞街道统筹辖区范围内的企业党组织和社区党支部，成立了力邦党委，由西坞街道党工委委员兼任力邦党委书记。以力邦党委为核心，分别建立起两个覆盖流动党员的组织网络，一个是经由工作领域从企业党支部到党员的延伸，另一个是经由生活领域从力邦社区党支部，到楼层党小组，再涵盖到党员个体。党建网络将区域内的流动党员连接在一起，有利于充分发挥流动党员骨干的模范带头作用。调研中社区工作人员给我们讲了这样一件事，让人印象深刻：

> 有的流动人口刚住进来时对我们的一些管理规定不理解，像检查房间整洁、不能乱丢垃圾等等，他们觉得管理过于严厉，从而产生了抵制甚至故意对着干的行为。对于这种情况，我们最初是通过罚款来惩罚，效果并不好，后来通过党建网络找到流动党员和积极分子，再鼓励他们去带动老乡和同事讲究卫生，配合社区管理工作，效果要好得多，那些人碍于情面也不会公然对抗了。（XL，女，社区工作人员）

第二，企业借力市场和社会管理逻辑的能动嵌入，是力邦社区实现流动人口协同治理的强大支撑。一方面，力邦集团及其下属的力邦公司作为力邦社区的投资商，是一个独立的市场主体，在力邦社区的运营中需要经济上自主经营、自负盈亏。根据与政府订立的合同，流动人口的房租和餐饮价格必须保持在一定范围，不得随意调高，力邦村公司主要采取的策略是先保障流动人口的基本需求，以低廉的价位吸引人气，再在人气聚集的基础上发展三产，以三产的规模效益来增加企业收益，弥补低餐费和低房租的不足。据调查，目前力邦社区每年的开支主要用于支付宿舍维修、人员工资、办公经费、银行贷款利息等，现有商铺租金、房租和其他经营性收入基本能维持收支平衡，略有亏损的部分由力邦集团资助。另一方面，力邦村公司领导一直兼任力邦社区的主任和副主任，他们凭借其丰富的社会资源优势，结合力邦社区的特点借道社会逻辑进行管理，为流动人口提供各类服务，促进了政企社的多方共赢。

力邦村公司借道社会逻辑服务管理流动人口的主要做法包括：一是身份形塑，力邦社区避免了对流动人口的歧视性称呼，而是将居住在该社区的流动人口统称为居民，并给每一个人发放社区居民证和居民手册，持有居民证的人可以享受社区居民特有的借贷权利，推动了社区居民共同体意识和身份意识的形成。二是共商共治，力邦村公司不是按照企业空间中雇主对雇员的方式来管理流动人口，而是引导居住在社区的流动人口共商共治。社区流动人口可以通过民主表决、公开讨论等方式，来表达自己的利益需求，如流动人口可以投票选举产生自己信任的居民代表，有问题或建议向居民代表反映，对于居民代表收集反馈的意见，力邦村公司基本做到能解决的解决，不能解决的做好解释工作，帮助流动人口解决了合租房分开计算电量、协调民用电价等实实在在的问题。三是网络建构，力邦村公司除了满足流动人口吃住玩的基本需求，还高度关注其自我发展需求，动员建构了各种志趣网络和学习型社区。力邦社区不仅建立了文体团队、时装模特队、夜宵俱乐部等志趣群体，还开办了成人高中、英语、电脑、服装、职业病防治等各类培训班，通过参加各种文娱和学习培训活动，力邦居民的社会资本和文化资本得到了拓展提升。四是家庭支持，力邦村公司非常重视家庭对于流动人口的意义，他们为居住在社区的年轻人筹办集体婚礼，并邀请相关领导来为新人证婚；社区评选出十佳居民后，会邀请获奖者的父母来参加表彰大会，并为受邀者报销路费，强化了对社区居民的家庭支持。

第三，社区平台连接多方力量的参与，是力邦社区流动人口协同治理的重要纽带。力邦社区搭建了一个公共服务的平台，不同的利益主体可以在这个开放空间开展合作，流动人口也能参与到自我管理中来。力邦社区广泛吸纳有号召力和影响力的流动人口加入各类组织，发挥他们的特色专长，参与社区日常管理和各项活动的开展。社区还在流动人口比较集中的企业设立专门联系人，负责社区、企业和员工三者之间的协调沟通工作，积极争取企业对流动人口的关怀和服务，有助于推动和谐劳资关系的形成。成为样板后的力邦社区，反过来又给社区带来了更强的资源集聚效应，进一步提高了为流动人口服务的能力。如力邦社区争取红十字会的支持，在社区开设救助超市；与有关高校合作，开设大学图书馆的力邦分馆，建立科研基地，合作开展免费电脑培训，邀请专家学者来社区开展讲座和培训；邀请作家来社区与文学爱好者交流；联合媒体宣传报道社区举办的各项活动；等等，这些社会力量的介入，能有效弥补政府、企业服务管理的不足，促进流动人口治理的优势互补。

第四，积极动员流动人口参与自治，发挥他们在协同治理中的自我管理作用。力邦社区实行居委会自治管理制度，在社区群众自治组织的产生中，力邦社区突破流动人口非户籍居民的资格限制,赋予所有居住在该社区的流动人口选举权,历届居民委员会成员都由流动人口代表在租住在此的流动人口和力邦村公司工作人员中选举产生。其中,从力邦村公司选出的人员专职从事居委会工作,工资由公司发放,从流动人口中选出的居委会成员兼职从事社区工作,由公司每月发几百元的务工补贴。同时,力邦社区还由流动人口推选产生了居民大会代表、楼长、层长等自治组织体系,自主制定了《居民自治章程》,并印发《居民入住须知》,对社区秩序和居住在社区的流动人口行为进行规范,有力促进了社区流动人口的自我管理和自我服务。

> 社区工作人员告诉我们:"在力邦社区,对于当选为居委会成员或居民代表的流动人口,我们都会给他们颁发聘请书。而且这个聘请书我们并不是直接发给他们,而是先送到他们所工作的企业,再由企业将聘请书发给他们,这样让企业也知道这些员工能力不错,有利于他们职业上的发展。做社区工作能得到单位的认同,也会促进他们工作时更尽心尽力。"(XL,女,社区工作人员)

此外,在社区的引导和支持下,租住在此的流动人口先后组建了远足俱乐部、志愿服务队、书画俱乐部、篮球队等自组织,自主开展各具特色的群众活动,既丰富了流动人口的精神文化生活,又提升了流动人口的自我组织和管理服务能力。

(二)力邦社区流动人口协同治理的成效

对于西坞街道、力邦公司和流动人口而言,力邦社区模式调动了他们参与的积极性,充分体现了多主体之间的合作关系,同时也取得了令多方主体满意的效果。首先,对当地政府来说,西坞街道的主导推动带来了较大的政治和社会附加值。与企业合作推进流动人口治理,在某种程度上体现了当地政府的创新能力,为政府流动人口工作的下沉落地提供了平台,这不仅激发了社会参与活力,还能降低劳资矛盾和社会冲突风险,提升相关政府部门执政的合法性。自力邦社区成立以来,力邦社区没有发生过一起重大治安刑事案件,已成为当地政府招商引资的一张绚丽名片。西坞街道探索出这样一种流动人口服务管理的模式,展现了地方政府开放包容的态度,以及安商亲商、服务流动人口的良好形象,这不仅帮助当地政府收获了良好的口碑,而且对于帮助他们获取上级的认可和支持也大有裨益。

其次,对力邦公司来说,力邦社区的投资建设和管理并不是一项亏本生意,企业本身还从中获得了巨大的隐形收益。其一,力邦公司在经营中,采取以较低价格保障流动人口的刚性需求,开发流动人口弹性需求寻求经济效益的办法来平衡收支,取得了略有盈余的较好效果。其二,力邦公司在社区管理中通过对流动骨干和意见领袖的组织吸纳,及时回应流动人口诉求,降低了员工与企业冲突的风险,员工的稳定性增强,也间接提高了企业员工的投入收益比。其三,力邦公司的做法大大增强了公司的无形资本。企业的无形资本包括企业社会形象和声誉、企业文化、员工忠诚度和企业公信力等等。在日益激烈的市场竞争中,无形资本是一个企业克敌制胜的重要法宝,但无形资本没办法买卖,要获得很不容易,往往只能靠企业长时期的积累。由于力邦社区管理效果好,在这个过程中,力邦公司赢得了广泛的社会赞誉,并与当地政府建立了紧密的政商联系,获得了充分的政治合法性,为未来获得来自政府的政策、资金和信息等支持创造了条件,再加上潜在的土地升值空间以及社区出名后带来的资源集聚效应,这些都是企业的宝贵财富。

> 对此,力邦公司的管理者谈道:"现在看来,这步棋我们走对了。以前大家认为是赔本赚吆喝的亏本生意,那是因为小看了大量流动人口聚集所带动的三产效益。加上政府在土地税、政策等方面给予的支持,力邦社区只要能够维持运作,我们是不会退出的。"(CLF,男,力邦公司管理者)

最后,对居住在力邦社区的流动人口来说,优质舒适的良好社区公共空间对他们的城市融入无疑具有深远意义。如今的力邦社区,各项活动场所和配套完善,社区基础设施完全不逊于一般城市小区,社区生活井然有序,为入住社区的流动人口提供了和谐舒适的生活环境和优质高效的管理服务,提升了流动人口的城市生活品质。与此同时,力邦流动人口的整体素质显著提升,力邦社区为入住的流动人口提供了一个自主自治的参与平台,流动人口的参与管理锻炼了自我管理的能力,增进了他们的归属感和认同感。不少流动人口来到力邦社区后,积极参加各类学习培训,相继获得了职业证书或函授文凭,有的成长为技术骨干,走上了企业领导岗位,还有的被评为各层级的杰出青年、劳动模范,有的被推选为奉化市人大代表和宁波市政协委员,等等,为他们进一步融入城市奠定了良好的基础。

> 访谈中入住力邦社区的居民都给予了较高的正面评价:"我挺喜欢住在这里的,这里设施都很齐全,活动也比较多,还经常会开设一些培训课程,这个很好。接下来我想去参加一个计算机的培训,要是能拿个

文凭就更好了。"(CJ,男,力邦社区居民)

这里环境好,生活成本低,比去外面租房子划算,跟大家一起住热闹,就像学校宿舍一样,我比较满意,如果在奉化打工希望能一直住在这个地方。(LXJ,女,力邦社区居民)

三、力邦社区的基本经验

流动人口被认为是一个"脱域"的群体,他们的城市融入问题涉及原本被抽离的个体如何实现再整合的问题,在现代性条件下,个体间社会关系网络的维持不再依赖于原系统,而是靠一种交互个体化的集体性。[①] 如何帮助流动人口拥有一个"不流动"的家,力邦社区的经验提供了有益的启示和思考。

一是政企合作推动下的多主体协同治理。政企合作推动流动人口协同治理是力邦社区的最大创新,在当前经济发展阶段及社会发育程度下,多元主体的协同治理有其必要性和正当性。一方面,流动人口城市融入的成本较高,难以完全靠政府、企业或流动人口自己来完成,推动多主体的协同治理,实质上是推动建立一种多元的市民化成本分摊机制。另一方面,流动人口治理是谁的责任? 政府在流动人口服务管理中扮演什么角色? 詹姆斯·罗西瑙曾指出:"治理是指一种由共同的目标支持的活动,这些管理活动的主体未必是政府,也无须依靠国家的强制力量来实现。"[②]近年来我国社会治理的主体正从单一走向多元,政府的责任也由全面负责向主导转变,而流动人口的城市融入过程本身就与政府、企业和社会多方主体有关,因而需要这些主体的协同参与。力邦社区在这方面作出了积极的尝试,它的创新在于政府不再是直接、具体地参与具体流动人口事务,而是扮演指导者角色,由企业来承担管理服务的主要责任。力邦社区的成功表明:包括企业在内的非政府力量可以很好地充当流动人口治理的主体,因而政府可以视条件引导企业、社会团体和组织等多种非政府力量参与流动人口的服务管理,创造灵活多元、包容开放、充满活力的流动人口治理新局面。

二是政府主导下的市场化运作。建设流动人口公寓,让流动人口集中居住,统一提供服务管理,这在全国各地都曾有过尝试,但从不同地方的实

---

① 乌尔里希·贝克,等. 个体化[M]. 李荣山,等译. 北京:北京大学出版社,2011:31.
② 詹姆斯·罗西瑙. 没有政府的治理[M]. 张胜军,刘小林,等译. 南昌:江西人民出版社,2001:5-6.

践来看,如果由政府投入,纯粹作为福利性或公益性工作来做,最终往往"虎头蛇尾",常因管理难度大,以及无底洞式的资金需求,逐渐演变成当地政府沉重的包袱。力邦社区的可贵之处在于积极探索了一条"从统治走向治理"、政府"掌舵"、企业"划桨"的新路子。对于驻区企业而言,服务好流动人口,无疑有助于企业维护稳定的员工队伍,但与流动人口生活相关的卫生、治安和消防等问题,靠单个企业显然难以解决。当地政府看到与企业合作的空间,在力邦社区的经营管理中引进企业市场化运行机制,在要求企业保障流动人口基本需求的同时,允许其有一定的市场经营活动,以三产的综合规模效益来弥补低餐费、低房租的不足。这不仅有助于盘活民间存量资金、整合社会资源,还有助于促进政府职能由"管理型"向"服务型"转变,避免事事亲力亲为,效率低下。

三是自治式的社区化管理。在现行二元体制下,由于流动人口的户籍地与工作生活居住地相分离,他们的边缘化、弱势化特征比较明显,在多数城市社区,流动人口都只是被管理者,无法参与到社区管理中来。而在力邦社区,流动人口却绝非仅仅是"租客",公寓也绝非流动人口的栖息地而已,他们是社区的居民,同时也是社区的主人。社区或通过"以外管外",聘请素质高能力强的流动人口担任兼职管理人员,协助开展服务管理工作;或通过鼓励流动人口自主组织开展各种活动,为流动人口提供各种贴心温暖服务。这种自治式的社区化管理,使流动人口在自我管理和自我服务中,不仅满足了多层次需求,还提高了其综合能力和素质,增强了对社区的归属感和主人翁意识。

四、政企合作型协同面临的挑战

力邦社区的流动人口治理模式是应对现实挑战的一种创新选择,取得了显著成效,其经验可为各地流动人口治理实践提供借鉴,但对于政企合作型治理的进一步发展,也存在几点值得探讨之处:

一是流动人口聚居社区的可持续发展问题。在调查中,力邦社区的工作人员向笔者反映,因为缺乏稳定的制度依据,力邦社区的治理受地方政府及其上级领导的意志、投资商的支持力度以及工作人员的努力程度的影响,呈现出较大的不确定性,当前力邦公司在发展中遭遇困难降低了对社区的投入,领导的支持力度也不及以前,给社区治理及其流动人口服务工作带来了较大的挑战。此外,有关部门在指导流动人口聚居社区工作时,"一刀切"部署管理任务的做法不符合力邦社区的实际。力邦社区是一个流动人口聚居社区，政府部门没有按照城市社区的标准来配备人力物力资源，为流动人口服务管理所需资源主要由力邦公司负责。力邦社区的形态及需求结构也不同于一般城市社区，如果按照一般城市社区的建设要求来下达各类工作任务，不能从实际出发做出针对性安排，必然会导致社区流动人口治理中出现一系列矛盾和冲突，人、事、费等要素难以理顺。因此，政府需更加关注类似于力邦社区这样的特殊社区，增强社区治理机制的弹性空间，促进流动人口聚居区的治理与宏观社会体制的衔接。

二是多元主体间的协同度问题。从力邦社区的实践来看，虽然能够清晰勾勒出一个多主体协同流动人口治理的框架，但多元主体在治理中的协同度尚有提升的空间。不同主体的总体目标尽管具有模糊的一致性，都是为流动人口服务，促进流动人口的城市融入，但受其主体利益的限定，不同主体的参与意图呈现出某种自利性和倾向性。如上级党政机关首要关注社区是否能配合完成相关管理事务；企业更会关注收支盈亏比问题；居民活动团队则更重视小团体的兴趣爱好等。在参与程度和资源整合方面，社会组织的参与程度与流动人口治理对其参与需求之间还存在一定差距，一些缺乏资源的组织开展活动依然比较艰难，需要场地、技术和资金的支持。可见，对于参与流动人口治理的各主体，需进行有效引导和协调，加强资源的整合利用，激发各主体的参与动力，提高参与治理的协同度。

三是关于流动人口治理体制机制进一步创新的问题。从源头看，流动人口问题的产生，来源于以"户籍制度为核心"的城乡二元体制的限制，[①]导致流动人口公民权的缺失。新的治理模式和政策都是在现有的行政制度框架下出台的，目的并不是为了改革这个制度框架，一旦新模式和政策与制度框架相冲突，就会使这个框架化为乌有。[②] 从现实来看，力邦社区的实践能推动流动人口融入当地，但由于流动人口与本地居民生活的区隔，城市高昂的房价，以及尚且不能覆盖全部流动人口的城市住房保障体系，流动人口的真正融入仍然是一个长期过程。因此，放眼长远，促进政企社多元主体对流动人口治理的协同，作为顶层设计的制度供给不可或缺，政府须深化对不同层级城市户籍及福利制度的研究设计，进一步创新流动人口协同治理的体

---

① 熊易寒. 城市规模的政治学：为什么特大城市的外来人口控制政策难以奏效[J]. 华中师范大学学报（人文社会科学版），2017(6)：11-21.

② 王春光. 新生代农民工城市融入进程及问题的社会学分析[J]. 青年探索，2010(3)：5-15.

制机制，探索不同主体间更合适的权责格局，促进形成流动人口协同治理的持续效应。

第四节 流动人口自治型：北京工友之家

流动人口自治型协同指在流动人口治理中，流动人口的自治管理即自我组织、自我管理和自我服务成为一种重要的协同形式。随着流动人口主体意识的发展，越来越多的人参与到自助互助型的服务管理中，成为一支重要的流动人口协同治理力量，有力推动着流动人口在居住地的融合。流动人口自治管理的可能路径又是怎样的，流动人口自组织如何通过与其他主体的持续互动来汲取资源，实现多元主体的资源整合与协同，本节将继续通过案例分析来予以解答。

一、北京工友之家概况

北京工友之家（以下简称工友之家）是由流动人口自发组建成立的一个流动人口自组织，位于北京市朝阳区金盏乡皮村，提倡彼此间的互助合作、平等团结，主要致力于为外来务工群体提供文化、教育、权益维护等方面的服务。工友之家以"践行工人文化，倡导劳动价值尊重，探索工人自组织可持续发展道路"为使命，希望每一位劳动者都能有尊严地生活。自成立以来，工友之家开展了以文化促进、教育扶助、权益维护、自我造血等为主要特征的多个服务项目。

（一）艺术和精神文化项目

新工人艺术团：新工人艺术团活动是工友之家创立以来一直主打的一个项目，该项目的几位主要创立者都是文艺爱好者，他们相识后便组建了乐团边打工边为工友们义务演出。十多年来，他们的足迹遍及各个边远地区，深入到工厂、企业、建筑工地、打工子弟学校等场所巡演，为广大工友和流动儿童带去了快乐和鼓励。新工人艺术团一直坚持创作和演出，先后出版了《天下打工是一家》《为劳动者歌唱》《我们的世界我们的梦想》《放进我们的手掌》《家在哪里》等 12 张专辑唱片，丰富了工友们的业余文化生活。据工友之家的年度报告统计，到目前为止，他们为工友们举办的演出已经超过了700 场，受益观众在 30 万人以上。为此，2005 年新工人艺术团还获得了文化部和中宣部联合授予的"全国服务农民服务基层文化工作先进民间文艺团体"荣誉称号。

打工文化艺术博物馆:这是中国首家记录打工者历史的博物馆,于 2008 年正式对外开放。博物馆共有五个室内展厅,收藏了 2000 多件与打工者生活和经历相关的物品,如政策文件、劳动合同、暂住证、劳动工具、图片等,它们见证和记录了打工群体的历史和文化。博物馆长期面向社会公众免费开放,先后举办了打工 30 年流动的历史、流动的心声、新工人文化、女工、家在哪里等专题展,多年来累计吸引了数十万人次前往参观。此外,博物馆大院开设有社区图书室和工友影院,供工友们使用,还会经常举办各项运动和 K 歌等不同主题的比赛活动,大院成了工友们下班后休闲娱乐的好去处。

新工人文化艺术节:工友之家于 2009 年发起创办的工人文化艺术交流活动,一般一届艺术节持续 3~5 天。在艺术节上,不同地区的民间工人文艺团体汇聚一堂,通过不同主题的工作坊和影像、戏剧、歌曲等文艺形式,交流和讨论着打工群体的文化和诉求。

打工春晚:打工春晚是工友之家举办的知名度最大的文化活动,创办的初衷是让不能回家过年的打工者一起热闹过春节,同时也为大家提供一个展示自己特长的平台,活动节目由打工者自编自演,创作出了许多反映工友打工生活和情感世界的原创作品。2012 年第一届打工春晚,央视主持人崔永元应邀主持节目,现场视频在网上发布后,吸引了几十万人观看,并迅速为大众所周知。2013 年的打工春晚更是获得了在团中央大礼堂举办的资格,晚会通过农林卫视面向全国播出。遗憾的是,受 2017 年北京大规模清退"低端人口"的影响,一年一度的打工春晚在这一年被取缔,第二年转战到网上的打工春晚也成了最后一次亮相,这个反映打工者活动和精神生活的艺术项目被迫退出了人们的视线。

(二)教育培训项目

同心实验学校:这是新工人艺术团以他们第一张专辑唱片获得的 7.5 万元版税投资,所有工作人员和志愿者一起在破旧厂房基础上改建而成的一所民工子弟学校。学校成立于 2005 年,共设有幼儿和小学教育八个年级,自从 2001 年当地的皮村小学撤销后,这所学校就成了租住在皮村的外来务工人员子女接受教育的主渠道。虽然其教学条件与城市正规学校有差距,但对于不想让孩子留守在老家、又没办法让孩子进公办小学和高价私立小学的外来务工者来说,同心实验学校无疑帮助解决了非常实际的子女入学问题。

工人大学：这是工友之家 2009 年创办的一个公益培训项目，主要目的是帮助有需要的年轻打工者提高就业素养和技能。工人大学的学习周期是半年。培训期间，学员的食宿费和培训费都由培训机构提供，课程涉及电脑维修与办公、软件设计、社会认知、小组活动等内容，除了两名专职人员外，其余师资均是来自各高校和科研机构的志愿者，如中国乡村建设规划院和中国青年政治学院的老师，还有北京大学的志愿者等。截至 2017 年，工人大学共办了 15 期，培训了 300 多名学员，不少打工者因此受益，可惜限于运营经费，该项目被迫于 2017 年终止。

文学小组：创建于 2014 年，由一些爱好文学写作的工友组成，每周日晚上，是文学小组成员集中学习和讨论的固定时间。工友之家利用机构长期构建的志愿者网络资源，经常邀请一些志愿者老师来给文学小组上课，其中中国艺术研究院和中央党校有两位老师都是文学小组的授课老师。老师们不仅带来了知识，还介绍一些媒体前来约稿，慢慢地文学小组受到了外界越来越多的关注。最典型的是 2017 年网络上爆红的一篇文章《我是范雨素》，其作者就是工友之家文学小组的一名成员，以她为代表的打工者们，在不断地书写着自己的故事。

（三）生活服务项目

同心互惠商店：同心互惠商店是工友之家开办的二手物品（以衣物为主）销售商店。作为一家为外来务工者服务的公益机构，工友之家时常能收到社会爱心人士捐赠的二手闲置物品，最初机构负责人免费将这些物品赠送给工友，但发现获得赠品的工友并不一定真的需要那些物品，有时甚至还会出现哄抢的情形，爱心人士的捐赠很难发挥真正的价值。于是在 2006 年，几个负责人商量后决定创办同心互惠商店，将社会捐赠的二手物资进行分类整理和消毒后，以非常低的价格出售给工友，比如一般春夏季的衣服一件五元左右，秋冬季的外套也就十多元。销售所得除去成本开支，所余用于为工友服务的其他项目中，这样一方面真正做到物尽其用，也为有需要的工友降低了生活成本；另一方面也增强了机构可持续发展的造血功能。

同心农园：2013 年工友之家在北京平谷租了 30 亩地，创办了同心农园这一绿色生态农园，现以农园为基地，构建了一个大型同心公社营地。农园内种了大片桃树，以 800 元一棵的价格交由市民认养，树上挂上认养者名字，农园代为管理，果实归认养者，截至目前桃园已培养了几百个稳定的客户。近年来，同心公社营地还会举办一些夏令营或公益游学活动，为学生或感兴趣者提供走近打工群体、体验生态农业的场地和平台。

二、资源整合机制及运行成效

流动人口自身的资源和社会资本都相对羸弱，一直被公众和媒体视为"弱势群体"。那么，这样一群人是如何汲取所需资源开展自我管理和自我服务，进而成为流动人口协同治理中的一支重要力量呢？本书以流动人口自组织——工友之家为例来剖析其主动整合其他资源，参与流动人口服务管理的过程及效果。从中可以看到，工友之家实际上构建了一个多主体协同流动人口治理的网络，在这个网络中，工友之家起到了融合各种资源、搭台唱戏的作用。

（一）工友之家的资源整合机制

1.对政府资源的整合

流动人口自组织对政府资源的整合具备一定的基础。康晓光曾提出国家对社会组织实行"分类控制"的两项不同分类原则：一是能否提供各种经济和社会服务，协助国家管理；二是是否具有集体行动的能力，并对社会稳定造成威胁。[①] 流动人口自组织为流动人口服务的价值理念与政府相同，其工作能够弥补政府流动人口服务的不足，又能自我克制避开敏感的政治议题，不会威胁到社会稳定，因而它们能与政府在"流动人口服务"这个领域展开一定程度的合作。

> 工友之家与政府的交往体现了积极主动的一面。"我们非常重视与政府的合作，有关政府部门安排的工作，我们都会尽力把事情干漂亮，展现我们积极合作的态度，比如教委给打工子弟学校的老师举办培训时，我们总是会多要几个培训名额，希望给教委留下努力上进的好印象。"（SJH，女，机构主要负责人）

正因如此，作为草根组织的工友之家能够得到来自团中央、朝阳区文化馆、工会等多个部门的资金和物资支持，该组织和主要负责人也被政府授予多项荣誉，极大地增强了该组织的行政合法性。

工友之家还非常重视处理好与基层政府的关系。基层政府是日常秩序的重要管理者和社会事务的实际执行者，流动人口自组织的工作不可避免

---

① 康晓光.分类控制：当前中国大陆国家与社会关系研究[J].社会学研究，2005（6）：73-89.

地要和相关基层管理部门接触,处理好与基层政府的关系,往往能减少很多工作上的麻烦,并能整合许多重要的资源。

> 工友之家的另一位负责人告诉我们:"我们比较注意跟基层政府把关系搞好。比如早期我们在肖家河(社区)的时候,居委会做流动人口计划生育的宣教工作,想给工友们演节目,可专业人员的演出太贵,我们就愿意帮他们去唱歌。像我们演得都挺好,又不要钱,能帮他们把场面撑起来。这样,他们就知道我们在干什么,知道这些人是在做事儿的,而且是在做一件很有意义的事,因而对我们就不排斥。从居委会到街道都很明白这点,我们有组织能力、有现成的内容,所以他们在服务打工群体的时候,需要把活动搞好就会想到我们。"(WDZ,男,机构主要负责人)

不光在肖家河,就是在现在的社区,该组织也会在各类安全检查、文化计生的工作中帮助基层政府做一些协助性的工作。不仅如此,当有一些级别较高的领导来该组织考察调研时,他们也会邀请当地的基层干部出席,把基层干部介绍给领导认识。这对于基层干部来讲是非常难得的政治资源,该组织牵线搭桥的做法自然能赢得基层干部的青睐,从而更加支持他们的工作。像以前在为工友们表演时,他们会担心因为是群体活动遭到城管的干涉,而有了街道或居委会帮忙向城管打招呼,就不用有此顾虑了。

可见,与基层政府处理好关系,有利于扫除流动人口自组织工作的障碍,并能为其争取到一定范围内的许可和便利。政府可为流动人口的自我管理提供资金、场地、培训、荣誉、合法性等多种资源。流动人口自组织与政府之间不是对抗的关系,它们采取各种策略积极建立和维护与政府的关系,有利于形成与政府互补互利的合作格局。

2. 对企业资源的整合

作为生产经营性组织,利益对于企业是第一位的,自身资源存量并不丰富的流动人口自组织之所以能整合到企业的资源,主要是因为企业本身也有这方面的需求。近年来,越来越多的企业开始意识到社会责任的重要性,希望通过参与一些公益活动来回报社会。由于流动人口自组织既能为企业提供这样的机会,又能淡化其商业色彩,因而也就有了与企业互动的基础和可能。

工友之家获得企业资源的种类较为丰富:有资金支持,其同心创业培训中心的教学楼就是企业出资捐建的,并且正准备新建的五栋教学楼也已从企业筹集到大部分资金；物资支持，像腾讯、微软等公司都为其同心互惠商店组织过衣物募捐，也有企业为同心实验学校捐赠课桌椅、学生用品、儿童玩具等；员工参与，时常也会有企业员工参与该组织的志愿活动。

对企业资源的整合，工友之家有一套较为成熟的做法。在接受企业捐赠方面，该组织设置了捐赠热线，每一次接受捐赠都会给捐赠者发放捐赠卡，并在其网站上发布图文信息，对捐赠的来源、数额、用途等作出详细说明，主动接受社会的监督。这既表达了对捐赠企业的感谢，又是对捐赠企业的一种信息反馈，有助于提高组织运作的透明度，从而赢得企业的信赖。除了以自身的服务特色吸引企业捐赠外，该组织还对参与企业给予一定的回报，以满足企业参与的需求。这种回报形式是多样的：

> 我们会在可能的情况下对参与企业进行宣传，邀请部分企业参加我们举办的一些重要活动，像以前的打工春晚名人都来了，我们就有邀请一些企业参加。还会向有需求的企业提供志愿者岗位和志愿服务信息；在年度总结时我们也会对为机构提供过资源的企业给予表彰，贡献突出的给他们颁发锦旗和证书，有时我们一次就要发放几十面锦旗。（LYZ，女，工友之家工作人员）

此外，该组织去年还专门申请了一个项目，用项目资金聘请一名专职人员来对企业进行电话公关，在拓展和整合企业的资源方面取得了很不错的效果。不难看出，该组织整合企业资源的一系列行为迎合了企业公益营销的理念，与企业的友好互动是其进一步汲取、整合企业资源的重要资本。

3. 对志愿者资源的整合

志愿者及其所拥有的社会资本对流动人口自组织来说是一种重要的资源。社会学家齐美尔认为：当个人加入网络时，他不仅仅是这个网络中的一个点，也将其他网络关系带入了此网络。[①] 志愿者参与流动人口自我管理的活动，也在某种程度上带入了他的社会关系网络，有助于增强自组织的社会资本和整合其他资源的能力。

工友之家整合到的志愿者资源主要有两个来源：一是高校大学生志愿者，他们的志愿参与有的是大学生个人行为，有的是由高校社团组织进行。二是社会志愿者。志愿者主要参与宣传、支教、募捐、培训、法律咨询等志愿服务活动。如：工友之家的同心实验学校就是由来自全国的 100 多名志愿

---

① 周雪光. 组织社会学十讲[M]. 北京：社会科学文献出版社，2003：114.

者经过一个多月的共同劳动建设而成，现在该校已成为北京多所高校的学生实践培训基地，学校的教学、学生课外兴趣小组、夏令营等活动都有大量志愿者的参与。其"同心互惠商店"的衣物募捐也主要依靠各高校社团的志愿者，他们往往是帮商店组织募捐的中坚力量。难能可贵的是，志愿者除了自身的志愿服务，他们帮流动人口自组织争取其他资源的贡献也很突出。有的志愿者会向其单位宣传自己所服务的组织，为工友之家寻求赞助和支持；当该组织遇到困难时，有的志愿者还会调动自己的关系网络来帮助解决问题。如在同心实验学校 2012 年遭遇学校关停事件的危机中，就有两名志愿者帮忙争取到了政府有关领导的支持，成了学校关停事件得以化解的重要支持力量。

> 工友之家还对志愿者进行积极维护和管理，"我们每年 3 月都会召开一次志愿者大会，主要邀请北京的一些高校社团志愿者参加，向他们介绍各个项目的开展情况和组织的志愿需求，并请合作比较好的社团代表在会上现身说法，传授参与志愿活动的经验。"（YJ，女，工友之家工作人员）

每年一次的志愿者大会保证了即使社团换届，新一任社团干部也能对该组织的工作有所了解，有利于志愿资源的承续和补充。工友之家的以上举措加强了组织和志愿者之间的互动，促进了自我管理对志愿资源的整合。

4. 对其他社会资源的整合

流动人口的自我管理除了可整合来自政府、企业和志愿者的资源外，还有一些其他的资源整合渠道：一是对媒体资源的整合。流动人口自组织的声音微弱，若媒体资源整合得好，便能借助媒体的广泛传播自己的理念，争取更多社会资源的支持。但媒体其实是把双刃剑，如果对其把握不好，信息就有可能被削弱和曲解，媒体的报道有时甚至会起到负面的作用。工友之家在积极整合媒体资源，引导媒体舆论走向上具有一定的行动策略。如在皮村村委会征得街道同意，要求同心实验学校关停的事件中，该组织负责人在收到关停通知的当晚将告知书放到了自己的微博上，使之成为一个公众讨论的话题。在后来事件的演变过程中，该组织工作人员分工明确，由专人负责媒体工作，不仅通过微博、网页等即时发布事件的进展，还组织亲自写稿，为前来采访的媒体都提供一份专稿，引导媒体从同心事件本身提升至对教育公平的关注，并同时接受了新华社、腾讯、网易等媒体的话题专访。媒体的密集报道形成全社会的关注之势，为该组织争取到了多方力量的声援，提高了保留学校行为的可能性。

二是对基金会资源的整合。和其他草根组织的境遇相似，流动人口自组织从国内基金会获得的资金支持微乎其微，其项目运作所需资金主要依赖"洋奶"。"工友之家"的第一笔外援资金就来自国外基金会的资助。国际资金的进入不仅缓解了流动人口自组织的资源危机，还能为少部分工作人员提供出国参观学习的机会，提升了他们自我组织和自我管理的能力。但是对国外基金会资源的整合也存在一些问题，流动人口自组织与国际组织的接触，往往成为政府部门对其保持敏感和警惕的重要原因，与此同时，自组织还面临基金会目标与组织目标冲突、"洋奶"减少或断流等困境。未来如何减少对基金会项目资金的依赖，做到经济上的持续和自主，流动人口自组织尚需有较为长远的考虑。

三是对公众资源的整合。这里的公众资源主要包括两类：普通公众资源和知名人士资源。普通公众的认可能增强流动人口自组织的社会合法性，他们手头的闲置物资、道义上的支持等都是资源整合的重要对象。知名人士的资源整合则可为流动人口自组织带来不可多得的优质资本，甚至于为自我管理构建起政治的"防火墙"。"工友之家"是连接知名人士资源很成功的组织，其七名顾问全由李昌平等为代表的知名学者和媒介人士组成，这对于草根组织来说是不可多得的重要资源。该组织积极与顾问们互动，如为学者的调研介绍情况，提供资料，邀请他们参加相关活动等等，通过这些联系，加深了与知名人士的交情，从而获得他们对工友之家的指导、捐赠和帮助。最典型的例子莫过于前文所提及的"工友之家"学校关停事件，一些知名人士联名致信教育部部长呼吁保留学校，这对于学校的最终成功保留起到了重要作用。

（二）工友之家协同治理的成效

流动人口虽然对城市的发展做出了举足轻重的贡献，但他们基本被排除在城市公共服务和社会保障之外。工友之家所在的皮村是一个外来务工者聚集的城中村，本地人口只有1400多人，外来人口却高达2万多，人口数量的倒挂与基于本地人口数配备的政府管理和服务资源，致使该地政府部门对流动人口的服务管理严重不足。而工友之家作为一个流动人口自组织，积极整合各方资源，组织和动员流动人口开展自我管理和自我服务，在改善他们的生活环境和公共空间，满足自身需求方面取得了明显的效果。

首先，工友之家为流动人口搭建了一个集休闲、娱乐、社交于一体的精神家园。流动人口是一个社会人,除了工作和日常生活外,同样有着休闲娱乐、社会交往等精神文化需求。但城市的公共娱乐场所一般集中在市区,对于居住在城中村的流动人口来说往往可望而不可即,而城中村的基础设施又比较落后,为流动人口举办的活动更是凤毛麟角,因而结束一天辛苦的工作后,大家连一个可以运动、放松、交友的空间也没有。工友之家在皮村设立的博物馆大院、影院、图书室,包括同心互惠商店和文学小组,都向流动人口提供了这样一个公共空间。在这里,他们可以参加各种感兴趣的活动,认识不同的工友,可以看书学习,遇到问题和困惑还可以来工友之家咨询。

> 我是听朋友介绍才知道有这么一个地方,过来看了后觉得真不错,周末的时候广场人比较多,比较热闹,我一般会来转一下聊聊天打打球。在这里比较放松,因为大家都差不多,都是打工的,能聊得来,有时自己闷久了就会想过来看看。(WZQ,男,偶遇的流动人口)

其次,工友之家为流动人口提供了一个提升人力资本、拓展社会支持网络的平台。工友之家创办的多个项目都促进了流动人口人力资本的提升。如工人大学对年轻人进行免费的职业技能培训和人文素养的培养,300多名打工者经过学习培训,增强了就业和创业的竞争能力。同心实验学校已累计为上万名流动儿童提供了接受教育的机会,使成千上万个流动人口家庭不用骨肉分离,也能在城市享受到家庭团聚的幸福。新工人艺术团和文学小组的成员,不仅在日常训练中提高了文学写作和艺术创作的能力,还在外出表演和交流的过程中开阔了眼界,提升了自我发展能力。

> 这边关注的人多,能认识好多不同的人,大家聊天很开心,还能了解到不同的信息,连国家大事也知道得多了。最难得的是,经常还有名牌大学的教授来给我们文学小组讲课,这在以前是想都不敢想的,所以我非常珍惜这个机会,不管多忙,文学小组的活动我是一定要参加的。(FQY,女,工友之家文学小组成员)

此外,同心互惠商店将城市的闲置物品利用起来,变废为宝,大大降低了外来务工者城市生活的成本,而且在二手物品的运输、整理、分类和销售等环节,工友之家招聘了数十个工友全职承担这些工作,直接帮助解决了部分工友的就业和收入问题。

最后,工友之家推动了外来务工人员主体意识的成长。工友之家的发展本身就是一个不断寻找身份认同和主体性的过程。不管是社会上、学术界,还是官方话语体系,对外来务工人员都普遍使用诸如低端人口、农民工之类的代名词,工友之家在成立时也是沿用"农民工"称谓,取名"打工青年演出队""农友之家"。但是,随着主体意识的觉醒,他们认为农民工、打工仔、打工妹等都包含着对他们这个群体的歧视,于是,他们开始反抗外界给他们贴的标签,自我定义为"新工人",并将组织和各项目重新命名为"工友之家""新工人艺术团""新工人文化艺术节"等,体现了他们对自身意义和价值被确认的追求。而在组织开展的各个项目活动中,工友之家提出要建立工人文化,赞扬劳动的价值,鼓励工友们用歌声、文学作品、戏剧、舞蹈等形式来讲述自己的情感和故事,发出自己的声音。他们的持续努力为工友们创造了关怀入口,他们可以去参与、表演、展示,也可以呐喊、诉说、倾听和交流,在属于他们的舞台彰显他们自己的历史和文化,呼吁社会对他们的理解与尊重。与此同时,工友之家的努力也获得了社会的广泛关注,引发了公众对该群体地位和作用的深刻思考,央视新闻、人民日报、北京晚报等媒体都曾对工友之家及其创始人进行过报道,该机构也曾被北京市政府评为"北京十大志愿者团体",被国家中宣部等评为"全国服务农民先进集体"。

三、工友之家的基本经验

流动人口通常是社会公众眼中的弱势群体,他们被城市经济上接纳,制度上拒斥,难以享受到与市民均等的基本公共服务。然而,工友之家却用鲜活的实践表明,流动人口也是一个极具能动性的群体,他们具有较强的自我管理和自我服务能力,并在克服困难不断成长的过程中积累了丰富的自我管理经验。

第一,从流动人口的需求入手组织开展相关活动。需求是最大的动力,只有符合流动人口需求的项目或活动,流动人口才有参与的兴趣。在各个项目的设计中,工友之家从工友们的实际需求和困难着手来调配资源组织活动,这是他们能够不断发展壮大的关键因素。由于在义演的过程中,看到工友们工作辛苦,业余生活相对单调枯燥,工友之家的几个创建者因而决定成立新工人艺术团,专门为工友们写歌、唱歌。在之后的演出中,随着与工友交流增多,了解到他们更多的需求,从而开展更多的项目,比如创办同心实验学校来解决随迁儿童接受教育的问题,创办同心互惠商店来降低外来务工者的生活成本,成立工人大学来帮助年轻工友提高工作技能,等等。正是因为这些活动贴近流动人口群体的生活和工作需求,对改善他们的状态或处境管用,因而大量流动人口愿意参与,工友之家的影响力也随之扩大。

第二，致力于通过赋权为流动人口提供支持。赋权是救助弱势群体的一种社会工作方法，赋权是消除非直接和直接权力障碍，减少无权感的过程。①以农民工为主体的流动人口大多在城市从事苦脏累、城市人不愿意做的工作，但是他们却常因个人能力或工作性质等原因在城市遭受歧视，他们付出的劳动不能换来相应的尊重和回报。他们没有话语权，也没有能力去改变外界对待它们的态度和方式，只能默默忍受并承受各种不公和伤害。工友之家在组织流动人口自我管理和服务中，意识到"授人以鱼不如授人以渔"，致力于为流动人口赋权，主张通过文艺、创作、表演等形式帮助他们去重新认识自我、表达自我，发现劳动的价值和作为一个劳动者的自信，建立主体性减少无权感，从而主动、积极地去寻求改变，从根本上促进流动人口的成长和真正的城市融入。

第三，创办社会企业保障自我管理的可持续发展。"随着人们越来越相信竞争和追求利润对促进效率和变革的作用，许多观察家从根本上对公营事业的表现质疑，他们认为，市场规律应该在社会领域发挥更大的影响。"②20世纪70年代以来，一些大型的国际组织开始采用市场手段来推进工作，通过营销来筹集资金，营销手段逐渐在社会领域显现，时至今日，运用商业手段来实现社会目的的社会企业已越来越多。工友之家在组织自我管理的过程中，采用社会企业的模式来运作，创办同心互惠商店和同心农园，利用已有资源去创造新的资源，成功实现了自主造血功能，减少了对外界资金的依赖，是其能在较长时期做到可持续发展的重要原因。其中，同心互惠商店已经形成了一套完整的"募捐—运输—入库—消毒—整理分类—出库—销售"流程，也积累了系统成熟的商店运营经验，追求经济效益的目的是支持新工人公益事业，兼顾了经济效益和社会效益的统一。另一个社会企业项目同心农园经过几年的摸索，按照生态自然理念管理，坚持不使用除草剂、不使用有机肥，创造了受到不少市民欢迎的"果树认养"模式。他们开创的"同心农园桃花节"活动，打造"赏桃花—亲子游戏—认养桃树—民谣音乐会—互惠集市"一条龙服务，吸引了许多市民家庭参加。不仅如此，他们还在同心农园的营地打造了集住宿、餐饮、会议、活动室于一体的同心公社，可为百人左右的团建或集体活动提供场地。这些活动、设施和服务为工友之

---

① 范斌.弱势群体的增权及其模式选择[J].学术研究,2004(12):73-78.

② 迪斯.非营利组织的商业化经营[C]//赫兹琳杰,等.北京新华信商业风险管理有限责任公司,译.非营利组织管理.北京:中国人民大学出版社,2004:128.

家带来了可观的消费收入，并将之用于该组织创办的各项新工人服务项目，体现了该组织强大的自我管理能力，同时也保障了其自我服务和为其他流动人口服务的稳定性。

第四，重视学习加强自组织的能力建设。流动人口开展自我管理和自我服务的成效与其自身能力息息相关，工友之家大部分工作人员的文化水平并不高，有不少是从外来务工人员中招募的，如何加强这个团队的工作能力，适应快速变化发展的社会节奏，显然是该组织需要着力应对的。对此，工友之家的一个经验是坚持学习。首先几个主要负责人就一直很重视自身的学习提高，像负责同心互惠商店的 WDZ 尽管 13 岁就辍学了，但因为看书很多，往往能给人留下理论水平较高的印象。为了提高团队成员的整体素质，工友之家形成了每周固定半天的集体学习制度，时事新闻、理论、实践案例等都是他们学习的内容。此外，他们还会举办各种工作坊，加强与同行或其他社会人士的交流。正是由于坚持了不断地学习，工友之家具有较强的迎接挑战的能力。2020 年新冠疫情防控期间，博物馆大院不便开放，为工友们准备的演出和活动也不能正常举行，他们第一时间改变了工作方式，尝试将服务搬到线上，通过短视频和直播来继续服务工友，现已在抖音、B 站等平台开辟了固定的网络服务空间。

四、流动人口自治型协同面临的挑战

尽管工友之家的自我管理和自我服务发展比较顺利，参与受益的流动人口很多，但从其发展历程来看，流动人口自我管理的成长空间仍然不尽如人意。现有的社会环境，以及流动人口主体意识虽有增强却仍较弱的现实，导致目前流动人口的自我管理呈现出一定的脆弱性和不稳定性。

一是与地方基层组织的关系问题。毫无疑问，流动人口通过工友之家组织起来进行自我管理和自我服务的行为，有助于满足流动人口社会互动、文化教育、心理支持等方面的需求，改善他们在城市的生活质量。不仅如此，对于像工友之家所在地皮村这样一个公共服务供给严重不足的城中村而言，工友之家的存在，也有助于改善其社区状况，完善社区治理体系，提高公共服务水平，甚至对全社会的流动人口治理都有重要的意义。然而，在调查中我们看到，皮村村委对工友之家的态度却经历了一个由支持到反对的过程，这种转变尤其体现在同心实验学校身上。在工友之家成立初期，那时皮村的外来人口远没有现在这么多，该组织以每年 5 万的租金从村委会租来了废弃的村小学作为校舍，租期 20 年，当时村委会对他们的做法还是明确支持的,不仅为学校加建了大门,还帮忙减免了卫生费和水费。但随着周边村庄拆迁,涌入皮村的流动人口越来越多,两者之间的摩擦日益尖锐。

2012年,经过金盏乡政府批准,皮村村委会正式通告工友之家负责人,限期三个月必须关停学校。村委会这一行为遭到工友之家及其社会各界支持者的强烈抵制,他们表示这是对流动儿童教育的制度性歧视,许多志愿者纷纷加入声援队伍中,顾问团的五位知名人士也联合向有关部门反映,同心实验学校因而得以保留下来。经过对村委会工作人员的访谈,我们才进一步了解其中的原委。随着皮村外来人口增多,社区治理的成本急剧增加,垃圾处理费、水费、电费,这些费用每年都要几百万元,村委会以前按人头收取的费用已远远不够开支,只得大举借债,租住户又不愿意承担此费用,两者间的矛盾甚至还曾险些酿成群体性事件。因此,相对于日益增加的治理成本,村委其实不愿意看到外来人口增多,而工友之家却在皮村建了小学、开了二手商店、开放影院……为外来人口提供多种服务,帮助他们稳定居住。两者诉求的矛盾促使村委会作出关停决定,希望通过限制外来人口子女入学来达到控制皮村人口规模的目的。无独有偶,2016年底工友之家再一次遭遇停电逼迁,也与基层组织的债务和"成本转嫁"意图有关。[①] 人口流入地区"人口结构的变化,导致村级组织的工作任务并不完全与村民对应,而是与村域对应"[②],由此流动人口的涌入就有可能带来复杂的基层债务问题,这一治理成本问题不解决,城市基层治理体系和治理规模两者之间的不适应,很容易导致对流动人口的挤压,并进一步挤压流动人口自我管理的发展空间。

二是制度化治理欠缺的问题。制度化治理指依靠外在于个人的科学的理性权威,以科学确定的制度规范体系构建的管理机制进行治理。制度化治理强调共同契约即制度的重要性,决策必须要有科学依据,有利于在处理各种事务时摆脱察言观色和见风使舵,促进决策过程的程序化、透明化,并最大程度地减少失误。在流动人口的自我管理中,流动精英主导的情况非常普遍,他们具有独特的个人魅力,在流动人口中有很强的动员力和影响力,往往是流动人口自组织的成立发起者和自我管理的组织者。这在早期

① 温铁军. 工友之家被逼迁与基层债务的"成本转嫁"[EB/OL]. 观察者网. (2016-12-28)[2020-05-02]. https://www.guancha.cn/wentiejun/2016_12_28_386540.shtml.

② 周建明. 从国家治理体系和治理能力看村级组织建设[J]. 经济导刊,2015(3):60-67.

通常能提高自我管理的效率，但随着自组织规模的扩大，如果组织还停留在精英治理阶段，就会大大增强流动人口自组织及其自我管理的风险。

从工友之家的内部治理来看，精英发挥的作用仍然很大，虽然他们机构内部成员没有明显的等级分层，工作氛围比较友好，看似较为民主，但组织管理尚缺乏健全规范的制度约束，重大决策基本由几个主要核心人物作出，一定程度上增加了机构未来发展的不可预测性。事实上，工友之家就遭遇过这种危机。2019年初，工友之家在其公众号上发布了一项声明，对志愿者举报该组织一名管理人员性骚扰一事作出正式回应，向受害者致歉并表示将采取改善措施，这一事件在网上和圈内引起了广泛的关注和议论，也对工友之家的声誉产生了恶劣的影响。其实早在几年前，就有志愿者投诉该管理人员，但由于工友之家内部并未形成制度化的民主决策机制，决策权掌握在两个主要创建者手中，当初这两位负责人采取的是息事宁人的办法，并没彻底解决好这件事情，而如今迫于受害人集体不断地申诉，并在网络上曝光施压，才不得已公开发布道歉声明。① 纵观事件的发展过程，该组织约束和预警机制的不健全，给那位管理人员提供了多次性骚扰得逞的土壤。同时，组织负责人当初没能及时恰当地处置应对，是造成该事件后续发酵的主要原因。可见，制度化的规则和治理程序非常重要，它能让组织成员处于规则的监控和约束下，使权力在阳光下运行，最大程度地防止"恶"并减少决策的失误。

三是流动人口主体意识的局限。诚然，随着社会经济水平的发展，流动人口的主体性和主体意识逐渐增强，他们的身份认同意识、参与意识和权利意识都有了一定的提升，甚至部分流动精英已经有了自觉对群体文化和命运的思考。但也不可否认，流动人口的主体意识仍有待提高。流动人口的主体意识不仅受到传统体制下依附和顺从思想的影响，还受到现代城乡二元文化的排斥，自主参与意识整体并不是很强。他们中不少人来到城市的目的就是为了赚钱养家，除了经济收入外，其他都不太重要，只要能比家乡挣得多，生活枯燥点委屈点都能忍受，自主行动起来改变现实的意愿不强。有的流动人口来参加工友之家的活动，只是因为生活或工作中遇到了难题，前来寻求帮助，一旦问题解决，就不再持续地参与。还有的来参加活动，也纯粹是为了凑热闹，娱乐开心一下，很少能主动贡献自己的力量，关注并反

---

① 回应工友之家及详述×××性侵性骚扰女志愿者事件［EB/OL］.网易.（2019-01-18）［2020-05-03］. http://www.163.com/dy/article/E5OQ8V0805288916.html.

思更深层次的问题。再加上流动人口群体本身的流动性很大,社会资本相对赢弱,从而使他们更关注自己眼前的短期利益,而对具利他性质和长远意义的自我管理兴趣不大。以上这些都影响到流动人口参与自我管理的积极性,不利于流动人口自我管理的进一步发展。

第五章　他山之石：发达国家的治理经验

《管子·霸言》曰：夫争天下者，必先争人，人口是国家力量的源泉，人不仅是国家治理的对象，更是关键的治理主体。以户籍制度为核心的制度体系是我国流动人口问题形成的主要原因，发达国家虽然没有类似于我国户籍制度的困扰，但也存在因人口流动而带来的公共服务供给问题。发达国家在早期的城市化进程中乃至当下，一直不乏大量内部人口的流动和外来人口的迁入，然而，他们并不存在普遍意义上的农民工、留守儿童、流动人口权益等问题。探讨发达国家迁移人口治理的经验，可为我国流动人口的服务管理提供一定启示和借鉴。

第一节　美国迁移人口的治理

一、美国人口流动迁移概况

美国是一个人口流动迁移比例非常高的国家，从统计数据来看，自1948 年美国开始开展有关人口迁移的普查以来，其国内和国际人口的流动率曾高达 20％。具体而言，一方面，从国际人口的迁移来看，美国是一个典型的移民国家，拥有吸纳世界各地人民的历史传统。学者托克维尔曾在《论美国的民主》一书中详细描述了从英国最早抵达美国的一批移民。他们怀着美好的憧憬，乘坐五月花号来到这块广袤的大地，也将欧洲文艺复兴思想带到这里，发展形成了今天的美利坚合众国。作为一个移民国家，美国对外来人口持开放的态度。1783 年美国总统乔治·华盛顿对外宣告："美国的怀抱不仅为接纳富有而受人尊敬的来客开放，还向受到压迫和迫害的各个民族和宗教信徒开放。"①其后，美国国会出台《合同劳工法》，加强对劳工移民的保护和鼓励，因而一度成为世界移民迁移的主要目的地，至 1860 年，已有 500 万移民移居美国。如今，美国移民高达 4100 万，占美国总人口的 13.1%，且另有在美国出生的第二代移民子女 3710 万人，占总人口的 12%，第一代和第二代移民共占美国人口的四分之一，他们较为集中地居住在沿海的一些州和城市。

另一方面，美国国内人口的流动也较为频繁，总体呈现出三大特点：一是乡村人口向城市的流动，美国城市化的发展吸引了许多农村劳动力向城市转移，直至当前，美国的城市化率已经接近 85%，这一过程不仅催生了大批新兴城市，也促进了城市人口的迅速增长。二是城市人口的郊区化流动。城市人口激增带来了大量诸如住房拥挤、犯罪活动增多等城市问题，从而导致居住在城市的上层和中产阶层开始向城郊流动，大城市外围的郊区和副城似雨后春笋般涌现，至 1980 年左右，美国郊区的人口几乎增长了一倍，郊区化进程基本完成。三是人口向大都会聚集，②仅 2010—2017 年，有 800 多万人流入美国排名前 20 的大都会区，这些区域占全国人口的比重已接近 40%。由于美国没有户籍制度的限制，任何一个城市对合法居民的迁入都是开放的，城乡差距不大，不论居住在哪里，居民社区的公共设施基本都能有保障，因此，只要是美国合法居民，不论出于求学、工作、组建家庭等何种目的，都可以方便地从一个地区迁移至另一个地区。

二、美国对迁移人口的治理

美国人口的主体来自世界上不同国家不同民族的移民及其后裔，构成非常复杂，尽管当前该国仍然存在着种族歧视和社会不平等问题，但在美国这个大熔炉中，大部分极具差异的迁移人口还是建构起了良好的身份认同和国家认同，这与美国的人口政策和治理方式密切相关。

美国人口管理实行的是生命登记和社会保障号制度。生命登记（vital records）主要记录人口生命事件的相关信息，如公民的出生、死亡、婚丧嫁娶

---

① 琼斯. 美国的外来移民[M]. 芝加哥：芝加哥大学出版社，1960：79.

② "都会区"，是美国人口普查局"都会统计区（Metropolitan Statistical Area，MSA）"的简称。MSA 指的是一个人口密度较高的地理区域，通常情况下由某一个核心城市加上周边的一些小城市共同组成的人口聚集区。

等情况,是了解个体微观信息,提供人口管理基础资料的重要数据来源。美国的生命登记工作主要由各州的公共卫生统计和信息协会来完成,信息由州人口统计局保存。[①] 社会保障号(Social Security Number,又称社会安全号)制度则侧重于对人口生活事件的记录,反映有关公民身份及流动、纳税、居住、补助等日常信息,在没有户籍和档案制度的美国,它已成为美国公民的"身份证",是政府进行人口管理的有效工具。在美国,每个公民一出生就能获得唯一的社会保障号,通过这个号码,公民信息在全国范围内实现联网,凭借社会保障号,公民可以在整个美国自由流动。社会保障号还与社会福利和个人利益紧密关联。作为唯一的个人识别号码,社会保障号是个人领取工资、缴纳税金的重要载体,也记录着公民个人的信用消费信息,如果一个人信用记录良好,就可以享受到消费、贷款、教育等方面的优惠。

美国公民享有相对自由的迁徙权利,国家主要依靠市场机制,通过法律和税收手段来促进人口有序流动。美国非常重视发挥市场力量来对人口进行调控,利用产业结构升级和布局调整来优化人口结构,促进人口在不同区域的理性流动。美国秉持权利和义务对等的原则,公民可以按照自己的意愿流动,迁移到一个新地区后,只要在当地纳税,无需本人申请或政府批准,即可享有该地的基本福利待遇。另外,美国公民的迁移虽然是自由的,但要想获得迁入地的完全公民权利,同时必须符合迁入地相关法律的准入条件。如有的州规定,必须有固定居所才能迁入;有的规定大学生若居住不满一年,需要支付较高的学费;有的规定真诚居住,即实际且打算长期居住,才可以享受居民待遇。[②]

美国积极实行促进迁移人口融入的综合服务计划。政府重视迁移人口和当地居民的共同发展,保障迁移人口享有就业、劳动合同、贷款、接受教育等方面的平等权益。其中较为关注少数外来族裔的权利,通过实施肯定性行动计划,努力消除不同族裔间的隔阂,促进多元文化的融合和外来人口的融入。如针对低收入移民儿童家庭,联邦政府实施了"补充营养援助计划"和"需求家庭的临时援助计划"。前者主要对移居美国的低收入和无收入家庭提供援助,像 2014 年这一项的食品援助开支就有 700 多亿美元,援助对

---

① James A. Weed. Vital Statistics in the United States: Preparing for the Next Century[J]. Population Index, 1995;61(4): 527-539.

② 曹淑江,张辉. 美国流动和迁徙人口的教育法律与政策及其对中国的启示[J]. 外国教育研究,2007(1):61-65.

象惠及 4000 多万人。后者则主要是提供经济援助,帮助移民儿童父母获得工作机会,其对每个家庭援助的时间可长达 60 个月。又如在保障外来人口子女的受教育权方面,政府规定迁移人口子女可以在居住地附近选择学校入学,学校一律不得歧视和拒绝。政府还对接受义务教育的困难家庭,给予财政教育补贴,对外来人口提供免费的职业教育,提高他们的文化素质和职业技能水平。再如在住房保障方面,政府通过住房补助的方式来解决外来人口的住房问题。美国的住房补助政策,采用政府和市场相结合的办法,一方面政府给予开发商低息贷款,鼓励他们建造符合中低收入家庭消费需求的住房;另一方面对低收入家庭提供租金低廉的公共住房或财政补贴,鼓励迁移人口购买私人住宅,对其给予一定比例的税收减免。

三、美国迁移人口的协同治理

美国迁移人口的治理是美国联邦政府、地方政府、社会组织、私人机构、基层社区及迁移人口等共同完成的。联邦政府主要提供政策和资金支持,地方政府负责公共服务的供给,同时鼓励私人机构、社会组织和迁移人口等的参与,治理主体的多元化特征明显。

针对城市化过程中迁移人口聚居区住房紧张、环境恶劣等问题,美国政府并没有包揽所有的公共服务。在社区重建运动中,联邦政府向地方政府和社区提供财政支持,用于完善城市公共设施,建设公共住房,帮助迁移人口改善住房条件。同时联合其他公民和组织协同供给,鼓励公民参与志愿服务促进融合,并通过立法赋予迁移人口对社区公共事务的参与权。[①] 与此同时,美国还积极发挥各类社会组织和慈善组织的力量,为迁移人口提供帮助,如 ESL 项目(english as a second language),就是由上百个社会组织成员组成、专门为移民服务的志愿组织——纽约移民联盟组织实施的。此外,政府培育并支持移民组织的发展,也是美国解决迁移人口问题的一个重要经验。美国历史上就有组织社团的传统,"美国人不论年龄多大,不论处于什么地位,不论志趣是什么,无不时时在组织社团","美国是世界上最便于组党结社和把这一强大行动手段用于多种多样目的的国家"。[②] 迁移人口为了维护自己的利益,表达自身诉求,组织化的自组织团体应运而生,一些进步青年在社区发起的"基层社区自发供给"运动、美国工人中心活动,都是迁移

---

① 罗思东.美国城市中的邻里组织与社区治理[J].中国政法大学学报,2007(2):29-38,158-159.

② 托克维尔.论美国的民主[M].商务印书馆,1998:213.

人口自我管理和服务的真实写照。下面择其一二举例说明。

美国的 ESL 项目：ESL 项目即英语作为第二语言（english as a second language）项目。为帮助母语为非英语的新移民解决初到美国面临的各种困难，更好地实现语言、文化和社会融入，美国政府和社会公益机构主动向新移民提供免费或费用很低的语言培训课程。在实施过程中，参与主体涉及政府、学校、社区和社会公益组织，覆盖面非常广，培训内容除了语言教学外，还涉及关于美国历史文化、风土人情和社会习俗等方面的介绍，以此增加新移民的文化适应性，提高跨文化交际能力，进而在学习、就业和生活中更好地融入当地社会。例如，对于大中小学生来说，学校是新移民进行 ESL 课程学习的主要场所，学校和老师每年都有机会从政府或社会机构申请基金来资助自己的 ESL 课程计划。新移民学生入学，都需要填写一份家庭语言调查表，如果有学生在家使用的不是英语，后续会有老师专门对他们进行英语测试，语言能力不达标的学生，学校会额外为他们提供 ESL 课程。ESL 课程老师会为每个学生安排课程时间，按时将学生领到 ESL 课程教室上英语课，上完后再让学生回归原班级和其他同学一起上课。老师还会记载学生的语言学习档案，并分阶段对学生进行测评，各指标达标后，学生就可退出 ESL 课程计划，完全融入普通班级上课。ESL 项目是一项充满人文关怀的服务供给，它能帮助新移民短时期内掌握基本的语言能力，以尽快适应迁入地的学习、工作和生活。

美国工人中心：美国工人中心是"社区带动的，以社团为基础，致力于为低工资工人提供服务、宣传和组织等方面帮助的中介机构"[①]。工人中心主要关注从事建筑、餐饮、护理、零售、部分制造业等行业移民工人，在 139 个工人中心中，有 122 个都是在为移民工人服务，它们在提高移民就业和生活质量、保护移民工人劳动权益、催化政府行动方面取得了一定的成效。工人中心的成立最早可追溯到 20 世纪 70 年代，当时美国的产业结构经过调整，低工资服务业工作增多，但不同种族、民族间的工资待遇差距较大，来自卡罗来纳州的黑人和纽约、德州、旧金山等地区的华人，积极推动组建了第一代工人中心。到了 80 年代晚期，美国的拉丁美洲人和亚洲移民日益增多，当地教会和各类社会服务机构推动组建了第二代工人中心。自进入 21 世纪以来，美国新一代工人中心开始在美国的郊区和农村广泛建立，现分布范

---

① 　FINE J. Worker Centers：Organizing Communities at The Edge of the Dream[M]. Ithaca，NY：Cornell University Press，2006：316.

围已涵盖了 32 个州的 80 多个城市。工人中心的主要工作体现在以下方面：一是维护劳动权益。由于不少移民工人从事非正规工作，劳动保障弱，存在被拒绝支付最低工资和加班费的问题，每年每个工人中心平均能帮助讨回一二十万美元的欠薪，这是给予移民工人最直接的经济帮助。如韩裔移民工人辩护律师对洛杉矶韩国城的饭店进行监督，督促他们为工人支付最低工资，几年下来，洛杉矶执行最低工资标准的饭店由以前零星两家增加到超过一半的比例。二是提供教育、金融、医疗等服务。工人中心不仅可为移民工人提供 ESL 语言课程，还会经常组织一些医疗保健、健康讲座类的活动，为工人提供医疗服务信息，并通过与银行的合作，帮助移民工人办卡、登记认证信息、降低最小存款额度等等。三是公共政策的倡导。工人中心热衷于强化和提高地方政策法律的执行力，通过影响立法，为移民工人争取利益和权利。如纽约州工人中心通过努力，成功促使该地区国内工人的权利法案对移民工人群体具有适用性，政府也加大了对欠薪的查处和惩罚力度。四是能力培育。工人中心对移民工人中的积极分子进行培训，培育他们的领导力，帮助他们客观地定位自我，学会自我表达、民主管理和决策，推动他们有能力成为自身群体的领导者。[①]

第二节　加拿大迁移人口的治理

一、加拿大人口流动迁移概况

加拿大是一个人口流动率较高的国家，联合国《世界人口展望》2004 年曾预测，未来几十年在世界主要发达国家中，加拿大的人口流动率将位居第一位。据加拿大 2016 年人口普查数据，加拿大总人口 3500 多万，比五年前人口普查增加近 6%，其中三分之一是因人口的自然增长，三分之二的增长依赖于移民。加拿大是一个典型的多民族国家，有 50 多个民族，整个加拿大 95% 的人口都是移民和移民的后裔，原住民（印第安人、梅蒂人、因纽特人）的比例不到 5%。

自独立以来，加拿大的人口迁移过程大致可分为四个时期。[②] 第一个时

---

① 孙瑜,于桂兰. 美国工人中心的形成、发展及对中国的启示[J]. 学习与探索, 2014(6):52-58.

② 李玲. 加拿大人口发展与人口迁移[J]. 人口与经济,1995(5):57-60,64.

期是 1867—1879 年人口的净迁出期。受资本主义经济危机的影响,这一时期加拿大主要产品出口低迷,而同时期美国向垄断资本主义过渡,工业化创造的大量就业机会,对加拿大人产生了巨大的吸引力,导致加拿大迁出人口大于迁入人口。第二个时期是 1896—1913 年的移民高潮期。19 世纪末 20世纪初,世界资本主义经济回升,加拿大的工业化发展及旱地农业技术的应用,成为其吸引移民的新契机,大量移民到达加拿大,形成一次移民高潮。第三个时期是 1914—1945 年的迁移低潮期。第一次世界大战和世界性资本主义经济危机是这一时期人口迁入少的重要原因。第四个时期是 1945年之后的移民高潮期。二战后加拿大经济的快速发展产生了对移民的大量需求,大部分年份迁入移民的数量都在 10 万以上,带来了人口净流入的一个高潮期。移民是加拿大人口增长的主力,截至 2019 年,在国际移民的推动下,加拿大人口总量已经突破 3700 万,近三年一共吸纳了 108 万移民人口。在人口老龄化和低生育率背景下,加拿大未来仍坚持吸纳移民的政策,据《2020 年移民年度报告》,加拿大 2021—2023 年每年的移民配额将不低于40 万。

从国内人口流向来看,加拿大人口呈现出"孔雀西南飞"的特点。100 多年前加拿大联邦成立时,西部地区地广人稀,近年来,大西洋海岸的东部四个省份,即新斯科舍、新不伦瑞克、爱德华王子岛和纽芬兰与拉布拉多的人口萎缩,而西部四省,即阿尔伯塔、萨斯喀彻温、曼尼托巴和卑诗省的人口增长非常快,如今居住在该地区的人口数已占加拿大总人口的三分之一。绝大多数人口居住在美加边境一百公里内,便捷的交通网络将靠近美国边界的主要城市连接成漫长的"城市走廊"。另外,大都市区的郊区城市人口增长迅速是加拿大人口流向的又一特点。郊区城市不像中心城市那样混乱和拥挤,住房也更为便宜和充足,因而具有较大的吸引力,人口增长的速度快于中心城市。如 1986—1991 年,渥太华-赫尔大都市区人口增长了 12%,同期中心城市渥太华人口增长为 4.4%;大多伦多都市区人口增长 13%,而多伦多市仅增长 3.8%。

二、加拿大对迁移人口的治理

作为一个具有移民传统的多民族国家,加拿大是世界上第一个推行多元文化政策的国家。回望历史,加拿大对迁移人口的态度事实上经历了一个转变过程:从二战前的歧视到二战至 20 世纪 80 年代的正名,再到 80 年代以来的平等。早年的加拿大存在着普遍的种族歧视,白人政府甚至通过了

《排华法案》和《印第安法案》,形成了对少数族裔的制度性歧视。为了达到文化同化的目的,加拿大曾对原住民子女公开实行强制性的寄宿学校制度,造成对大量儿童的身心健康伤害,一度成为加拿大历史上的一大文化悲剧。二战后这种情况开始得到改善,全世界人民在反纳粹的斗争中,逐渐意识到种族歧视极端化的危害,各国政府重新审视国内对少数族裔的相关政策,加拿大也先后中止了带歧视性的法案和做法。种族主义随之由公开转向秘密,由制度性转向个人性。[①] 80年代后,加拿大从法律上正式赋予了少数族裔的平等地位,1986年颁布《就业平等法》,1988年又通过了《加拿大多元文化主义法》,并积极采取措施消除对迁移人口的排斥,包括外来移民在内的迁移人口权利在加拿大日益得到保障。

在公共服务改革中,加拿大政府坚持"以公民为中心"的核心理念,注重政府执行、管理和服务能力的提升,颁布了系统性的福利保障法案,不论是国内迁移人口,还是合法的外来移民,都享有同等的权益。例如医疗保险方面,加拿大的全民保健计划让所有居民都可享受免费医疗服务,受伤和生病的人还可以享受最多15周的病假和疾病补贴。失业保险方面,失业的人可以领取相当于失业前60%工资的失业金,时长可达一年。家庭津贴方面,根据收入情况,给予18岁以下孩子的家庭发放一定金额的福利金,收入越低的家庭,获得的福利金越高。教育方面,加拿大所有孩子都能免费接受12年的义务教育。此外,针对移民工人可能遭受的歧视,加拿大也出台了相关保护政策。如联邦和省区都对最低工资、工作时长、超时工资、假期工资、终止雇佣和遣散费等劳动标准进行了具体规定,同时也对职业健康与安全、雇主责任、工人的权利和责任等作出了明确要求。加拿大政府还通过教育、法律援助、热线电话等方式为移民工人提供支持服务,并对雇主用工行为进行持续监督,严惩雇主的违法行为,维护雇工的合法权益。

以加拿大西部的最大城市温哥华为例,可以一窥加拿大的迁移人口融合政策。自2009年起,温哥华市政府针对迁移人口的融合实行了八大方案,如设立311市政服务热线、详细拟定服务规章和流程、主办移民就业高峰会议、建立与其他移民城市的交流机制等等。其中市政热线就提供了多种语言,方便迁移人口使用自己熟悉的语言咨询、了解情况,更快地融入该市的工作和生活。多种语言和多元文化的支持同样体现在文化教育领域,

---

① 黄韧. 加拿大种族观念的嬗变——20世纪80年代以来的教训与借鉴[J]. 开放时代,2012(1):144-158.

多元文化联络员和移民安顿工作者是帮助家校或师生沟通的桥梁,他们不仅为迁移人口提供相关信息资讯,帮助迁移人口克服语言障碍,还加强与学校员工的交流,协助他们理解迁移人口的文化背景和需求。此外,温哥华政府还推出了"对话温哥华"计划,在原住民、都市居民、迁移人口等不同社群间开展一系列对话交流互访的活动,增进了彼此的了解,促进了各社群间的互信与和谐相处。正因为如此,温哥华已成为广受迁移人口欢迎的居住地,也是移民移居加拿大的首选居住地之一。

三、加拿大迁移人口的协同治理

强化多元力量的合作,是加拿大迁移人口治理的一个显著特点。加拿大是一个移民大国,迁移人口主要由外来移民组成,政府通过与输出国、民间组织等的合作,为迁移人口开拓了更多的机会和发展空间。

加拿大迁移人口的协同治理首先表现为输入国与输出国、联邦政府与地方政府间的联动。这方面较为成功的实践是季节性工人项目,加拿大不仅在国家层面明确了对移民工人的政策和法律保护,还与输出国签订双边协议,要求对方派出一名常驻联络官,定期探望移民工人,调查劳动雇佣关系,协助监督和维护移民工人的权益。而在工人权益的保障方面,联邦政府和地方政府间也会签署协议,定期互通信息,以便地方政府能及时监督劳动条件,规范就业标准。

社区是加拿大实施多元文化政策,促进人口融合的落脚点。加拿大社区普遍奉行"接纳、归属、贡献"的原则,主张社区应充分尊重群体差异,让不同文化背景的人都能在社区和睦相处,获得社区归属感,并愿意为社区的发展做贡献。在加拿大,虽然政府需承担社区的运行经费,但政府与社区之间没有从属关系,政府一般不直接参与社区管理,社区享有高度的自治权。因而社区十分重视公共参与的价值,迁移人口聚居的社区尤为注重迁移人口对社区事务的参与,社区管理者通过举办各种活动,培养迁移人口的参与和自主学习能力,帮助他们融入社区生活。值得一提的是,加拿大的社区志愿服务较为普遍,早期移民需要经常合作才能生存,这种邻里互助的志愿精神传承下来,因而能在今天的社区经常看到各种志愿组织,它们在医疗扶弱、教育培训、运动娱乐、环境保护等方面发挥着重要的作用。第一个华裔社区组织中华会馆,就曾几乎包揽了该地区华裔居民各项需求的服务。目前加拿大除了全国性的"志愿者协会"外,还拥有200多个社区志愿服务中心,它们会专门开展一些为迁移人口家庭提供服务的项目。例如社区连接计划就是一个由社区承担，其他组织协助实施，旨在帮助迁移人口安居乐业的项目。该项目由社区招募志愿者对迁移人口家庭进行每周 5 小时左右，时间长达半年的帮扶，在语言学习、解除疑惑和政策信息等方面给予指导，社区服务中心开展的这些工作为迁移人口的融入提供了实实在在的帮助。

加拿大的社会组织是其迁移人口治理体系的重要组成部分。各种协会、联盟和委员会通过致力于各自领域的工作，为迁移人口服务，成为帮助迁移人口的中坚力量。他们有的专注于对迁移人口的信息宣传，告知迁移人口提供各类服务的机构、生活指南和各项权益。有的社会组织将工作重点放在迁移人口的教育培训方面，如卡莱亚中心专门为来自菲律宾的家政服务人员服务，提供护理课程、技能讲座及其他公共文化服务。加拿大政府非常重视迁移人口子女的教育问题，考虑到迁移人口本身的流动性大，政府会将追踪迁移家庭督促孩子接受教育的工作，通过购买服务的方式交给社会组织去执行。有的社会组织致力于为迁移人口提供法律援助和维权服务，如阿尔伯外籍劳工服务中心，定期举办法律知识讲座，进行普法宣传，开通免费热线电话，帮助外籍工人找到合法的维权途径。[1] 有的社会组织扮演迁移人口与政府关系的中介人角色，如多元文化联盟汇集了一批双语参与者，他们帮助迁移人口与政府沟通，定期与迁移人口就工作和生活问题展开对话，推进可信赖的交流。还有的社会组织综合开展各种服务，成效显著。如联合食品和商业工人工会在全国建立了 9 个服务中心，免费向迁移人口提供咨询、宣传教育服务，开展劳动技能和职业健康培训，并帮助申报健康保险赔付，与政府合作解决有关劳动权益问题。

第三节 德国迁移人口的治理

一、德国人口流动迁移概况

19 世纪末 20 世纪初是德国城市化快速推进的时期，这一时期大批农业剩余劳动力从农村向城市转移，成为德国工业发展的廉价劳动力，推动和促进着德国经济的发展，是德国"物质文明与生活方式转变史上的突出标志"。

---

① 岳经纶. 农民工公共服务：国际经验·本地实践·政策建议[M]. 广州：中山大学出版社，2012：170-176.

1907 年,德国 6000 多万人口中就有近 3000 万在流动,几乎每两个人中就有一个是迁移人口。① 此阶段德国农业劳动力的转移具有两个突出的特点:一是分布比较均匀没有过分集中。德国农村劳动力主要向附近的城镇流动,而德国小城镇数量多,且遍布全国,所以各地城镇都有农村人口的流入,没有出现某一地区过于集中的现象。二是迁移人口数量多,流动速度快。与英美相比,德国工业革命虽然起步晚但发展速度快,新兴城市迅速崛起,吸引了大量迁移人口。像新兴制造业城市森基尔欣就是从一个默默无闻的小村庄发展而来,1907 年全市 15 万余居民中,有三分之二的人口是从外地农村迁移至此。

第二次世界大战后,德国农业人口继续向工业和服务业转移,但受历史因素影响,东西德的发展差距较大,从而导致两德统一后,人口呈现出由东向西迁移的趋势,东北部的部分地区甚至出现人口空心化的现象。据统计,仅 1989 年和 1990 年,这部分迁移人口就达到 60 万之多,而接下来的七年时间,从东德迁移到西德的人数已接近 250 万,且明显向大城市集中,像慕尼黑和汉堡就吸纳了许多迁移人口。在德国,30 岁以下的年轻人是国内迁移人口的主体,他们为了求学或更好的工作机会在城市间流动,占到迁移人口总量的 43%。②

从国际人口迁移来看,德国 8000 多万总人口中,22% 的人有移民背景,多民族移民社群的存在,正在让德国"越来越成为一个非典型意义的移民国家"③。德国国际人口的迁移事实上经历了三个不同阶段:从 19 世纪初到一战爆发前,德国主要是一个移民迁出国,大陆移民向东欧、南欧和美洲的国家迁移,其中到达美国的德国移民就有 550 万。④ 随着西欧经济的高速发展,一战至二战时期的德国吸引了不少外迁移民的回迁,战后社会经济的重建也对外籍工人有较大需求,德国逐渐从一个移民迁出国转变成移民迁入国。二战后,德国出现了四次大规模的移民浪潮,避难者、被驱逐者、东欧和南欧的回迁者大量涌入,此外,为了满足对低技能劳动力的需求,德国还从

---

① 徐水源. 流动人口基本公共服务均等化的德国经验及其启示[J]. 人口与社会,2016(5):45-51.

② 德国内部迁徙:大批年轻人流向城市[EB/OL]. 搜狐网. (2019-04-24)[2020-05-12]. https://www.sohu.com/a/349378608_300703.

③ 宋全成. 简论德国移民的历史进程[J]. 文史哲,2005(3):86-93.

④ Klaus J. Bade. Die Multikurhxrelle Herausforderung Menschen ueber Grenzen-Grenzen ueber Menschen[M]. Muenchen Beck,1996:234.

土耳其、希腊等国招募了许多外籍工人，他们中一些人因 1973 年石油危机滞留德国，随后举家迁移到德国，成为其庞大移民群体的一部分。

二、德国对迁移人口的治理

德国在国内迁移人口治理，促进迁移人口城市融入方面有不少好的做法。德国法律对人口流动持开放态度，户口登记的手续非常简单，只要有工作和住处就可以进行户口登记。德国宪法还赋予公民"生存一致性"的权利，尽管公民之间可能存在种族、民族、阶层或生活区域等不同，但在德国每个公民都享有同等的基本生活保障和公共服务权利。这对于公民的自由迁移非常重要，公民不需要考虑流动对可享受公共服务和社会保障的影响。[①]德国对人口流动的管理主要通过立法来实现，不仅联邦政府确立了国家基本法，各州也都制定了自己的户籍管理法。基本法还对各级政府的职责作了明确划分，联邦政府承担涉及普遍利益的事务，并制定相关的法律、法规和政策，其他职能事务由各州负责具体执行。

在城市化过程中，为了填补劳动力缺口，德国的城市不仅没有排斥农村转移人口，反而积极采取措施，帮助他们解决在融入中遇到的问题。具体措施包括以下方面：首先着力改善农村转移人口的住房问题。政府建造大批福利性的公共住房，面向外来人口出售或出租，并根据房子的质量和所处地段，分别提供价格指导，对于低收入居民，给予一定的住房补贴。其次大力发展教育，为人口的流动提供智慧支持。在德国，6—14 岁的青少年必须接受义务教育，政府还特别针对孩子较多又收入不高的家庭设置了教育补贴，另外对成年人开展免费的职业教育培训，提升迁移人口的人力资本。再次建立完善的社会保障制度。自 19 世纪中后期俾斯麦政府首创社会保障制度以来，德国已经建立起一套涵盖公民生老病死的健全保障体系，解决了农村转移人口进入其他产业的后顾之忧。比如德国实行全民养老保险制度，医疗保险则主要由雇主负担，雇员只需要负担其中的很小一部分，对于那些没有工作的迁移人口，政府将发放相应的医疗补助。

随着欧洲一体化的推进，跨国移民人数不断增多，德国也不例外，其移民治理政策也经过了一个从"同质化—多元文化主义—主导主义"的变迁过程。20 世纪 80 年代以前，德国政府将国民同质性作为政策的出发点，主张将迁入德国的移民同化并吸纳进德国的主流社会。80 年代后，德国绿党的

---

① 刘志昌. 德国公共服务体制及其启示[J]. 湖北社会科学，2012(8)：38-41.

崛起推动了多元文化主义的发展,其在 1980 年提出了外来迁移人口平等融入的竞选口号,并在三月的政党纲领中提出了少数族群自我管理的主张,鼓励他们通过努力改变所处的从属地位。近些年来,整个欧洲范围难民问题加剧,文化、宗教、恐怖主义等问题对多元文化主义带来了挑战,欧洲各国呈现出向以主导文化为代表的保守政策转变的趋势,一些国家开始实行入籍考试、公民课程等移民政策,以捍卫本国的传统价值和文化。

进入新世纪以来,德国将移民融入作为长期目标,采取"促压结合"的方针,在力促移民结构性融入的同时,又通过居留和国籍等来对移民身份进行限制,只有符合一定要求的移民才能获得稳定的身份。相关的重要事件有:2000 年新《国籍法》出台,规定孩子的父母中如有一方在德国拥有长期居留许可且居住八年以上,这个孩子在德国出生即可自动拥有德国国籍。2005 年颁布《移民法》,明确了不同类型移民获得居留许可的条件,并规定移民具有参加融入课程的义务。2007 年在《国家融入计划》中,指出融入应以相互尊重彼此的文化为前提。2011 年德国制定了移民融入检测指标,包括人口构成、德育能力、受教育状况、健康、就业率、住房等项目。2012 年制定了《职业技能认证法》,为移民提供学历和技能证书的认证渠道。随着难民数量的增加,2016 年通过的《融入法》为难民提供了更多的职业教育机会。[①] 在操作层面,德国政府采取的措施主要有:提供咨询,德国政府每年耗资 2000 多万欧元,资助上千个新移民服务点,为外来移民提供入学、实习、就业等各种信息的咨询。提供最低生活保障,为了保障无业移民的基本生存,政府直接向他们发放救济金。提供融入课程,内容包括国情和语言两部分,要求领取救济金或能力弱的移民必须参加学习,拒绝参加培训的移民,会受到削减救济金或居留许可延期不被批准的惩罚。[②]提供体育融入项目,为移民举办各种体育活动,帮助移民通过体育社交实现融入。

三、德国迁移人口的协同治理

迁移人口的存在,极大地改变了德国社会的构成,虽然德国公民享有自由迁徙的权利,但人口的流动,尤其是移民的涌入随之也带来了一系列社会问题。德国政府在处理迁移人口融入问题时,形成了政府部门与社会力量协同的管理体系。

---

① 唐艋.德国移民融入政策对我国的启示[J].重庆交通大学学报(社会科学版),2021(1):39-47.

② 唐艋.德国移民融入政策:理念、结构与领域[J].德国研究,2019(1):37-52,187.

德国的社会治理权高度分散，首先各级地方政府具有较大自治权，旨在为本地居民提供公共服务，促进地方经济社会稳定发展，上级政府不得随意摊派或干预地方政府的工作。不仅如此，德国非常重视发挥企业和社会组织的作用，很多公共设施和公共产品向市场私有化方向推进。但与此同时，德国又高度重视社会发展的稳定性和开放性，提倡国家的适当干预，主张以完善的社会保障制度为核心，建立政府与企业、社会平等对话的治理机制。德国的社会结社非常发达，仅柏林市就有数千个社会组织，许多德国公民都参加了一两个社会组织，这些社会组织实行自主管理，政府不会随意干预。根据联邦政府的数据，社会组织在养老和婴幼儿护理领域所发挥的作用，已经远远超过了政府和企业。

近年来，德国公共服务"去行政化"特征明显，由于社会组织具有广泛的社会基础，容易接近服务对象，了解他们的需求并作出灵活反应，因而成为德国迁移人口服务的一支重要力量。德国联邦政府每年都会拨付一定资金用于购买社会组织的服务，免费向迁移人口提供 5 万个社会融入的培训名额。2005 年出台的《移民法》还明确要求，各级政府、社会组织、宗教团体等都广泛参与，为移民融合提供机会。如科隆市整合了多个机构来做迁移人口服务工作，并成立了专门的融合委员会，吸纳 20 多名社会公众来参与监督工作。注重公众参与和第三方评估，是保证社会组织服务质量的重要手段，像贝塔斯曼基金会、德国移民与融合基金会专家委员会等机构都会定期公布其迁移人口融合的工作报告，接受社会的监督。又如异国婚姻协会致力于在社区为移民孩子营造良好环境，提供多种语言的书本，增进移民孩子与本土孩子的互动，努力消除对移民孩子的歧视。

德国是一个自治传统浓厚的国家，公民的社会责任和志愿参与行为，是实现有效合作提高迁移人口治理效率的基础。德国人有从事志愿服务的良好习惯，据统计，德国全国有 3000 多万志愿者，人数占总人口的 40%，[1]从儿童到老年人，各个年龄段都有参与志愿活动的人，德国每年都有约十分之一的中学毕业生，愿意停学志愿服务一年后再去继续上大学。志愿者们或者为了帮助弱势群体、扩大社会交往、丰富生活经验，或者为了承担社会责任、改善企业形象等原因，活跃在教堂、老幼照护、消防救援、体育、迁移人口融入等领域，也有的积极创办社会组织，为他人参加志愿服务提供机会。比如

---

① 刘俊杰. 德国民众参与社会治理的启示[EB/OL]. 中国社会科学网. (2019-07-12) [2020-05-18]. http://ex.cssn.cn/dzyx/dzyx_xyzs/201907/t20190712_4932852_1.shtml.

在德国,注册一个基金会只需要五万欧,一般只有两三个工作人员,且可以享受税收减免优惠,运行成本较低。在迁移人口融入中,德国政府注重调动迁移人口自身的积极性,积极培育发展各类自组织,为迁移人口提供融入服务。2010 年通过的《融入法》,就明确鼓励老移民成立社会组织来帮助新移民,政府可为其提供必要的经费支持。此外,政府还与科研机构、社会中介组织和慈善团体等进行合作,开展一些培训项目,以帮助新移民解决具体困难,尽快进入劳动力市场。

第四节　日本迁移人口的治理

一、日本人口流动迁移概况

第二次世界大战后,日本经济在恢复重建乃至高速发展的过程中,大量农村劳动力随之向城市转移,大致经过了三个阶段。二战后至 20 世纪 50 年代中期是恢复性转移阶段。日本经济从战后的创伤中逐渐恢复,政府通过一系列措施,显著提高了农村的劳动生产率,因而农业人口向城市转移的规模还不是很大。20 世纪 50 年代中期至 70 年代是农村剩余劳动力快速转移阶段。城市工业的迅速发展创造了大量的空缺职位,而农村生产率的不断提高同时产生了大量剩余劳动力,促使农村劳动力不断向城市转移,补充了城市用工的需求。这一时期日本农村劳动力减少了 900 万,占总就业人口的比重从 41% 下降到 13.8%。[①] 70 年代以来是农业人口稳定转移阶段。这一阶段日本经济增长速度放缓,尤其受石油危机的影响,石油加工成本大幅度上升,冲击了日本工业的发展,也减弱了其对劳动力的吸纳能力,从而导致人口的流动量趋于稳定。不过,到 80 年代,日本已经实现了高度的城镇化,城镇人口的比重已经达到 76.19%,农村剩余劳动力的转移基本完成。[②]

从国际人口的迁移来看,日本曾是一个移民输出国,但自 20 世纪 80 年代起,流入日本的外国人逐渐增多。不过与欧美的移民国家相比,日本外籍

---

① 张季风. 战后日本农村剩余劳动力转移及其特点[J]. 日本学刊,2003(2):78-93.
② 郝寿义,王家庭,张换兆. 日本工业化、城市化与农地制度演进的历史考察[J]. 日本学刊,2007(1):80-91,159.

人口数只占总人口的 1.7％,①比例仍然较低。日本由于地域狭小,资源并不丰富,因而在移民问题上一直比较谨慎。在二战以来的大部分时期,日本主要实行的是严格限制外国移民政策,尤其是限制非技术移民的进入。因而,日本移民的总量有限,主要来自以下群体:亚洲国家像中国和韩国的留学生、进修人员等;来自巴西的日裔移民;来自菲律宾在日本从事护理等工作的妇女。

日本的人口主要集中在三大都市圈:拥有大阪、神户、京都三座大城市的近畿都市圈,以名古屋为核心的中部都市圈和东京都市圈,高峰期东京圈每年净流入人口约 40 万人。由于人口的持续涌入,日本大城市的弊端凸显,为了防止人口过度集中,日本政府出台了一系列措施,提出"多核多圈域"概念,引导人口聚集效应强的企业、大学和研究机构等向周边区域转移,疏导人口的流向,取得了较好的效果。70 年代后,日本都市圈流入人口的数量明显下降,像东京圈每年的净流入人口数已降至 10 万人左右。

二、日本对迁移人口的治理

早年的日本和中国相似,曾实行严格的户籍管理制度,但它在现代化城市化的发展过程中,不断进行人口流动管理制度的改革,成功在较短时期内完成了农业转移人口的市民化。日本人口的流动治理具有较强的政策性,这为同样有着儒家传统的中国提供了可借鉴的经验。

日本宪法规定公民有自由迁移权,其对国内迁移人口的管理主要基于《户籍法实施规则》和《户籍修正法》,采用户籍簿和住民票相结合的方法。户籍簿以家庭为单位,主要记录个人出生、死亡、婚姻状态等重要事项以及家庭成员间的关系,住民票则以个人为单位,记录公民的住址、迁移等情况,是公民纳税、接受教育、享受各种福利保障的合法依据。它以公民的居住地为基础建立,并能随着居住地的改变而变更,政府部门就是依靠住民票的人口信息来提供公共服务。住民票制度极大地便利了日本公民的自由迁移,人们从一个地方迁移到另一个地方,只要在搬入新地址后 14 天内进行住民票变更,办理迁入手续,并按照迁入地的政策缴纳了税金和保险,就可享受该地居民的全部福利。相反,如果不对住民票予以变更,则会影响到迁移者的国民健康保险和车辆驾驶。由于不同地区,包括城乡间的公共服务基本

---

① 山下晋司. 多文化共生:跨国移民与多元文化的新日本[J]. 北方民族大学学报(社会科学版),2011(1):15-21.

一致，因此，即使是跨地区迁移也不用担心享受不到公共服务。正因为如此，日本公民一般会主动去办理住民票的信息变更。2016 年起，日本开始实行个人番号制度，利用统一号码来进行管理，给每一个国民一个固定号码，随着电子政务的应用，个人番号系统使迁移人口的社会保障、税金管理、灾害应对等工作更加高效准确。

日本积极促进迁移人口的融入，20 世纪 60 年代，日本政府就制定了一系列保障农村转移人口权益的法律法规，像《农业基本法》《国民收入倍增计划》等，鼓励农民向工业和第三产业转移。与此同时，日本还进一步完善全体国民保障体系，实施"全体国民均保险"计划，使迁移到城市的农民也能享有基本的生活保障，大大降低了农民对农村土地的依赖，加快了其市民化进程。此外，日本十分重视国民教育和人力资本的提升，这为农民的市民化和其他迁移人口在流入地的融入，奠定了良好的基础。1958 年，日本政府就制定了《职业训练法》，强调要对劳动力进行技能培训，促进其顺利流动。1999 年通过的《雇佣——能力开发机构法》，决定设立专门的职业能力开发机构和大学来开发员工的职业能力，帮助提高员工的综合素养。

与允许国内自由迁移不同，日本对国外移民的限制非常严格。一方面构建一整套行政管理体系和法律法规体系，充分利用现代信息技术，加强对外国移民的居留管理，适时掌握在日居住的外国人信息。另一方面，虽然实行"积分制"，积极吸引高级人才到日就业居住，以增强日本在高科技领域的竞争力，但对非技术移民一直加以控制，非技术劳动力很难在日本就业。近些年，日本为解决国内劳动力不足的问题，开始在饲养业、农业等行业引入外国劳动力，对非技术移民的限制也正在谨慎放宽。

三、日本迁移人口的协同治理

战后日本的社会管理长期以行政权力为中心，社会和民众处于被管理的客体地位，但随着全球化的深入，20 世纪 90 年代以来，日本公民的思想观念越来越开放和多元，民主权利意识也不断增强。社会上要求政府少干预多服务的呼声高涨，民众的自我组织和志愿行动也越来越多，他们"采取一边与行政对话，一边探索如何与行政部门协作解决问题"①。在 1995 年的阪神大地震中，各种民间组织和草根团体积极参与灾后的经济救助和重建，展

---

① 黑田由彦，单联成. 日本现代化进程中公共性的构造转换[J]. 吉林大学社会科学学报，2005(6)：73-79.

现出日本公民前所未有的参与热情，这一年也因此被称为志愿者元年。日本政府也开始更多地认识到社会力量的作用，逐渐改变对社会组织排斥和限制的态度，1998 年底通过的《特定非营利活动促进法》，还专门对社会组织的准入条件、税收优惠等作出了明确界定。此后，社会力量作为一个重要主体，与政府、企业等合作，一同在日本的社会治理中发挥了重要作用。

日本对迁移人口的协同治理一方面体现在一般公共服务的供给上，迁移人口可以同等地获得为一般居民提供的产品和服务。如 1995 年阪神大地震后，100 多万名志愿者来到神户，不仅帮助受灾的日本居民，那些居住在此的朝鲜族外国居民同样也得到了援助。而地震期间成立的草根组织"外国居民地震信息中心"，后来发展成遍及日本多个城市的"多文化共生中心"，日本总务省还在 2005 年特别成立了一个促进"多文化共生"项目的讲习班。而地方政府对多元合作的态度也表现积极。如福冈县将实现"共助社会"作为发展目标，设立共助基金，向企业和公民募集资金，鼓励社会组织、志愿者、行政部门等相互协作为地区发展服务。厚生省对社会组织的许多项目提供资金支持，内容涉及就业、对流浪者的援助、对移民孩子的日语教育等等。此外，承担社会责任的企业也明显增多，一些企业开始关注社会问题，并愿意和社会组织一起参与社会治理。如东京都为小学生开设的放学后儿童教室、学童保育、残疾儿童课程等活动，当地已有 50 余家企业提供了支持。2003 年成立主要面向秘鲁儿童的学校遇到资金危机时，除了地方政府提供资助，本田集团、铃木汽车公司等企业都施以了援助，向该校捐赠共计 2000 万日元。

另一方面，政府、社会组织、当地居民等主体也会协作提供专门针对迁移人口的公共服务。日本仙台的多元文化共生中心就是其中的一个典型事例。仙台多元文化共生中心由仙台国际中心的咨询窗口改建而成，为迁居仙台的人提供接待咨询服务。不少对当地人而言理所当然的事情，像如何对婴幼儿进行疫苗接种，如何处理垃圾，如何购买处理券等等，往往会让迁移人口尤其是国外移民感到困惑。多元文化共生中心不仅常提供中文和英语两种语言的服务，还可借助其他方式提供十多种语言的咨询，甚至必要时会派出工作人员外出帮助沟通，消除困难。① 不仅是仙台，滨松市政府也为不懂日语的外来人口提供了外语口语服务，还有一些医院雇用了能讲外语

---

① 日本：仙台助外国人融入社会 华人感受多元文化共生[EB/OL]. 中国国际移民研究网.（2020-08-27）[2020-09-07]. http://www.ims.sdu.edu.cn/info/1007/12187.htm.

的口译人员。滨松市日裔巴西人非常多，自20世纪90年代起，几乎一直占据外来人口数量的一半左右，当地政府与民间组织、企业开展合作，共同帮助这些外来人口融入新环境。如开展帮助母语为非日语的学生的项目；社会组织"外国人学习支持会"在政府支持下，设立专门教室来帮助外国儿童接受教育；成立滨松外国居民委员会，促进外国人的社区融入及与日本居民的关系改善；等等。[①] 另外，日本还有一些致力于为迁移人口服务的社会组织，如日本菲律宾家庭中心主要为在日本的菲律宾妇女提供技能培训，帮助她们提升就业能力。东京华人俱乐部每年都会组织多次滑雪活动或跑步赛事，以丰富当地华人的业余生活，并建立类似于"马拉松初学者教室"之类的平台，为愿意参加活动的华人提供指导和帮助。

第五节　各国迁移人口治理的主要经验

在我国特殊的制度体系下，大量以农民工为主体的流动人口并没有伴随城市化发展转变为市民，而是成了农民、市民之外的一大社会群体。发达国家在工业化和城市化进程中虽然没有形成独特的流动人口群体，但他山之石可以攻玉，他们对迁移人口治理的理念和实践，对于我们今天的流动人口治理仍然具有重要的参考价值。

一、合理调控人口结构，减轻城市人口聚集压力

二战后，世界主要发达国家陆续进入现代城市化发展阶段，在此过程中，这些国家的城市数量迅速增加，人口大规模向城市集中，甚至吸引了大量移民的到来。城市化不仅带来了经济的繁荣和文明的进步，同时也带来了交通拥挤、环境污染、迁移人口就业和融入困难等挑战。面对城市化带来的"城市病"问题，发达国家综合运用行政规划和市场机制来引导人口流向，人口空间结构调控的效果显著，这对于我国促进人口有序流动，减轻城市特别是大城市的人口聚集压力有一定的启示意义。

首先，建设大都市圈统筹规划城市人口。发达国家不乏像纽约、东京、巴黎这样的大都市，这些城市尽管庞大，但由于以它们为核心建设的大都市

---

① 水上彻男. 多元文化融合与移民新城发展——以日本巴西人社区滨松市为例[EB/OL]. 搜狐网. (2019-06-11)[2020-09-12]. https://www.sohu.com/a/319868147_777064.

圈形成了对周边城市的辐射和带动效应，缓解了大城市的人口和交通压力，因而这些城市并不显得很臃肿。如日本的东京都市圈、名古屋都市圈和大阪都市圈，聚集了日本东京、横滨、大阪、神户、名古屋、京都等城市，是日本的政治、经济和文化中心。美国东北部以纽约为核心的都市圈，由华盛顿、纽约、费城、波士顿等城市组成，是美国最大的金融和商贸中心。此外，还有美国芝加哥都市圈、加拿大渥太华赫尔都市圈、大多伦多都市圈等等。合理的都市圈架构，有利于各城市间优势互补，推进区域经济一体化，提升城市迁移人口治理水平。

其次，建设新城和卫星城，疏散中心区人口压力。如日本东京于20世纪50年代、80年代分阶段建设副中心，现已规划建设新宿、池袋、临海等七个副中心地区，以及筑波、港北、千叶和多摩四个新城，形成了多中心多圈层的整体格局，扩大了城市的容纳能力。而美国纽约则自20世纪40年代就开始了城郊化进程，纽约附近的长岛和新泽西州卫星城镇的建设，缓解了人口迁入的压力，提升了城市生活的品质。

再次，通过产业结构调整来优化城市人口结构。如日本并没有禁止人口迁移流动的规定，其对人口流向的引导主要通过产业结构的调整来完成。像东京地区曾经集聚了大量的制造业就业人口，为此当地政府制定并实施了《工业控制法》，对医院、工业等新建设施和项目扩张予以限制，将大批劳动密集型和重化工企业迁往郊区或其他地区，逐步实现中心城区的商业化和高端化，有效缓解人口压力。

最后，促进区域协调发展。德国是欧洲一个人口较为密集的国家，城市化率非常高，但德国却几乎没有人口过度集中的压力。德国政府注重政策引导，走出了一条多中心均衡发展的城市化道路，德国的城市发展并不求大，而是根据城市特点进行定位，发展独具特色的重点产业。联邦政府每年也会通过协商和财政援助，帮助地方政府应对城市产业结构和人口的变化，以降低区域发展失衡的风险。此外，德国各城市不论大小，基础设施和公共服务都相差无几，这让德国人可以有更多的居住选择，而不必一味涌向大城市。

二、人口信息"事后"登记制，促使迁移人口主动接受管理

发达国家国内人口的迁移流动不受限制，甚至欧盟范围内的跨国流动也很自由，为了掌握人口信息，各国普遍采用不同形式的登记制度。国外人口信息的登记不仅有记录和统计功能，还兼具管理功能，因而信息登记的内容不仅包括生命事件信息，还包括生活事件信息，既能体现人口的年龄、性别、受教育情况等基础数据，又涵盖人口的就业、社保、社会流动、犯罪记录等信息。这为迁移人口的服务和管理提供了依据，地方政府可以在确保人口自由流动的前提下，为居民提供各项公共服务，如美国就可通过社会保障号对迁移人口进行管理和信息追踪。相对而言，我国的人口登记主要以户籍为基础，反映个人和家庭成员的户籍状况，不能体现实际的流动居住状况，当然也不利于流动人口日常管理工作的开展。

对于人口的迁移流动，有发达国家实行"事后迁移登记"制，即在完成迁移行为后，由迁移者向当地相关管理部门进行变更登记，迁移者只要有稳定住所或收入来源，符合在当地居住的条件，通常不会受到人为限制。与之不同，我国则实行的是"事前迁移登记"制，迁移者必须先在迁出地的户籍管理机构领取盖章的户口页，并在规定时间向迁入地的管理机构提交户籍申请，待申请批准生效后才能算是当地居民，否则，不满足落户条件的迁移者，即使已在当地纳税或居住，也不能享受当地居民的各项权益。显然，事后迁移登记更利民，更利于公民按照市场机制选择与自己经济承受能力相匹配的城市居住。

此外，发达国家将人口信息登记与公共福利相关联的做法，起到了促进迁移人口主动接受管理的作用。例如美国的社会保障号不仅是身份凭证，它与个人的工资、税收、信用等紧密相连，社会保障号同时还是享受公共福利的重要凭证。在一些州，只要向有关机构提供孩子的社会保障号和家长的收入证明，就能获得孩子的免费医疗保险；如能出示含有在本学区纳税记录的社会保障号，就可享受免费的义务教育；如达到一定的居住时间，就能享受本州大学的优惠政策。因此，为了享受到公共福利，美国居民即使在流动迁徙中也会主动去政府部门进行居住信息的登记。日本同样如此，纳税、保险和政府福利都与现住地相连，因而日本的迁移人口也会主动去办理住民票的变更手续，若不办理，不仅享受不到政府提供的公共福利，还会给车辆驾驶和医疗保险带来影响。因此，这种做法实际上起到了督促迁移人口主动登记个人信息的效果。

三、实现基本公共服务均等化，保障迁移人口享有同等权益

力求资源的均衡配置，向公民提供均等化的基本公共服务，是发达国家社会治理的一个突出特点，也是保障迁移人口享受同等公民待遇的重要基础。北美的加拿大是较早实行这一政策的国家，他们注重依靠联邦政府的

力量去推动均等化的落实；而德国更加强调调动地方政府参与的积极性，保障公民享有同等服务的权利；地处亚洲的日本，则重在通过政府的政策引导和实践推动来解决地区发展不平衡的问题。① 以加拿大为例，这种均等化的公共服务主要体现为减少机会差别，向所有公民提供适度质量的基本服务。为此，加拿大政府积极发展经济，创造条件让公民获得相对平等的发展机会，政府制定基本公共服务的国家标准，并确立明确细致的均等化实施办法，确保各地区公共服务的可比性和均等化的可操作性。对于经济困难的省份，由联邦政府实行财政转移支付，促进省级政府财政支出能力的均等化，以此保障全国公民享有义务教育、健康医疗、失业保险金等方面的同等权利。

发达国家基本公共服务均等化的实现，使得标准相似的服务能够覆盖到全国各地，只要是这个国家的公民，就可以享受到同等的基本公共服务。由于发达国家不存在公民身份和居住地的差异管理，迁移人口通过简单变更手续，就自然成为当地的常住人口，享受和当地居民相同的待遇，获得基本医疗服务、教育培训、就业、结社、选举等权益。这对于迁移人口来说尤为重要，他们进入到一个陌生的地区，如果没有相应的权益保障，想要完全靠自己从各个层面融入新环境相当不易，而对迁移人口一视同仁，赋予其同等福利待遇，则能较好地维护公民自由迁徙的权利，增强公民在流入地的归属感。因而在社会治理中，发达国家都毫无例外地将迁移人口纳入统一的管理框架，为迁移人口提供各项基本公共服务，严格保护迁移人口的合法权益。即便是国外移民，一旦通过各国移民政策的"选择"，达到规定的居住年限，就能享受同等国民待遇。不仅如此，不少国家还专门出台促进移民融入的政策或项目，如德国从顶层设计的高度实施国家社会融合行动计划，将促进移民融合作为国家发展的基础战略，制定移民融合的评价指标体系，为移民提供各种信息咨询和融入课程，向生活困难的移民发放救济金等等，这些措施有力地促进了移民在德国的经济、社会和文化融合。当前，我国的城镇化进程正在快速推进，但城乡一体化的社会保障体系尚未建立，不同地区的社会资源和福利体系还有较大差距，大城市的落户条件仍然比较苛刻，流动人口难以完全享受城市市民待遇，如何促进流动人口有保障地自由迁移，是我们未来努力的重要方向。

① 张玉亮. 国外政府公共服务均等化实践及其对我国的启示[J]. 当代经济管理，2020(10)：31-34.

四、鼓励多主体参与,协同迁移人口治理

"小政府、大社会"是发达国家社会形态的主要特征,在各项社会事务的管理和公共服务中,政府职能相对收缩,与社会、企业之间的关系超越了原有的对抗或从属格局,而是基于共同目标或利益形成了一种合作伙伴关系。发达国家迁移人口的治理,就充分体现了政府引导,社会资源和力量共同参与的这一特点,具体表现在以下方面:

第一,迁移人口协同治理的主体和领域较为广泛。从主体来看,除政府外,社区、学校、教会、社会组织、企业、志愿者、迁移人口自身等都有参与到迁移人口的治理中来。协同治理的重点在于促进迁移人口的融入,但由于发达国家基本公共服务均等化的程度较高,其国内迁移人口的融入困难小,因而多元主体的合作更多在移民融合方面展开。不同主体协同迁移人口融合的领域非常广泛,包括信息咨询、语言和文化教学、就业培训、文娱活动、金融医疗服务、权益维护、政策倡导等,像美国的工人中心、加拿大的社区连接计划,都是为迁移人口提供综合服务的典型案例。多主体的协同参与,增强了迁移人口的文化适应性,提高了他们融入当地社会的能力。

第二,公民参与活跃。几个发达国家公民的权利意识、责任意识和参与意识比较强,有的国家还有悠久的志愿和自治传统,这直接推动了公民在迁移人口治理中的参与。德国 40% 的公民都是志愿者,每年有约十分之一的中学毕业生愿意停学,志愿服务一年后再去上大学,加拿大中学生必须参加一定时间的志愿活动才能毕业,他们当中就有许多志愿者活跃于社区和公益组织,为迁移人口提供帮助。仅加拿大,全国就有 200 多家社区志愿服务中心,经常会开展一些为迁移人口家庭提供服务的项目。此外,迁移人口的自我管理和服务也是公民参与的一个重要方面,德国政府就很重视调动迁移人口自身的积极性,积极培育发展各类自组织,为迁移人口提供融入服务。

第三,社会组织作用突出。从发达国家的经验来看,迁移人口服务的一个显著特点是提供者与生产者相分离,很多对迁移人口的服务管理由专业的社会组织操作实施,政府对社会组织的发展也给予了大力支持。各类社会组织在迁移人口的协同治理中发挥了重要作用,他们有的专注于对迁移人口的信息宣传;有的将工作重点放在迁移人口的教育培训方面;有的致力于为迁移人口提供法律援助和维权服务;有的定期举办文化交流活动,增进迁移人口间及与本地居民间的了解和互信。政府则通过资金拨付、税收优

惠、购买服务等方式对社会组织加以扶持，利用其经验和专长为迁移人口服务。

第四，迁移人口协同治理拓宽了资金的来源渠道。与传统治理的成本全部由政府承担不同，发达国家迁移人口协同治理的资金来源主要有三部分：一是政府的财政拨款，用于相关政策的落实执行、公共基础设施的建设、购买社会组织为迁移人口提供的服务等，目前这部分经费是主要来源。二是社会组织的自筹经费，基金会、慈善机构等组织自筹的经费，以及志愿者提供的无偿服务。三是企业和私人的捐赠，如日本福冈县将实现"共助社会"作为发展目标，设立共助基金，向企业和公民募集资金。当面向秘鲁儿童的学校遇到资金危机时，本田集团、铃木汽车公司等企业向学校捐赠了上千万日元。

第六章 路径优化:不再漂泊的城市新市民

推动流动人口治理由政府单一治理向多元主体协同治理转变,是流动人口治理能力提升的必然要求。目前,我国多元主体对流动人口服务管理的参与仍处在探索发展阶段,尽管已经积累了一定的经验,但仍然存在各主体职责边界不清、协同动力不足、协同治理制度滞后和机制不健全等问题,影响流动人口协同治理的效果和可持续发展能力。因此,应在借鉴国内外已有经验的基础上,创新政府流动人口治理理念,推进流动人口协同治理的制度建设,优化流动人口协同治理的运行机制,构建合理的流动人口协同治理模式,充分发挥多元主体在流动人口城市融入中的协同促进作用。

第一节 创新政府流动人口治理理念

"人们的所思所想——他们的态度、他们的观点、他们的看法——都会左右他们的所作所为。"[1]思想对行动的影响,对个人和单位同样适用。政府部门对流动人口及其治理的认知,对其行为选择起到重要的导向作用。创新政府流动人口治理理念,是推进流动人口协同治理的重要条件。

---

[1] 卡蓝默. 破碎的民主——试论治理的革命[M]. 高凌翰,译. 上海:三联书店,2005:6.

一、真正树立以流动人口为本的服务理念

近年来,我国各地政府对流动人口治理进行了一系列改革探索,出台了不少与流动人口相关的政策,有的还形成了具有地方特色的治理模式,成效较为显著。但一个比较普遍的现象是,一些城市政府并没有完全树立起以人为本的服务理念,各级政府工作中重户籍人口轻实有人口、重管理轻服务和重吸纳轻融合的情况仍然存在,再加上流动人口问题自身的复杂性,导致流动人口的服务管理问题难以得到根本解决。对此,政府必须真正树立以流动人口为本的理念,以服务为先,从根本上改变管控、排斥流动人口的思维,将流动人口纳入城市资源配置和公共服务体系。

首先,流动人口治理应符合社会治理的现代化方向。大量人口涌入城市后对公共物品和服务的需求与城市的供给能力形成一对矛盾,随着流动人口权利和价值诉求的增强,传统管控式治理方式和户籍制治理载体难以适应流动人口的现代需求,因而需要变革传统的治理理念,构建与流动人口的流动性相适应的治理体制机制。一方面,从流动人口权益和有序治理的需要出发,发挥市场机制的作用,逐渐剥离附加在户籍制度上的福利待遇,促使人口流动与市场需求和城市功能定位相适应。另一方面,立足于我国正处于并将长期处于社会主义初级阶段的实际,不盲目追求短期内流动人口的全部城市化,以科学客观的态度对待流动人口问题,通过改革不断缩小城乡差距,实现有序渐进的城市化发展,促进区域间权益互认,进一步推动实现涵盖流动人口在内的城市治理现代化。

其次,流动人口治理应符合流动人口的群体特征和多元化需求。当前流动人口群体中新生代是主力军,他们既缺乏对农村的认同,没有务农经验,又在城市融入中存在困难。而且流动人口家庭化迁移趋势明显,长期居留城市的意愿增强,这些群体新特征及其带来的需求变化,都是流动人口治理秩序构建的重要基础。马斯洛的需求层次理论认为,人有生理、安全、被爱和归属、获得尊重以及自我实现五种不同层次的需求,在获得生理和安全的低层次需求后,人们就会产生归属、尊重等更高层次的需求。流动人口的需求也不例外,随着社会经济水平的提高,在基本需求得到满足后,流动人口对自己的生活和工作有了更高的预期,他们还存在权益维护、社会保障、教育培训、精神文化等多方面的需求。此外,流动人口内部的不同群体还存在特殊的需求,像流动女性在生育保健、灵活就业等方面与流动男性的需求就不同,这些都要求政府必须考虑到流动人口的不同需求,为他们提供多样

化的公共服务，促进他们在城市相对稳定地工作和生活。

　　最后，流动人口治理应构建以推进融合为目的的治理体系。可以说，流动人口问题是城乡发展失衡和二元制度体系综合作用的结果，管控和排斥的传统观念只会加剧流动人口的弱势和权益受损，造成流动人口的边缘化。未来政府需改变对待流动人口的错误做法，把流动人口工作纳入各级政府发展规划，不以户籍而以实际居住人口为依据来进行政策设计，整合各项资源，积极为流动人口的生活和工作创造良好条件，推进以流动人口融合为目标的治理。在从流动人口管理走向治理的过程中，不仅需要完善事、权、责相统一的政策，保障农业转移人口的财产权，建立农业转移人口市民化的财政转移支付机制，还要加快推进户籍制度改革，开展流动人口及其家庭融合的综合评估，[①]对流动儿童和流动老人等特殊人群的市民化予以重点关注。

二、倡导大城市奉行包容性治理理念

　　2019 年 12 月，中共中央办公厅、国务院办公厅印发《关于促进劳动力和人才社会性流动体制机制改革的意见》，要求"全面取消城区常住人口 300万以下的城市落户限制，全面放宽城区常住人口 300 万至 500 万的大城市落户条件。完善城区常住人口 500 万以上的超大特大城市积分落户政策，精简积分项目，确保社会保险缴纳年限和居住年限分数占主要比例"[②]。这意味着我国在促进劳动力和人才社会性流动方面迈出了一大步，也致使我国人口治理呈现出"中小城市全面放开、大城市条件准入、特大城市筑高门槛"的格局。但由于大城市的资源和机会远远优于其他中小城市，所以即使中小城市全面放开落户限制，人口依然大量向大城市聚集，给我国大城市的社会治理带来巨大的挑战。

　　实际操作中，地方政府往往倾向于向高端人才开放落户门槛，而将低技能和低学历的流动人口排斥在外，城市政府表面上节省了一笔福利开支，但实际上因福利鸿沟造成的社会不公背后隐藏着庞大的社会治理风险。一是人口总量调控过严可能引发人口数据造假。像上海、北京这类特大城市都对人口总量进行了严格限制，并以目标责任制的形式分解到基层政府加以考核，目标调控如果过于严格，会出现基层数据瞒报、假报等问题，导致无法

---

　　①　肖子华. 改革开放四十年与中国人口大流动[J]. 人口与社会，2019(1)：30-38.

　　②　中共中央办公厅、国务院办公厅印发《关于促进劳动力和人才社会性流动体制机制改革的意见》[EB/OL]. 中华人民共和国中央人民政府网.（2019-12-25）[2020-09-18].
http://www.gov.cn/zhengce/2019-12/25/content_5463978.htm.

掌握真实的人口数据，从而不利于城市资源的科学合理配置。二是末端管控容易激化社会矛盾。城市地方政府通过末端管控的行政手段挤压"低端"流动人口，如整治群租、强制停水停电、限制流动儿童接受教育等，虽然效果明显，但不注意方法的强力推进，极易激发公众的不满情绪，影响社会的和谐稳定。三是城市内部调控的不同步引发人口驱赶效应。大城市内部各区对人口的吸引力不同，面临的人口调控压力也不一样，如果缺乏全市层面的整体统筹，流动人口将会被从调控力度强的地区驱赶到力度弱的地区，不仅难以达到调控目的，人口的流动还会加大管理的难度。① 事实上，这种对流动人口实行总量控制的做法已被证明难以奏效。社会学家帕克的研究表明，限制性政策与扩张性结果之间存在落差，放眼世界范围，几乎所有限制外来迁移人口的政策都以失败告终。② 以北京 21 世纪初的情况为例，《北京城市总体规划（1991—2010 年）》曾提出，2010 年北京市常住人口规模控制在 1250 万左右，流动人口控制在 250 万左右。然而，据北京市第六次人口普查数据，2010 年全市常住人口已达到 1961.2 万，其中外省市来京人员为 704.5 万③，已远远超出了这一总体规划设定的目标。

综上所述，我国的大城市应未雨绸缪，改革依靠行政力量强力控制人口集聚的行为，实行包容性的流动人口治理政策体系。第一，正确认识流动人口对城市的贡献，奉行包容性发展理念。流动人口在城市的首要目标其实并不是为了获取大城市优质的资源，而是希望获得更高的收入、更好的发展机会，流动人口的到来不仅能为城市提供丰富的低廉劳动力，还能增强城市的创新与活力。城市是一个大的生态系统，既有对所谓的专业技术等高端人才的需求，也有对低端劳动力的需求，因而，城市管理者应鼓励流动人口多样性的释放，关注流动人口的生存和发展权益。

第二，弱化行政力量控制，重视市场调控手段的运用。人口的流动其实是一种市场行为，流动人口之所以流入城市并能安定下来，是因为城市有对这类人力资本的需求，而且流动人口主要在非公共部门就业，通过行政的手段往往很难控制。大城市尤其是特大城市严格的人口限制与市场对人口流动的吸纳形成一对矛盾，解决问题的关键并不在于直接控制流动人口的规

---

① 吴瑞君. 特大型城市人口"流动"的风险[J]. 探索与争鸣，2015(2)：29-31.

② 桑德斯. 落脚城市[M]. 陈信宏，译. 上海：上海译文出版社，2012：84.

③ 北京城市总体规划(1991 年至 2010 年)[EB/OL]. 央视网. (2006-08-05)[2020-09-20]. http://sports.cctv.com/special/C16230/20060805/100847.shtml.

模,而在于促进流动人口在产业和空间结构上的合理分布。[①] 城市人口的流动引导应重视产业政策和城市规划的作用,通过产业结构的升级换代和城市的规划布局来引导企业和市场,再由企业和市场来间接引导人口流向需要他们的地方。在这个过程中,一些低附加值、低科技水平的人员也会跟随产业的转移而转移出去,而另一些符合发展需求的人员将被吸纳进来,从而实现一个地区劳动力资源的优化配置。在这种机制的作用下,政府必须确保服务好"留下来的流动人口",即便是对于过渡性的社区,也应该充分考虑到流动人口的需求,应该有提供公共服务的办法。

第三,逐步构建覆盖流动人口的城市服务体系,推进基本公共服务均等化。对于一座城市来说,包容性治理最核心的体现,无外乎让所有对城市发展作出贡献的人都能共享城市发展的成果。大量人口流入一个城市,表明该城市具有很强的吸引力,尊重多元文化,则更能促进城市不断更新发展。西方国家城市发展的经验教训表明,能够实施更多惠及迁移人口政策的城市,往往充满生机与活力;而无法给迁移人口提供应有服务的城市,则常面临仇恨、暴力或衰退的危险。因此,我国大城市的包容性治理需要尽快改革不合理的户籍制度,逐步构建覆盖流动人口的城市服务体系。比如,将流动人口社会保险的接续、当地医疗保险的报销、流动儿童在流入地接受义务教育、在居住地参加高考等问题尽快提上日程,消解流动人口的二等公民感,帮助其真正融入城市。

三、坚守共建共治共享的多元治理理念

现阶段我国流动人口工作中,政府和企业、社会组织、社区、流动人口等其他主体的关系并不完全符合协同治理的要求,流动人口的服务管理工作仍以政府为主,其他主体的角色位置尚未完全摆正,存在参与渠道窄、培育机制欠缺、协同动力不足、成效不明显等问题。其中,作为流动人口协同治理主导力量的政府,能否发挥其引领和推动作用,是决定流动人口协同治理进程的关键因素。

随着市场和社会从国家框架的脱离,传统全能政府的管理方式逐渐难以应对日益复杂多元的社会形态。从经济市场化中独立出来的一批利益主体需要以新的方式联结起来,以争取在竞争中取胜;同时社会上一些其他群体为了维护自身权益,参与社会事务的意识和自我管理的需求也在不断增

①　李强,刘精明,刘佳燕. 北京市流动人口的管理[J]. 北京规划建设,2012(5):53-58.

强。社会主体性的孕育和社会空间的增大对高度统一管理体制的消解,使得协同治理已然成为国家和社会关系嬗变的应然选择。然而,由于现代社会的复杂性和不确定性,在治理实践中政府部门往往难以超越其行为惯性,在不少领域仍或多或少扮演着控制者角色。流动人口治理同样面临这样一种窘境,因而需要政府改变自上而下的单一方式,着眼于政府与社会关系的合理平衡,坚守共建共治共享理念,构建政府与社会协同治理的格局。

具体而言,共建共治共享理念的贯彻落实需要注意以下几点:其一,政府积极构建社会力量参与流动人口治理的制度化沟通渠道和参与平台。协同治理绝不是让政府放任不管,相反,政府需要扮演好更重要的引导监督角色,在承认并相信社会自主治理能力的基础上创造条件,更好地发挥他们的作用。比如在流动人口政策制定上,广泛调研并充分听取社会各方意见,及时调解由于利益分殊产生的矛盾,促进各主体的相互信任和妥协,提高政策的科学性和整合性。其二,最大效率地发挥市场主体的作用。当前流动人口的需求越来越多样,流动人口服务的质量远非政府一方可以独自承担,而市场的最大优势在于资源配置具有较高效率,因此政府可以鼓励更多的市场力量加入流动人口治理中来,引导市场力量为流动人口提供更丰富多样的服务。其三,培育壮大社会主体的力量。社会组织等社会主体在联系群众、扎根基层方面具有独特的优势,能很好地表达流动人口的利益诉求,维护流动人口的合法权益。尤其流动人口的自我管理和自我服务是创新治理的重要方式,能有效化解流动人口管理主体单一和客体参与度不高的困境,摆脱防范型的僵化管理模式,为流动人口提供切合需求的服务。但鉴于我国社会主体的基础比较薄弱,政府应有意识地扶持社会主体的发展,提升其参与公共服务的能力,促进其最大限度地发挥协同效应。

第二节　推进流动人口协同治理的制度建设

习近平总书记指出,要"加强社会治理制度建设,完善党委领导、政府负责、社会协同、公众参与、法治保障的社会治理体制"[①],打造共建共治共享的

① 习近平:提高保障和改善民生水平,加强和创新社会治理[EB/OL].中华人民共和国中央人民政府网.(2017-10-18)[2020-10-15].http://www.gov.cn/zhuanti/2017/10/18/content_5232656.htm.

社会治理格局。推进流动人口协同治理的制度建设,旨在通过相关制度的规范和完善,强化向社会赋权,改革起阻碍作用的制度,发展支持培育制度,激发协同治理的活力,提升流动人口的治理水平。

一、建立流动人口信息共建共享制度

"工业社会造就的社会管理模式是政府集权的、层级的和技术官僚的,信息社会培育的则是分权的、网络化的治理体系。"①在现代社会,信息技术和流动人口治理的融合,是推动流动人口治理精细化和科学化的重要基础。建立健全流动人口信息资源协同共享制度,发挥信息技术在流动人口数据搜集、规律研究、信息研判、趋势预测及资源共享等方面的作用,有助于促进流动人口精准服务,提升流动人口协同治理的效能。

现阶段,我国流动人口信息的采集和应用仍相对滞后于现实的治理需求。由于流动人口劳无定职、行无定踪,信息的搜集和处理不容易,对流入地来说,通常只有当流动人口长期居住时才能获得相关信息,且信息质量一定程度上还依赖于流动人口的主观配合程度。而流出地更是缺乏对当地流出人口信息的及时变更,除了流动人口返乡时能了解到相关信息,其他时间信息的采集和追踪均存在"真空盲点"。在政府流动人口信息管理中,公安、民政、教育、卫生健康等部门,分别掌握着相关的流动人口信息,"信息孤岛"特征比较突出,不同职能部门间尚未充分实现共建共享,其他社会和市场主体也还未与政府部门形成信息的互联互通,在流动人口治理中难以有效链接到相关信息资源,不利于协同治理合力的形成。

因此,需要充分运用互联网、大数据和云计算等信息技术,促进流动人口信息互联互通,建立健全流动人口信息资源共建共享制度,推进流动人口协同治理的创新发展。首先,搭建流动人口数据平台。整合不同层级、多个职能部门及企业单位的流动人口数据资源,形成"纵向层级贯通、横向全员覆盖"的流动人口基础数据共享平台,实行一口录入多口应用,并定期动态更新流动人口信息。其次,统一数据采集标准。改变传统随机抽样、割裂的信息获取方式,打破不同部门和单位的壁垒,对数据指标进行多维多层的细分与整合,兼顾流动人口个体基本信息、流动和就业、社会保障等多方面数据,使流动人口信息采集更加客观全面准确。再次,推进流动人口数据开放

---

① Kenan Patrick Jarboe. Globalization: One World, Two Versions: Globalization and Social Governance in Europe and United States [R]. Working Paper of the European Commission, 1998.

共享建设。根据流动人口信息涉及的隐私级别,进行不同层级数据的开放权限设置,根据工作需要分别赋予相关部门流动人口信息的查询权和更新权,建立数据使用与责任承担制度,减少信息损耗,提高流动人口数据的利用率。最后,促进流动人口数据效益的最大化。通过对流动人口数据进行挖掘,解析数据背后的规律,探索流动人口数据的增值开发应用,实现流动人口信息数据在有关决策支持、服务供给和智能匹配等中的价值。

二、深化户籍制度改革

我国现行户籍制度是基于《中华人民共和国户口登记条例》确立,以个人为本位的人口管理制度。由于这一制度形成于计划经济时期,明显的城乡二元身份区隔形成了对流动人口的制度性歧视,严重阻碍着我国城市化的发展,因而户籍制度改革被认为是继家庭联产承包责任制后又一次"解放"农民的革命。对流动人口来说,取消附着在户籍制度上的各种福利制度,消除城乡差异,是促进其城市融入的根本之道。然而,当前的现实情况是,户籍制度的改革不可能一步到位,为了避免太多人口短时间内涌入大城市,从而带来"贫民窟"问题,改革只能分步骤、有条件地逐步推进。在流动人口获得完全的居民资格前,应积极采取措施为流动人口提供各项公共服务,保障他们的市民权益,如开放城市教育资源、各类保障性住房等,使流动人口有条件成为城市正式居民。

2014年国务院公布《关于进一步推进户籍制度改革的意见》,提出统一城乡户口登记,全面实施居住证制度。从各地的实践来看,居住证制度在政府财力可承受范围,且没有过多侵犯户籍人口利益造成新的冲突情况下,改进了通过积分入户,或关系到流动人口利益的公共服务,为流动人口城市化提供了可能,可以说是一种"帕累托改进"。但居住证的办理有一定条件的限制,城市发展越快越好,城市的吸引力就越强,申领居住证的门槛也越高。以北京为例,2016年北京市正式实行居住证制度,规定在北京居住半年以上,有合法稳定就业、稳定住所或连续就读,就能申领,持有居住证的人享有劳动就业、卫生计生、文化体育等公共服务,符合北京落户政策的,还可以申请积分落户。这项政策对于部分能力较强、经济状况较好的流动人口很有意义,但对于许多从农村流入城市的流动人口而言却收效甚微。他们的受教育程度和就业技能较低,难以获得稳定的工作,与此同时,面对居高不下的房价,要保有稳定的住所也不容易,因而事实上仅有部分流动人口有条件申领居住证并享受到相应福利。从各地推行居住证制度的实践来看,附着在居住证上的福利待遇与户籍居民享有的福利待遇相差较大,流动人口即使是领到了居住证,也只能享受有限的服务和权益。可见,居住证制度并没有从根本上改变以户籍依据来分配公共资源的本质,尚无法实现公共服务向常住人口的全覆盖。

"十四五"发展规划明确提出要深化户籍制度改革,放开除大城市外的落户限制。我国常住人口超 500 万的大城市数量虽然不多,但它们拥有的流动人口数量却约占全国总量的一半,[①]这些城市的落户政策已成为下一步改革的重点。针对流动人口的情况,以居住证为载体的改革,未来要扩大基本公共服务在常住人口中的覆盖范围,需继续完善积分落户制度。首先明确准入标准,适当降低前置门槛,除了高学历和高技能人才外,还应考虑到普通流动人口的需求,为产业升级预留足够的空间。其次优化积分指标,平衡技术和学历指标的权重,提高居住年限和社保缴纳年限的积分比例,并赋予居住证在义务教育、住房保障等方面更高的含金量,使流动人口不仅办得了居住证,也落得实权益。总之,只有常住人口能享有与户籍人口同等的福利待遇时,户籍才能真正回归人口信息登记的功能。

三、健全流动人口社会保障制度

近年来,我国陆续出台了《城镇企业职工基本养老保险关系转移接续暂行办法》《中华人民共和国社会保险法》《社会救助暂行办法》等法律法规,为流动人口社会保障从"无保"到"有保"提供了法律依据,流动人口的社会保障水平和参保率也正在逐步提高,流动人口民生保障的发展进入一个新时期。但审视现行有关流动人口社会保障的制度法规,仍存在几个问题有待改进:

一是各地形成了不同的流动人口社会保障模式,加大了转移接续的难度。有的将流动人口纳入城镇职工保障体系,但又存在一定的区别对待;有的模仿城镇职工保障体系,制定专门的流动人口社会保障文件;有的制定一并考虑医疗、养老、工伤等各险种的综合性保障政策。[②] 各地的保障政策和标准不一,社会保障的计算和流转比较烦琐,给流动人口社会保障的转移接续带来困难,尤其是城乡之间的转移还面临着条件不对等的问题。二是流

---

① 户籍制度改革进入"深水区"！重磅文件传递出关键信号[EB/OL]. 网易. (2021-04-01)[2021-04-11]. https://www.163.com/money/article/G6HJ87GK00259DLP.html.

② 黄匡时,嘎日达. 流动人口的社会保障陷阱和社会保障的流动陷阱[J]. 西部论坛, 2011(6):1-8.

动人口社会保障的水平较低。目前流动人口社会保障的参保缴费基数和比例普遍低于城镇职工,大多以上个年度最低工资或城镇职工工资的60％作为缴费基数,低水平的参保意味着低水平的收益,这直接导致流动人口享受到的福利待遇与城镇职工差距悬殊,体现了社会保障的不公平。三是地区间社会保障水平的差异对流动人口极为不利。我国经济发达地区的社会保障水平一般高于经济落后地区,流动人口往往在经济发达地区工作,并缴纳各种社会保险费用,但他们中许多人并没有留在工作地养老,而是最终返回户籍所在地。这就致使流动人口要按照流入地的社会保障标准缴纳费用,成本较高,却只能按流出地的较低平均工资水平获得社会保障,这无疑是需要着力解决的又一社会保障难题。

对现有流动人口社会保障制度的改革,可从以下几方面入手:第一,建立健全全国弹性统一的社会保障体系。全国统一的社会保障体系,便于保险基金的转移接续,缩小地区社会保障差距,促进城乡二元保障制度的有效衔接,使流动人口享有基本体面的均等化服务。不过基于我国地区发展不平衡的现实,各地的社会保障不可能达到同一水平,因而可在统一基本线的基础上允许一定的弹性空间。第二,加强社会保障网络信息化建设。加强对社会保障网络平台和软件的开发运用,探索终端自助服务应用的研发,简化流动人口社会保障的信息查询、流转衔接、福利申请等操作难度,便利流动人口社会保障的无纸化服务管理。第三,提高社会保障的统筹层次。总结各地社会保障统筹的经验,逐步扩大省级统筹的覆盖面,加快全国统筹的步伐,避免低水平和碎片化的统筹。另从流动人口需求的紧急程度来看,失业、工伤、医疗保障较养老保障更为迫切,需更加重视对前几种流动人口保障的统筹完善。第四,建立健全流动人口社会保障转移接续和支付体系。流动人口医疗保险主要依据其工作地变动来转移接续,工伤、失业和生育保险通常转移接续其参保记录,基本养老保险则可借鉴欧盟的做法,实施"参保地缴费、分段计算待遇、退休地领取待遇"的办法。[①] 由于流动人口保障涉及不同地区的成本与收益,为了促进公平,调节不同地区在流动人口社会保障中的收支平衡,有必要在经费上建立健全转移支付政策体系。通过社会保障转移支付基金,实现上级对下级政府的纵向支付,以及东部流入地对中西部流出地的横向支付,进而弥补流动人口遭受的衔接性和流动性损失。

①　贾洪波,杨昊雯. 流动人口社会保障治理现代化:协调机制视角探微[J]. 价格理论与实践,2020(1):42-46.

四、推进社会组织管理体制改革

作为流动人口协同治理不可或缺的主体力量，社会组织的健康有序发展，对于激发社会活力，改进流动人口服务供给方式，创新流动人口治理十分重要。随着政府"放管服"改革的持续深入，社会组织的发展环境不断改善，发展成效显著。但与促进其协同流动人口治理的要求相比，还存在一定的差距，需要进一步推进社会组织管理体制改革，拓展社会组织服务流动人口的广度和深度。

一是积极稳妥推进直接登记。自 2011 年北京市率先对四类社会组织试点直接登记注册以来，社会组织的发展获得了前所未有的机遇，列入政策明示范围内的行业协会商会、公益慈善类、科技类和城乡社区服务类组织很大程度上解决了法律合法性的长期困扰。幸运的是，为流动人口服务的社会组织一般都可归属以上四类组织，它们可以依法向当地民政部门申请直接登记，不过根据相关规定，民政部门在审查时需征求专家或有关部门意见，由于社会组织的分类标准和实施细则还不是很明确，登记措施仍有变相演变为双重管理的可能。再加上有的组织或不符合审查条件，或对注册后的身份和独立性问题存有疑虑，因而事实上仍有不少为流动人口服务的社会组织没有办理登记获得合法身份。

对此，相关部门除了尽快完善社会组织直接登记的具体办法外，也可在过渡期探索建立一个以科学分类为基础的双层准入制度，促使为流动人口服务的组织最大限度地获得合法身份。一是备案注册：借鉴国外的备案制，为社会组织提供一个备案注册的平台，所有组织只需提供基本的信息，就可以通过备案获得最基本的合法性。二是登记注册：如果某个组织在活动领域、活动地域、财政和税收优惠等方面有特别的要求，它可以向有关机关提出申请，经过认可就能获得相应的法律保障，但也必须接受更为严格的监管。而对于那些不主动注册又对社会发展有利的组织，只要是在法律范围内活动，可默许其存在。

二是加强监管引导社会组织规范发展。政府应坚持以评促建，加强对社会组织的过程监管，健全监管评估体系，引导社会组织规范健康发展。政府需建立和健全相关的规章制度，不仅应对社会组织的性质、地位、职能、权利和义务等基本属性做出明确界定，还应对组织的内部管理、财务管理、募捐与税收政策、监督体系、违规惩处等做出较为细致的规定。民政部门可会同有关部门通过检查、评估等手段，来监督社会组织的运行情况，加强风险预警，并将其表现与税收优惠、政府项目承接等挂钩。在评估工作中，打破监管评估方式单一、面窄量小的传统做法，鼓励社会各界参与对社会组织的监督，探索建立社会组织年度报告制度，健全专业化、社会化的第三方评估机制。这既有助于政府加强对社会组织的统一管理，增进社会对社会组织的了解和支持，也有助于对偏离方向的社会组织及时进行引导和监督，促进它们的规范运行。当前社会上有小部分流动人口自组织还存在帮会化、黑社会化等倾向，对于这类组织，政府更要加强监管，特别是对那些性质已经发生蜕化变质的组织，必须坚决予以取缔。

三是推进孵化平台建设，增强社会组织协同能力。社会组织孵化器是培育社会组织的重要模式，但从各地实际运作来看，孵化器主要孵化的是综合性社会组织，少见专门孵化服务于流动人口的社会组织和流动人口自组织。孵化器为了得到政府认可，从政府获取更多资源，孵化对象多选择能承接政府转移职能的社会组织，许多能力较弱又渴望得到支持的草根组织却往往难以获得支持，而为流动人口服务的组织多以草根组织为主，同样难以获得孵化平台的帮助。因此，未来要更好地发挥社会组织服务管理流动人口的作用，需要明确孵化器的功能定位，推进孵化平台建设，理顺孵化器与政府和社会组织的关系，引导社会力量参与孵化基地的运营监管，帮助更多为流动人口服务的社会组织激发内生动力，增强协同治理能力。

四是探索建立服务流动人口社会组织的行业自律联盟。从事公益事业的社会组织具有天然脆弱性，一个没有公信力的组织，很难得到政府部门和社会各界的认同，筹集到充足的资源，也很难获得流动人口的信任，从而实现其组织愿景和社会价值。探索建立服务流动人口社会组织的联盟，加强社会组织的行业自律，可通过公益倡导、制定规则、声誉评价等方式，建立行业激励和惩戒机制，引导社会组织自觉规范内部管理，支持社会组织积极履行社会责任，以公开、开放、透明的心态与外界合作，实现自主、自律、自强的良性发展。

第三节　健全流动人口协同治理的机制

制度建设是促进协同治理及流动人口融入的基础保障，而机制建设则是实现流动人口协同愿景目标的关键。健全流动人口协同治理的机制，需要完善对各类主体的支持培育机制，提升社会力量协同治理的能力机制，提高资源整合的效率机制,并建立协同治理的评估反馈机制,创造条件以更好地发挥多元主体在参与流动人口服务和管理中的作用。

一、完善各类主体的支持培育机制

(一)培育发展服务流动人口的社会组织

社会组织不仅可以为流动人口提供差异化服务,弥补政府规模化供给的不足,还能通过志愿性和公益性服务培育流动人口的责任担当品质,有利于他们在城市化过程中同时发展成为具有公共精神的现代公民。因此,各级政府应高度重视社会组织在流动人口服务管理中的作用,大力培育发展为流动人口服务的社会组织。从国外经验来看,政府的资助是社会组织收入的主要来源,加强对社会组织的财政支持是许多国家的共同做法。我国为流动人口服务的社会组织普遍存在资金短缺的现象,因而政府需摸清当地服务流动人口的社会组织情况,强化对它们的直接资助和补贴。如政府可以通过场地提供、运营补贴等多种形式来支持这类社会组织的发展,其中,政府购买服务应该成为扶持社会组织的一项重要措施。为此,政府需要事先充分调研,了解流动人口的真正需求,在对现有服务进行整合的基础上,确定向社会组织转移的职能范围。此外,为了防止政府购买服务的随意化,可在此之前编制好职能转移的目录和时间表,明确政府购买服务的原则、条件、方式、流程和职责等内容,实施竞争性购买。

近年来,政府购买社会组织服务的力度在不断加大,自2012年起,每年国家都专门安排了两亿财政资金重点扶持一批品牌性社会组织,但受法律合法性和专业性评判标准的限制,为流动人口服务的组织几乎难以获得这笔资助。对此,政府需要根据该类社会组织的实际情况,适当调整专业性的要求,对于为流动人口服务的社会组织来说,真正能和流动人口群体打成一片,并服务好他们也是一种专业性,政府不应单纯依据工作人员的学历以及拥有社会工作师证的数量来评判。有很多从流动人口中发展起来的骨干,他们虽然学历不高,也考不到证,但却是能真正走近流动人口、服务好流动人口的一群人,在这种情况下,政府对申请流动人口服务项目的组织的要求可以适当放宽一点。政府也可以在财政支出上建立专项基金,根据流动人口的需求,设立一些能够进行社会化运作的服务项目,专门用于扶持服务流动人口组织的发展。除此之外,政府还可在税收上给予流动人口服务组织一定的减免和优惠,有条件的地方可探索并鼓励各类孵化机构加大对服务流动人口组织的扶持和培育。

（二）以经济手段引导企业积极参与流动人口治理

客观地看，关于流动人口的服务管理，实践中比较普遍存在的一个问题是政府、企业和流动人口的"三张皮"现象。政府、企业与流动人口是利益关系密切的三方，政府是流动人口公共服务的供给者，企业是流动人口这一人力资源的使用者和再生产者，两者本应携手共同做好流动人口的服务管理工作，但有的地方政府关注流动人口的贡献甚于需求，不少企业重视自身利益而忽视流动人口利益，两者在流动人口问题上都从自身需求出发，对其他方往往考虑不足，从而导致三者间缺乏协同，带来流动人口服务管理的无序和失效。

实际上，企业作为市场主体，与起步较晚的社会组织相比，拥有更丰富的资源和更强大的服务供给能力，在流动人口服务管理中显然能够发挥更大的作用。毫无疑问，为了提高流动人口治理的效率，政府需要动员引导企业积极参与流动人口治理。但对于企业家来说，为流动人口提供服务并不像必须保障安全生产、支付劳动报酬一样是法律义务，更多是基于一定价值观认同基础上的自主行为。可能有企业家能自觉承担为流动人口服务的社会责任，但也有企业家在承担社会责任和实现经营目标上举棋不定。因此，政府在动员企业参与流动人口服务管理时，需要设身处地为企业考虑，从尊重市场规律、尊重企业家个人意愿出发，以经济手段帮助企业平衡好社会责任与经营业绩的关系，去承担为流动人口服务的社会责任。所谓经济手段，要求政府不能不管企业意愿胡乱摊派，也不能寻求做"无本买卖"，政府可以向企业购买服务，通过向企业支付一定的费用，让企业完成政府委托的流动人口事务。

值得注意的是，政府向企业购买服务时，需要先摸清流动人口的需求，对市场进行调研分析，为企业留出一定的经营空间，以使企业能保持接受政府流动人口服务项目的积极性。政府不能过度压价，否则极易导致企业发生经营困难，这种情况下，企业可能会牺牲或放弃部分流动人口服务，转而加大市场化力度，背离政府公共服务初衷。同时，政府也不能出价太高，那样既达不到降低成本的目的，企业也可能过于依赖政府经费失去创新服务的动力。可见，在引导企业参与流动人口治理时，保证企业的营利空间非常重要，政府也因为支付了相关费用，可以对企业行为进行监管考核，确保企业流动人口工作的正确方向。像前述案例中的力邦社区这点就处理得很成功，涉及流动人口基本需求的住宿和食堂餐饮方面，政府要求企业提供流动人口消费得起的价格，最大限度地保证社会效益；但在流动人口较高需求方面，允许企业在规模效应基础上通过经营获取经济效益，当地政府准确地把握了刚性需求与弹性需求市场的平衡，达到了"少花钱多办事"的效果。

（三）强化社区在流动人口治理中的枢纽作用

城市社区最贴近流动人口的生活，具有服务流动人口的天然优势，强化社区在流动人口治理中的枢纽作用，推动社区与流动人口高效互动，增强流动人口的社区归属感，是流动人口服务管理工作的重要突破口。在流动人口协同治理中，社区可以为多元主体提供参与平台，发挥好社区这一枢纽作用，引导各治理主体将参与意图和流动人口治理目标统一起来，整合各主体的人力物力和社会资源，有助于形成治理合力，促进流动人口城市融入。

具体来说，至少可以从以下三方面强化社区的枢纽作用。一是组织渗透，将其他治理主体的主要负责人或流动精英吸纳进社区党支部和居委会等组织，共同参与对流动人口事务的服务管理。有关各方通过在社区调研走访、参加社区流动人口座谈会和活动等形成制度化参与途径。流动精英自我管理和自我服务能力强，他们可代表流动人口群体向社区反映诉求，并很有可能在社区层面作出回应；其他治理主体则协同社区开展流动人口工作，提高流动人口服务管理的效率，力争做到管理不留空当，服务不留空白。二是组织协调，以社区党居组织为中心，邀请流动精英和其他治理主体参加，定期召开有关流动人口事务的联席会议，流动人口聚集的社区，也可建立更为制度化的社区流动人口治理委员会。通过联席会议或流动人口治理委员会，社区党居组织能加强与街道、相关政府职能部门、驻区单位、社会组织等的联系，从而构建广泛的流动人口协同治理网络。社区组织协调功能的发挥，能提供更全面丰富的服务，延展社区对流动人口的支持，帮助流动人口以社区为载体培育新的地缘关系和社会资本，更好地融入城市社区生活。三是网格化治理，以社区地域范围划分网络，设计网格治理模块，通过优化治理技术、结构和内容，促进各部门、各条块的流动人口服务管理事务在网格内兼容互动，各治理主体在网格内实现资源共享联动，解决流动人口服务管理条块分割、效率低下的问题。此外，创建并完善社区服务大厅，将流动人口服务管理与社区日常管理结合，推进流动人口相关重要事项一站式办理，加快流动人口事务办理速度，为社区流动人口治理赋权扩能。

（四）加大对流动人口自我管理的扶助

流动人口自己已经摸索出了一条自我管理的道路，政府在工作中应该看到,对流动人口的服务管理还有这样一种有效的方式,因而需要加大对流动人口自我管理的扶助,着力帮助流动人口解决自我管理中面临的困难。

第一,改进对流动人口非正规服务的管理方式。流动人口开展的自我服务大多是非正规服务,与政府的规范化要求存在一定的差距。由于政绩考核的导向作用,地方政府对流动人口非正规服务的考量常以专业、规范、安全等为标准,更多强调自我服务的不专业、不正规,以及存在安全隐患的一面,有些政府部门急于推卸责任、实行简单化管理的现象比较常见,阻碍了流动人口自我管理的发展。这就需要政府部门重新审视并调整对流动人口非正规服务的评判标准,改进对流动人口非正规服务的管理方式。面对流动人口非正规服务中的不规范问题,地方政府不能以推卸责任为先;相反,政府需有担当,应该事先考虑怎么把一件事情做好。当发现安全隐患和不规范之处时,政府有责任想办法帮助其规范和完善,对于具有创新性的自我服务探索,政府更应给予其财政、场地和技术上的支持,以服务来促管理,充分调动流动人口的主动性和创造性,鼓励他们更好地为自身群体服务。

第二,提高流动人口的主体意识和自我管理的能力。一方面,政府需进一步改革户籍、就业和社会保障等制度,着力清除阻碍流动人口享受平等权利的制度障碍,帮助消除流动人口的消极心态,为流动人口主体意识的增强创造条件。与此同时,政府还应多为流动人口提供学习培训的机会,有条件的地方可把流动人口培训纳入各地的成人教育规划,提高流动人口的文化素质和权益意识,增强流动人口有序解决自身问题的主体能动性。另一方面,政府还可对参与了自我管理的流动人口进行培训。一是对自组织的领导者进行培训。流动人口自组织的领导者是自我管理的主导力量,他们掌握着相对丰富的社会资本,对领导者进行法律、管理等知识的培训,不仅能激励他们更好地发挥对其他流动人口的带动作用,还有助于提高其管理水平,直接促进流动人口自我管理的发展。二是开展对流动人口自组织工作人员的培训。政府可尝试突破单纯的高校社工培养模式,按照社工模式来对自组织的工作人员进行培养,简化其培训教材,更加注重实际能力的锻炼,在提升他们工作能力的同时,促使自我管理向专业化和正规化发展。

第三,倡导社会各界共同支持流动人口自我管理的发展。社会各界的广泛支持是流动人口得以开展自我管理的力量源泉,倡导社会各界的共同支持,关键要做到:其一,引导人们正确认识和看待流动人口。当前社会上有一部分人对流动人口,尤其是农民工仍然持有排斥心理,不能正确认识他们为城市、为社会经济发展作出的贡献。政府应该引导媒体多对流动人口及其自我管理进行积极正面的宣传，消除人们对流动人口的心理忧虑。其二，营造多元参与的志愿文化氛围。公民参与意识的增长、志愿精神的壮大是社会自主成长与发展的土壤，政府可通过宣传、激励志愿服务行为等方式，来增强公民参与公益事业的热情，动员媒体、企业、各种社会组织都来关心和支持流动人口的自我管理。

二、提升社会组织协同的能力机制

政府将在多大程度上向社会放权，一定程度上取决于社会自身的发展水平。在协同流动人口治理的各主体中，社会组织属于意愿最强烈但能力却相对薄弱的一方，资金不足、人员不稳定、缺乏制度化机制等，都是社会组织在参与流动人口服务管理时遭遇的瓶颈，需要通过自我建设和完善，提升组织获取资源协同流动人口治理的能力。

（一）增强社会组织人力资源管理的能力

人员问题是社会组织普遍遇到的挑战，这是一个与工资待遇、发展前景、组织日常管理等因素相关的综合性问题。针对组织人员队伍不稳定、人才匮乏以及部分成员可能边缘化的问题，社会组织需增强其人力资源管理的能力，以缓解和克服人员困境。

第一，营造良好的团队关系。和谐、平等、互助、团结应是社会组织团队关系构建的目标，平时可以多组织一些聚会、游玩之类的活动，加强组织成员彼此间的情感交流，增强成员对组织的归属感。同时还应注意协调好从服务对象中发展起来的工作人员和招聘的大学生工作人员间的关系，对从服务对象中发展起来的人员应多鼓励，多给予锻炼的机会，帮助提升他们的能力，对大学生成员也要注意引导，增进他们对低收入流动人口的尊重和情感认同，防止出现部分成员边缘化的现象。

第二，通过培训提高组织成员的素质。专业能力是组织需要突破的一个瓶颈，由于工资水平不高，社会组织很难吸引到大量专业人才，对它们来说，较为现实的一个途径是通过培训提高现有人员的综合素质。从培训的形式来看，可以有组织内部的培训、外部培训、参观学习、与其他组织间的交流互访、实践学习等多种形式，组织可以根据实际情况，为成员安排不同的学习机会。为了扩大培训的效果，组织还可建立培训学习的反馈制度，要求在外面接受了培训的成员回来后做一个内部的分享交流，促进员工的共同发展。从培训的内容来看，可以就员工的社会责任感、对群体的认同感、文化素质、业务能力等方面展开培训，提高他们自我服务的能力。

第三,通过激励增强组织成员的凝聚力。正如激励在动员流动人口参与自我管理中的作用一样,激励也是调动组织成员工作积极性的一种重要方法。激励有精神激励和物质激励两种形式。在精神激励方面,可通过设定组织目标将组织成员凝聚在一起,增强组织的向心力。比如:"工友之家"提出将来要建立一个互助合作的公社,自己解决公社成员的工作、孩子入学、养老等问题,在此基础上号召大家一起努力,共同为组织的发展做贡献。这虽然是较长远的目标,但对于漂泊不定的打工者来说无疑是个美好的愿景,事实上,该目标对组织的一部分成员也确实起到了激励的作用。此外,精神激励还重视对组织成员个人的激励,组织的领导者应多关心组织成员的生活,在力所能及的范围内帮助解决成员的困难。在物质激励方面,虽然组织的经费并不充裕,但也有必要设置一些人性化的小额奖励项目,维护和激发组织成员的工作热情。

(二)探索社会组织破解资金困境的办法

破解资金困境,需要社会组织加强公信力建设,不断拓展筹资渠道,同时灵活采用多种筹资策略,发展社会企业化资源整合方式,提高组织整合各种社会资源的能力。

对于社会组织而言,良好的公信力无疑是赢得外界资金资助的重要基础,而财务管理的公开透明则是公信力建设的重中之重。组织应该及时公布有关捐赠信息,不管捐赠者是组织还是个人,都需要与他们就捐款的使用情况进行沟通,让他们了解活动的进展和效果。在组织内部,建立起规范的财务预算、收支和监督等管理制度,对资金实行分类管理,对于专门用于某个项目的资金做到专款专用,不得随意调配,将无特定目标的资金、盈余和服务收入纳入组织资产统一管理,并主动接受社会的评估和监督。在加强公信力建设的基础上,社会组织还应该注重宣传,积极与新闻媒体合作,扩大组织的影响力,以争取更多社会资金的支持。

筹资渠道单一是造成许多社会组织资金不稳定的主要原因,因而需灵活采用多种筹资策略,在拓展筹资渠道上多下功夫。当前,公益慈善机构的资助是不少社会组织重要的资金来源,这种资金来源对外依赖性太强,社会组织需处理好与政府、企业、媒体和其他组织等主体的关系,提高利用本土资源的能力。这里,有两个最关键的主体,除了上文提到的政府外,企业应该成为社会组织争取资源的重要主体。一项调查显示,2005年公益捐赠超过10万元的企业占全部工商企业的21%以上,超过1万元的占50%以上,只有 10％ 的企业没有捐赠行为。① 由此看来，关注社会责任、有较强的公益参与意愿的企业并不少，然而，社会组织目前能够从企业获得的资金支持却非常少。故社会组织应重视与企业的双赢合作，加强与企业的沟通，在接受企业捐赠的同时，策略性地给予企业一定的宣传和反馈，以吸引更多的企业捐赠。

社会组织的筹资方式也需多元化，应重点增加市场化经营收入的比重。根据自身情况，社会组织可灵活采用接受社会捐助、组织义演和义卖、收取合理的会员或服务费用、媒体宣传动员、市场化经营等多种筹资方式。但解决资金短缺问题，最根本的途径是发展以市场化经营为主的筹资方式，通过创办社会企业来增强组织的自主造血能力。要做好这一点还需重点把握好几个环节：首先，在创办社会企业前，需要进行市场调查，从中选择和开发较好的创业项目。其次，还应该明确创业理念，清晰地向公众表达自己的目标和使命，以争取社会公众的理解和支持。更为重要的是，在运作过程中，所得盈余的使用和管理必须严格遵循社会企业的公益规范，以此促进市场化经营项目的可持续运行，增强组织自筹资金的能力。

（三）形成社会组织制度化的发展机制

社会组织的良性健康发展是其持续参与流动人口治理的重要基础。当前，我国社会组织的管理明显具有精英治理的特征，精英们凭借他们独特影响力和社会资本，往往就能维持组织运转，这在一个组织的初创阶段优势比较明显。而组织想要进一步发展壮大，为流动人口提供更好更多的服务，还需它们根据内外环境的变化，加强组织的制度化建设。

首先，加强日常管理的制度化建设。俗话说"没有规矩不成方圆"，制度化的运作机制既是一个组织良性发展的必要条件，也是一个组织规范化、有序化发展的重要标志。不少为流动人口服务的组织没有成文的规章制度，有的即使有也没有很好地得到执行，导致很多日常事务的管理无章可循，影响组织的规范、民主和透明运行。这就要求组织健全日常管理制度，形成制度科学合理、程序运行畅通、执行切实可行的规范化运行机制。组织的分工明确、按章办事，既有利于规避精英管理的多变性和随意性，又有利于减轻组织内领导精英的工作压力，发挥一般组织成员的才干，提高组织的工作效

① 微软中国有限公司，清华大学社会学系. 农民工：社会融入与就业——以政府、企业和民间伙伴关系为视角［M］. 北京：社会科学文献出版社，2008：214.

率。加强日常管理的制度化建设,还需要真正落实理事会、顾问团和监事会等的职能,发挥这些机构的决策和统筹谋划作用。与此同时,组织也需要重视对志愿者的制度化管理,提高志愿者资源的利用效率,引导志愿者更好地发挥作用。

其次,建立制度化的精英选拔和更替机制。目前许多组织仍然停留在精英治理阶段,组织内外的很多事务都主要依赖创办人来管理,这给组织本身带来一些不确定因素,不但创办人个人信念的持久性会成为这个组织能坚持多久的最关键因素,而且组织将来的持续发展也存在一个精英继替的问题。解决这些问题,社会组织需建立制度化的精英选拔和更替机制。组织的创办者应注意多吸纳一些能力强的工作人员到领导层和管理层,促进决策的民主化和科学化,防止出现家长制的情况。并可根据本组织的实际情况,对精英的选拔、培养、制约和晋升作出规划,促使精英个人的社会资本同时转化为组织的社会资本,增强组织应对复杂环境和突发事件的能力。

最后,健全组织自律监督机制。社会各界的信任和支持是社会组织生存和发展的生命线,不管外界对组织工作的监督是否完善,组织本身都应该建立严格的自律监督机制,这样才能确保组织的可持续发展。具体而言,可内外结合,双管齐下:一是构建有效的内部监督机制。组织可制定一套自我评估和监督的指标,由组织内的工作人员对组织行为进行监督。组织内的成员对自己组织的情况比较了解,具有"近水楼台先得月"的信息优势,组织内的监督有利于发挥自下而上的民主监督功能。二是主动争取外部监督。组织可成立专门的监督工作组(设有监事会的,落实监事会的作用),邀请社会热心人士担任监督组的成员,以财务监督为重点,对组织章程的遵守和流动人口利益维护等情况进行监督,促进组织良性透明运行。

三、提高资源整合的效率机制

流动人口协同治理涉及的主体可细分成两类:一是政府内部的主要利益相关者,包括中央政府和地方政府、流入地政府和流出地政府、不同职能部门等的协同;二是政府与外部其他主体,如企业、社会组织、社区等的协同。如何提高流动人口协同治理的资源整合效率,可从以上两方面来分述。

一方面,在政府内部,由于全国范围内流动人口服务管理的财权事权并不对等,政府层级越低,财权越小,对于流入地政府而言,财权有限,而开放流动人口公共服务的成本较高,导致流入地政府缺乏向流动人口提供市民待遇的意愿和能力,进而影响流动人口的城市融入。例如浙江的乐清市

2013 年有 102 亿元财政收入,但该市全年的分成收入只有一半,而在这些收入中解决流动人口社保和流动儿童教育的支出就需要 19 亿元。① 正因如此,各地开放流动人口市民权的整体进程缓慢,即使在今天加快推进户籍改革的背景下,仍然会有居住证、积分制等新的限制。综上可见,只有财权和事权相匹配,建立市民化的成本分担机制,才能促进流动人口问题的真正解决。

从中央与地方政府的协同来看,需进一步推进财税改革,适当调整不同层级政府间的税收分成,合理确定地方政府在共享税中的分成比,提高地方政府为流动人口供给公共服务的积极性。与此同时,强化中央政府承担基本公共服务的责任,通过财政转移支付支持地方政府的流动人口工作。以流动儿童应接受的义务教育为例,中央财政为每一个孩子承担的经费可量化到个人,实现这部分经费"钱随人走",如果这个孩子随父母流动迁移,则其个人受教育经费可随之带到流入地。中央政府也可通过奖励性转移支付来鼓励地方政府为流动人口提供服务,根据各地吸纳流动人口的数量核算资金,发放补助,支持城市公共服务和基础设施向流动人口聚集区倾斜。从流出地和流入地的协同来看,需在当前"以流入地管理为主、流出地配合"的基础上,统筹好区域间的协同问题。国家首先需明确流出地和流入地政府应分别承担怎样的职责,如何进行有效的监督,使流出地和流入地的协同做到有章可循。流入地政府需以常住人口数量来编制地方预算,将流动人口的服务管理纳入财政支出范围,同时也要有奖惩措施,鼓励流出地政府在健康卫生服务、劳动力培训等方面保证一定的经费支持,建立地区利益协调机制。从不同职能部门的协同来看,针对流动人口服务管理的碎片化问题,流入地可设立专门的流动人口服务管理机构,将原来分散在各部门的职能纳入新的服务管理体系,构建起流动人口服务管理的大部门制。② 而流动人口集中流出地也设立相应的办公室,与流入地的流动人口服务管理机构建立有效联动机制,定期联系沟通,研究流动人口服务管理中遇到的问题,在劳动力用工信息、治安管理、社会保障等方面加强协作,提高工作的有效性。

另一方面,政府与其他主体间资源整合效率的提高。每个主体都有优势和劣势,政府的政策、制度、信息和财政资源丰厚,适合基本和大型公共服

---

① 于海燕. 新居民公共服务供给机制研究[D]. 长春:吉林大学,2016.

② 2008 年我国开始大部门制改革,指在政府部门设置中,将业务范围相近、职能趋同的事项集中到一个部门统一管理,以提高行政效率,避免政府职能交叉、多头管理问题。

务的供给，但供给效率不一定高；企业有很强的生产和服务能力，效率较高但对公益性服务关注不多；社会组织和志愿供给拥有公众信任，但资金来源不稳定。在供给流动人口服务时，需要考虑各类主体供给的适用领域，除了政府主导供给的基本和大型服务外，政府可通过利益激励激发其他主体的供给动力，并引导其供给的内容、方向和强度。其中，政府购买服务是流动人口服务管理引入其他主体参与的重要渠道，那些流动人口有需求、可度量、适合监督的服务和经营性项目，如流动人口的科技应用和健康服务、文化演出等，都可以引入市场化操作。而政府购买服务的规范管理将极大地提高资源整合的效率。流动人口公共服务的购买必须依照我国《政府采购法》采购，购买程序遵循市场规则，营造公平竞争的环境，力求购买链条公开透明，最后可引入第三方机构开展独立评估，并将结果作为今后购买流动人口服务的重要参考。

对于作为流动人口服务管理工作落脚点的社区，要确保必要的投入，让流动人口治理资源精准下沉。正如习近平总书记所强调的那样，要"尽可能把资源、服务、管理放到基层，使基层有职有权有物，更好地为群众提供精准有效的服务和管理"①。社区承担着流动人口服务管理的基础事务，应根据社区流动人口的数量和需求，来配备相应的资源，具体而言，一是积极推动基层党建下沉，加强流动人口党建工作，扩大党组织工作对流动人口的覆盖。二是推动流动人口治理人力和经费下沉，将事权和财权统一起来，充实与流动人口联系紧密的社区服务人员队伍。三是推动流动人口紧缺产品和服务下沉，扩大廉租房、公租房和医疗卫生资源对流动人口的覆盖面，改善流动人口聚集区的居住环境。社区卫生服务中心要承担起流动人口卫生健康教育和健康普查工作，提高社区医疗资源对流动人口的可及性，让流动人口敢于寻医问药，满足其健康需求。

四、建立协同治理的绩效评估机制

新公共管理主义认为，公共管理和服务的绩效评价可以引入工商管理的衡量方法，但在引入相应绩效评估机制时，需注意新公共管理中的企业家思维和行为方式，避免因太过追求效率价值而忽视公共利益价值。具体到流动人口协同治理，构建绩效评估指标时应遵循几个原则：一是客观指标和

① 习近平参加上海代表团审议时强调：推进中国上海自由贸易试验区建设，加强和创新特大城市社会治理[N].人民日报，2014-03-06(1).

主观指标相结合。客观指标考察治理主体的客观投入,即各主体在流动人口服务管理中人力、物力和财力的投入及成效。主观指标则考察流动人口的主观感受,包括流动人口对各主体协同供给服务的公平性和可及性的满意程度。二是经济效益指标和社会效益指标相结合。流动人口协同治理的效果固然需要看成本投入与回收的效益比,但大多数流动人口服务属于基本公共服务供给,不仅难以用经济指标来衡量,有的甚至还要以牺牲经济效率来为流动人口谋福利,对于这类不具有经济效率却产生了社会效益的供给,同样需要在测量指标中予以体现。三是多元指标和特色指标相结合。流动人口协同治理绩效评价指标的设计,既要确保评价内容的多元与全面,能反映流动人口协同治理的整体效果,又需要有特殊指标的设计,能体现不同主体在流动人口服务管理中的创新和特色。四是客观性与可操作性相结合。流动人口协同治理所选取的评价指标不仅要求能够进行客观观察,准确反映评价对象的现状,还要便于操作,指标结果易于转换成实际数据。

　　流动人口协同治理绩效评估指标体系可从客观和主观两个类别来构建。客观指标主要从各主体在流动人口协同治理项目中的资源投入占比、项目时长、流动人口服务的覆盖比例等方面衡量。由于流动人口服务属于公共服务的一部分,涉及的政府部门和主体繁多,很多情况下难以获得单独针对流动人口的定量数据,如企业对员工技能培训和职业病防治等的投入,不可能只针对流动人口,因而要获取流动人口服务供给的直接量化数据比较困难。相对而言,以流动人口的满意程度和融合程度为主的主观指标体系更具可操作性,有助于正确评估流动人口协同治理的实施效果,流动人口的满意度和融入度与协同治理的效率呈正相关,能体现流动人口服务协同供给的成效。主观指标框架的构成可参考表 6-1。

　　流动人口协同治理的绩效评估可以根据需要采用多种评估方式,如政府主管部门评估、参与主体自评、流动人口满意度评估、第三方评估等。其中,第三方评估是一种较为有效的外部评价机制,可委托高校专家、专业评估公司、社会代表和民众参与评估,真实反映协同治理工作情况,为进一步优化流动人口治理提供依据。在评估实施过程中,首先应将流动人口协同治理的绩效指标分为若干层次,其次相应确定各个指标的计算权重,最后再进行实证评价分析。评估完成后,可根据评估结果对参与主体予以正向和反向激励。对于积极投身流动人口服务管理,改善流动人口工作和生活状况,达到预期协同治理效果的企业、社会组织等,给予奖励,反之对于损害流动人口权益的行为,则可纳入对单位工作的考试,并由政府相关部门督促其纠正。

表 6-1 流动人口协同治理主观评估指标体系

维度	一级指标	二级指标	目标层
经济维度	居所 就业	固定住所 劳动就业 稳定平等的收入 社会保障	区隔
文化维度	语言 外表 行为	居住时间 饮食、习惯 语言能力、穿着打扮 失范行为	适应
社会维度	社会交往 社会参与	朋友圈 与家乡的联系频度 社区活动 政治参与	融合
身份认同维度	互动与接纳 心理观念	我是哪里人 居留意愿 歧视/接纳 社会参照体系	

第四节 构建合理的流动人口协同治理模式

托克维尔认为:"在民主国度里,合作的科学是科学之母;所有进步都取决于合作的进步。"[①]流动人口数量多、个体差异大的情况,决定了这一问题的解决需要发挥多元主体的优势和力量,通过治理主体的协商合作,规范各主体的权能与边界,构建合理的流动人口协同治理模式,弥补单独治理的短板,使之产生"1+1>2"的经济社会效益。

一、规范治理主体的权能与边界

在当前流动人口协同治理框架下,各主体掌握的资源并不对称。政府掌握着丰富的资源,能为流动人口协同治理提供资金、人力和制度的保障,

①　Alexis de Tocqueville. Democracy in America[M]. New York:Longman,1990:110.

且政府供给具有公共性，能提供其他主体不愿或无力供给的服务。相对而言，其他治理主体拥有的资源较为有限，有的主体发育不是很完善，其流动人口工作还需要政府的支持。因此，在众多的流动人口治理主体中，政府无疑是主导力量，需要在协同治理中承担更多责任，发挥更大作用。政府不仅是流动人口服务的供给者，还是协同治理的重要推进者，无论是体制机制还是模式的创新，都离不开政府的积极作为，其他主体供给则是政府供给的有益补充。

（一）政府：主导者和推进者

厘清治理主体的权能与边界，政府部门的适度介入非常重要，如果政府管得太多太严，泛行政化突出，就会抑制其他主体作用的发挥。具体来说，政府的权限和边界定位需注意以下方面：首先政府要做好宣传教育者。鼓励社会各界积极参与流动人口服务管理，发挥各类媒体的宣传功能，营造人人参与的氛围。其次做好协同治理的"掌舵者"和平台搭建者。政府通过政策设计和制度供给，把握流动人口协同治理的整体方向，促进多元主体协同流动人口治理的连续性和有序性。积极完善信息公开、听证会、信访等制度，为流动人口利益诉求表达、各主体参与流动人口治理拓宽平台和空间。政府可邀请其他主体参与流动人口事务的协商讨论，明确协同治理的目标、职责和行动方案，并在治理过程中保障其他主体的知情权、参与权、发言权等各项权利。最后，政府要做好服务者和协调者。流动人口的协同治理需要政府抛弃官本位思想，舍得向其他主体放权，致力于建设服务型政府，重视并支持其他主体的参与能力建设，协调各主体之间的关系，促进各主体最大限度地发挥其功能。

（二）其他主体：参与者和协同者

企业、社会组织、社区、流动人口等都是流动人口协同治理的重要主体，尽管他们掌握的资源各异，拥有的行动能力不同，但在流动人口协同治理的逻辑架构下，他们都是政府的伙伴，是政府购买流动人口服务的潜在卖家。这些主体与政府间是一种服务替代、协同增效的关系，在具体工作中既要防止演变为"二政府"，又要警惕成为政府的附属物。例如，企业可以利用其信息敏感度高、资源配置效率高的优势，为流动人口创造良好的工作环境、保障生产安全、开展职业技能培训等，在激发流动人口工作积极性的同时实现互利共赢。社会组织可以其社会信任度高、治理成本低的优势，实施针对流动人口的特定公益项目，为流动人口融入提供法律、心理、就业等帮扶。社区可以其聚居平台优势，发挥促进流动人口基本公共服务均等化、文娱活动丰富化、与市民关系和谐化等作用。流动人口通过自我教育、自我组织、自我管理和自我服务提升自身融入城市的能力和水平。然而，各主体在流动人口服务管理中的参与是有边界的，超出合理界限的参与未必是一件好事。政府让渡给其他主体的主要是流动人口服务管理职能，其行政机构的强制力不能让渡，因而，其他主体在协同流动人口治理时，不能无条件采用政府的强制方式。与此同时，各主体也要保持自己的独立性和自主性，只有这样才能保持初心，真正起到对政府流动人口治理拾遗补阙的效果。

（三）增进政府与其他主体间的信任和合作

信任是合作的前提和基础，没有信任就不会有合作。对于不同主体在流动人口服务管理中的协同而言，克服因价值追求不同带来的不信任感尤为重要，只有这样，才有可能形成良性互动的关系模式。为此，有几点需要各主体注意：其一，政府需加强公信力建设。公信力是政府影响力和号召力的体现，能反映其他主体对政府的信任程度，是影响协同治理的重要因素。政府需保证其他主体参与流动人口事务的广泛性和深入性，及时回应其他主体提出的建议和要求，增进其他主体对政府的认同。其二，政府要给予其他主体充分信任。政府需充分认识到其他主体在流动人口治理结构中的重要地位，给予其关怀，变监管为主为综合支持，从单向管理走向互信合作。通过相互沟通、信息透明和共享，增进各主体间的信任。其三，其他主体应主动去争取政府的信任和支持。善于赢得政府的信任、借力政府的资源，是一种非常重要的能力。其他非政府主体需密切关注政府的流动人口政策，知道政府想做什么、需要哪些帮助，进而调整自身定位，找到合作的机会。不仅如此，提升自身能力是非政府主体的永恒课题，只有做强自己，做实流动人口服务，才能持续找到合作的契机。

二、流动人口协同治理模式的共性特征与运作逻辑

协同治理强调相关各方的共同参与及其特定功能的发挥。英国学者格里·斯托克认为作为一种互动过程的治理，按照主体之间的协同程度可分为三种模式"主导者与职能单位模式""谈判协商模式"和"系统协调模式"。"主导者与职能单位模式"指主导者以承包或其他方式使职能单位承担某项工作，两者之间并不是控制关系。"谈判协商模式"指多个组织通过谈判协商，整合各自资源合力开展某一项目，以实现各自组织的目标，在这一关系中，不同组织更注重追求对自身最有利的方案。"系统协调模式"的协同程

度最高,各主体在共同的愿景下通力合作,既强调政府的规范和主导作用,又注重激发其他主体的潜能,构建促进协同治理长效运作的机制,实现多元主体的协同。① 斯托克关于协同治理模式的构建思想,是对多元主体在治理结构中如何进行策略选择与行动的理性考察,对于我们深入理解流动人口协同治理模式有重要意义。

在流动人口治理实践中,不同地区基于各地的流动人口实际和治理习惯,形成了不同的治理偏好和各具特点的协同治理模式,下面仍以前文重点剖析的四个案例为代表加以总结。第一类,行政主导下的流动人口协同治理实践:广州市登峰街宝汉社区。这一模式的治理关系以政府为主导,通过强化街道社区的权能,依托科层制和基层自治网络,吸纳其他治理主体参与,协商流动人口相关事务,集中资源优势推动流动人口的服务管理。第二类,政企合作型流动人口协同治理实践:宁波市力邦社区。这一模式的最大特点是政府通过合约向企业赋权,政府在顺应企业作为经营主体的基础上,以经济手段鼓励企业主动分担部分流动人口的服务管理职能,实现经济效益和社会效益的统一。第三类,政社合作型流动人口协同治理实践:北京协作者社会工作服务中心。这一模式中,北京协作者社会工作服务中心是专业性较强的社会组织,它对流动人口工作的参与多以项目制的方式开展,通过政府购买这一组织提供的流动人口服务,既能发挥其专业性和服务性的优势,又更能满足流动人口的多元化需求。第四类,流动人口自治型协同治理实践:北京工友之家。这一模式强调调动流动人口自身的主动性和能动性,在流动精英的带动下,实行自我管理和自我服务。事实证明,流动人口的自治管理不仅能较好地弥补政府微观服务的不足,参与进来的流动人口能力和素质也得到了很大的提升。

在这里,如果剥离掉流动人口协同治理的具体实践,进而比较四种模式中多元主体的参与及其相互关系,不难发现隐匿在流动人口协同治理场域中的某些共性特征。一是有限的政府参与。经济学家吴敬琏曾针对浙江产业升级和经济提升问题指出,关键在于建设适合现代市场经济的服务型政府,而这种服务型政府既是有限的政府,又是有效的政府。同理,流动人口服务管理的协同需要的是有限政府参与,政府"主导"并不意味着政府的无处不在,而是政府承担必要的导引角色,且这种角色必须有节制。只有政府

---

① 斯托克. 作为理论的治理:五个论点[J]. 华夏风译. 国际社会科学杂志(中文版),2019(3):23-32.

参与做到了"有限",其他治理主体才有可能活跃起来。二是有效的社会参与。政府的有限参与意味着政府一定程度的退出,需要其他主体及时补位,如以企业经营、社会组织项目制的方式,承接政府部分流动人口服务管理职能,且这样的工作方式方法又正好是各主体的专长,往往能有效提高流动人口工作的实效。三是有序的自治参与。流动人口已具备一定的自治管理能力,防止帮派化、黑社会化的有序自治能给予流动人口强大的融入支持。但由于流动人口缺乏强制性权力,在开展自我管理和服务时,不可能像政府那样获得流动人口的配合,因而更多实行融入关系、情面、权威等人性化因素的柔性管理。

综上可知,流动人口协同治理不管采用哪种模式,涉及几个主体,只有把握好以上三个特征,找到不同主体的有效定位,实现政府有限参与、社会有效参与和流动人口自治有序参与的结合,才有利于构建流动人口协同治理模式的稳固基础。与此同时,流动人口的协同治理还需遵循一定的运作逻辑,根据几个案例的实践经验,及前述提升协同治理水平的对策建议,从协同治理的"动力—过程—效应"来看,[①]流动人口协同治理模式的整体运作逻辑如图 6-1 所示。

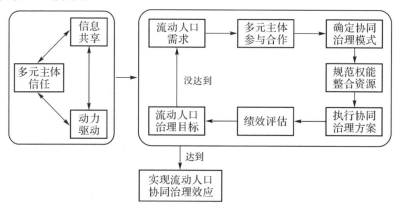

图 6-1　流动人口协同治理模式的运作逻辑[②]

图 6-1 中,参与流动人口治理的多元主体基于信任共享相关流动人口信息,各主体在内外动力驱动下,协同流动人口的服务管理。针对流动人口的需求,多元主体相互协作,确定协同治理模式,经过资源的优势整合,执行协

①　李棠. 多元主体参与下的我国城市社区协同治理研究[M]. 北京:经济科学出版社,2018:182-183.

②　参考李棠"社区协同治理模式构建的机理"绘制。

同治理的方案,并对执行绩效进行评估,确定是否完成预期的协同治理目标。如果没有达到预期目标,则返回至流动人口需求端,进一步优化协同治理过程,最终实现流动人口协同治理的效应。

结论与展望

一、主要结论

改革开放创造了我国经济高速增长的奇迹,同时描绘了一幅清晰的流动中国图景,如何帮助这一图景中数量庞大的流动人口结构性地嵌入现代城市社会,从"城市过客"变身新市民不仅是我国社会治理的重要议题,更是促进城镇化发展的核心内容。本书关注国家与社会结构变动下,国家主体和社会主体"何以协同流动人口治理—怎么协同流动人口治理—如何推进流动人口协同治理"的系列问题,通过理论研究和对北京、广东、浙江等地流动人口协同治理实践的典型案例调查,主要形成了以下研究结论。

(一)新时期我国流动人口服务管理面临新的挑战

新中国成立以来,我国流动人口政策经历了"要不要流动—允许流动,防范管理—有序流动,促进融合"的过程,逐步废除造成城乡居民身份和待遇差异的不平等政策,流动人口的政治、社会经济权益的保障水平稳步提高。然而,流动人口在市民化的过程中仍然面临不少融入难题,再加上新时期流动人口群体的家庭化、城市居留意愿增强等新特征,统一性的服务管理难以满足流动人口的多元需求,不同层级城市的政策与流动人口的居留意愿相矛盾,流动人口还处于"半城市化"状态。流动人口的服务管理也面临治理观念和行为消极、科层治理体系碎片化、治理主体单一的困境,新冠疫情更是加剧了流动社会的不确定性,流动人口点多面广、纷繁复杂的情况表明,有必要变革传统的流动人口治理方式,协调多元主体协同流动人口治理,促分力为合力,促进流动人口问题的解决。

(二)协同治理是创新流动人口治理的理论与现实选择

在当前我国国家和社会关系变化的新情况下,社会力量不断成长,流动人口的主体意识也日益增强,原来的强制主义管理方式已不再适用。契合政府职能转变的新要求,变革政府服务管理流动人口的单一模式为多元主体的协同治理,是符合我国实际的创新选择。由于流动人口的需求具有多样化、复杂性和动态化特征,仅仅依靠政府的服务和管理,不仅成本高,还存在治理盲区,因而需要鼓励社会组织、市场组织、社区、流动人口自身等积极参与流动人口治理,统筹整合和利用各类资源,构建包含政府和社会多主体在内的流动人口治理体制,实现政府治理与社会协同参与、流动人口自治的良性互动,增强流动人口对城市生活的满意度和认同感,在制度化的治理框架内有效提升流动人口治理效果。

(三)流动人口协同治理的基本框架与主体分析

流动人口协同治理的目标是形成治理的协同效应,整合各主体的治理资源,促进相互间的信任和合作,弥补各自的功能欠缺,推进流动人口的城市融入。在多种治理力量中,政府是主导,企业是重要支持力量,社区是枢纽,流动人口是核心,其他社会力量是助推器。政府与其他主体之间构成"一主多元"的关系,政府在多元主体中的职责最重要,在多元主体中处于主导地位,其他主体是政府的重要合作伙伴,分担部分流动人口治理工作。各主体基于自身利益的考虑,参与流动人口治理的动力强弱不同,也各有优势和劣势,从而在协同治理中的职能定位和发挥的作用也不同。在流动人口协同治理体系中,政府与其他主体之间绝不是零和博弈的非此即彼关系,而是协同治理的正和博弈。多元主体基于信任基础上的合作共治、各司其职,是实现流动人口协同治理的关键。

(四)流动人口协同治理的实践经验与现实挑战

通过对相关流动人口协同治理案例的实地调研不难看到,多元主体协同流动人口治理的实践已经取得不少经验,对政府、企业和流动人口等多元主体参与流动人口服务管理的平台和机制进行了有价值的探索。如从流动人口的需求出发有针对性地提供服务,发挥社区枢纽和社区治理的支点作用,加强党建在流动人口治理中的引领功能,社会组织的自我能力建设等等。这既证明了协同治理在创新流动人口管理、促进流动人口城市融合方面的可行性,也为推动流动人口协同治理提供了有价值的参考。但与此同时,这些实践中也存在一些有待改进和提高的方面,如各主体职责的细化、政府干预程度的把握、社会组织自我造血能力的提高、流动人口主体意识的加强等,需要克服这些难题,才能更好地形成政府与社会合作的良性循环。

(五)国外迁移人口治理具有一定的可借鉴价值

发达国家虽然没有类似于我国户籍制度,但他们在城市化过程中,也一直不乏大量内部人口的流动和外来人口的迁入,存在因人口流动而带来的公共服务供给问题。在对美国、加拿大、德国和日本这四个国家的迁移人口治理进行总结梳理后发现,他们的一些理念和做法具有一定的参考价值。面对大量人口涌入城市带来的"城市病"问题,发达国家综合运用行政规划和市场机制来引导人口流向,人口空间结构调控的效果显著。人口信息的事后迁移登记更便民,更利于公民按照市场机制选择与自己经济承受能力相匹配的城市居住。此外,发达国家重视基本公共服务对迁移人口的均等性,标准相似的服务能够覆盖到全国各地。在迁移人口服务的供给上,参与的主体和领域都很广泛,社会组织的作用突出,公民的志愿参与也很活跃,这些经验均可为我国流动人口的服务管理提供启示和借鉴。

(六)提升流动人口协同治理水平,需要进一步优化相关理念和体制机制

与发达国家社会转型先于并推动治理转型不同,我国的治理转型和社会转型是紧密交织在一起的,因而流动人口协同治理水平的提升,需要从良好治理体系的构建与社会的成长发育同步推进。应在借鉴国内外已有经验的基础上,创新政府流动人口治理理念,树立以流动人口为本、包容性治理和共建共治共享的理念,推进流动人口协同治理的制度建设,优化流动人口协同治理的运行机制,完善对各类主体的支持培育,提升社会组织的协同能力,提高资源整合的效率,建立协同治理的绩效评估机制,将政府的有限参与、社会的有效参与和流动人口的自治有序参与结合起来,构建合理的流动人口协同治理模式,充分发挥多元主体在流动人口城市融入中的协同促进作用。

二、未来展望

人口的流动和治理轨迹,为我们透视流动中国的历程提供了一个视角,同时也为我们展望流动人口的未来打开了一扇窗。任何一个社会事物的产生和成长都离不开一定的社会结构背景,它未来的发展自然也难以超脱既定社会结构的影响。流动人口的协同治理是我国国家与社会关系的变化在流动人口领域的微观体现,它既形塑着国家与社会的边界,同时又被变动着的国家与社会结构所形塑。"国家—社会"关系的结构性变动既是多元主体

协同流动人口治理成长的宏观背景，又必将在某种程度上影响和规制着协同治理未来的发展方向。

改革开放以来，我国国家与社会的关系发生了实质性的变化，国家逐渐从社会领域撤离，社会自主的力量也逐渐步入成长的轨道。如果说改革前我国的社会结构只见国家不见社会，那么，现代转型过程中的社会结构则不同，市场和社会都已从国家这个整体中抽离出来，获得了独立发展的机会。而就今天的情况而言，这种嬗变的过程还远远没有结束，未来的社会领域正面临着新的发展机遇。近几年党和国家的政策无不强调社会治理的重要性，其核心特征就是在坚持党委领导和政府负责下，重视社会的协商和参与，形成人人尽责和人人享有的共同体，而社会治理创新也被明确为"十三五"和"十四五"时期的重要任务。这一系列政策动向表明，社会的自主发展已经成为一个方向，并已获得了较大的政治空间。与此同时也要看到，社会自主力量虽有发育但还不成熟，社会治理社会化的环境在改革但还不完善，政治力量在减弱但还很强大。我国国家与社会的分离是一个政府行政主导的过程，国家对社会的渗透力仍然比较强，国家与社会关系的具体样态仍然取决于权力控制的广度、深度和力度，社会的发育受到权力空间和自身能力的制约，当社会建构不能实现有效突破时，权力就会表现出其强大的官僚惯性。强国家不仅存在于过去，也存在于当前的中国。

大规模、长时期的人口流动，是新中国成立以来经济社会发展历程中的标志性事件，未来我国人口的流动仍将是一种社会常态。国务院关于《国家人口发展规划（2016—2030 年）》预测，2030 年我国的城镇化率将达到 70%，这段时期将有 2 亿人向城镇转移。① 人口流动保持高位给我国传统的治理模式带来了挑战，同时也对城市社会治理能力的提升提出了更高要求。我们在以改革开放成就为荣的同时，应该看到流动人口做出的巨大贡献，在享受经济发展的红利时，同样不能忽视流动人口面临的问题和困难。作为城市建设者，流动人口应该无条件享受基本公共服务。尽管各地现行的居住证制度为流动人口提供了一定范围的公共服务，但并未涵盖全部公共服务内容，且设置有相应的条件，流动人口对相当一部分服务依然难以企及。流动人口治理涉及不同部门、不同地域和不同主体，是一项复杂的系统工程，

---

① 国务院关于印发国家人口发展规划（2016-2030 年）的通知[EB/OL]. 中华人民共和国中央人民政府网.（2017-01-25）[2020-12-14]. http://www. gov. cn/zhengce/content/2017-01/25/content_5163309. htm.

在国家和社会交织互动、社会成长已成为不可逆转趋势的今天,探索多元主体的协同治理无疑是积极回应流动人口需求,提升流动人口治理能力的正确选择。多元主体在强化共同目标的基础上,确立在协同治理中的角色定位和权能边界,充分考量其职能履行和责任担当,通过协同互动,共商流动人口服务管理的解决之道。流动人口协同治理有相当大的资源吸纳和整合优势,体现了开放包容的治理观,但其普遍推广和实施并非一朝一夕之功,相关主体的培育、信任关系的建立、原有治理路径的突破、体制机制的完善都需要一个过程。随着社会的发展变迁,流动人口群体还会不断呈现出新特征,因此流动人口协同治理的创新也难以一蹴而就,需要进行更深入持续的探索。

期盼着有一天,"流动人口"这一历史性词语成为尘封的时代记忆,所有迁移人口都能享受同等的福利保障,早日实现同在一片蓝天下共享美好生活的愿景。

参考文献

一、中文参考文献

（一）著作类

[1] 马克思恩格斯选集(第三卷)[M]. 北京:人民出版社,1995.

[2] 马克思恩格斯全集(第四十卷)[M]. 北京:人民出版社,1982.

[3] 国家卫生和计划生育委员会流动人口司. 中国流动人口发展报告 2017 [M].北京:中国人口出版社,2017.

[4] 郑杭生. 中国特色社会学理论的应用[M]. 北京:中国人民大学出版社, 2005.

[5] 全球治理委员会. 我们的全球伙伴关系[M]. 牛津:牛津大学出版社,1995.

[6] 熊光清. 中国流动人口中的政治排斥问题研究[M]. 北京:中国人民大学出版社,2009.

[7] 何增科. 中国社会管理体制改革路线图[M]. 北京:国家行政学院出版社,2009.

[8] 任剑涛. 社会的兴起——社会管理创新的核心问题[M]. 北京:新华出版社,2013.

[9] 郭秀云. 制度供给与外来人口权益改进[M]. 北京:法律出版社,2012.

[10] [日]广田康生. 移民与城市[M]. 马铭,译. 北京:商务印书馆,2005.

[11] [美]托马斯,[波兰]兹纳涅茨基. 身处欧美的波兰农民[M]. 张友云, 译. 南京:译林出版社,2000.

[12] 陈丰. 城市化进程中流动人口服务管理创新研究[M]. 上海:华东理工大学出版社,2015.

[13] 郑真真,贺珍怡,张展新. 中美流动迁移比较研究[M]. 北京:中国社会科学出版社,2016.

[14] [美]唐斯. 官僚制内幕[M]. 郭小聪,等译. 北京:中国人民大学出版社,2005.

[15] [美]奥斯本,盖不勒. 改革政府[M]. 周敦仁,译. 上海:上海译文出版社,1996.

[16] [美]登哈特,登哈特. 新公共服务:服务,而不是掌舵[M]. 丁煌,等译. 北京:中国人民大学出版社,2004.

[17] [德]滕尼斯. 共同体与社会——纯粹社会学的基本概念[M]. 林荣远,译. 北京:北京大学出版社,2010.

[18] [美]帕特南. 使民主运转起来[M]. 王列,赖海榕,译. 南昌:江西人民出版社,2001.

[19] [德]卡斯滕斯. 滕尼斯传[M]. 林荣远,译. 北京:北京大学出版社,2010.

[20] 吴海燕. 重构与治理[M]. 北京:中央文献出版社,2006.

[21] 李培林,等. 当代中国和谐稳定[M]. 北京:社会科学文献出版社,2013.

[22] 陈菊红."国家—社会"视域下的流动人口自我管理[M]. 杭州:浙江大学出版社,2016.

[23] 国务院发展研究中心课题组. 农民工市民化制度创新与顶层政策设计[M]. 北京:中国发展出版社,2011.

[24] [美]彼德斯,吴爱明. 政府未来的治理模式[M]. 夏宏图,译. 北京:中国人民大学出版社,2001.

[25] [德]韦伯. 经济与社会(上)[M]. 林荣远,译. 北京:商务印书馆,1997.

[26] [德]贝克,等. 个体化[M]. 李荣山,等译. 北京:北京大学出版社,2011.

[27] [美]罗西瑙. 没有政府的治理[M]. 张胜军、刘小林,等译. 南昌:江西人民出版社,2001.

[28] 周雪光. 组织社会学十讲[M]. 北京:社会科学文献出版社,2003.

[29] [美]赫兹琳杰,等. 非营利组织管理[C]. 北京新华信商业风险管理有

限责任公司,译. 北京:中国人民大学出版社,2004.

[30][美]欧阳贞诚. 美国外来移民的劳动力市场与经济影响(1965—2005)[M].北京:生活·读书·新知三联书店,2016.

[31][法]托克维尔. 论美国的民主[M]. 商务印书馆,1998.

[32]岳经纶. 农民工公共服务:国际经验·本地实践·政策建议[M]. 广州:中山大学出版社,2012.

[33][法]卡蓝默. 破碎的民主——试论治理的革命[M]. 高凌翰,译. 上海:三联书店,2005.

[34][加]桑德斯. 落脚城市[M]. 陈信宏,译. 上海:上海译文出版社,2012.

[35]微软中国有限公司,清华大学社会学系. 农民工:社会融入与就业——以政府、企业和民间伙伴关系为视角[M]. 北京:社会科学文献出版社,2008.

[36]李泉. 多元主体参与下的我国城市社区协同治理研究[M]. 北京:经济科学出版社,2018.

[37]苏国勋,刘小枫. 社会理论的政治分化[C]. 上海:上海三联书店,2005.

[38]顾骏. 活力与秩序[M]. 宁波:宁波出版社,2008.

[39]肖子华,赵小平,卢玮静,林颖. 为流动人口撑起一片蓝天[M]. 北京:中国人口出版社,2017.

[40][美]科泽. 国际移民[M]. 吴周放,译. 南京:译林出版社,2015.

[41]国家卫生和计划生育委员会流动人口司编. 2015-2016年流动人口社会融合实践案例汇编[M]. 北京:中国人口出版社,2017.

[42]张鹏. 城市里的陌生人:中国流动人口的空间、权力及社会网络的重构[M].南京:江苏人民出版社,2019.

[43]徐水源. 社会融合:新时代中国流动人口发展之路[M]. 北京:人民出版社,2019.

[44]国家卫生和计划生育委员会流动人口服务中心. 流动人口社会融合政策法规选编[M].北京:中国人口出版社,2016.

[45]张曙光. 中国制度变迁的案例研究(第六集)[C]. 北京:中国财政经济出版社,2008.

[46]赖先进. 论政府跨部门协同治理[M]. 北京:中国人口出版社,2015.

[47]杨华峰. 协同治理——社会治理现代化的历史进路[M]. 北京:经济科

学出版社,2017.

[48] 盛明富. 中国农民工 40 年(1978—2018)[M]. 北京:工人出版社,2018.

[49] 方向新. 农民工城市融入问题研究[M]. 北京:人民出版社,2019.

[50] 刘成斌. 农民工的终结:给予社会成本与城镇化背景的考察[M]. 北京:社会科学文献出版社,2019.

[51] 张静. 社会治理:组织、观念与方法[M]. 北京:商务印书馆,2019.

[52] 魏礼群. 中国社会治理现代化:70 年回顾与前瞻[M]. 北京:中国言实出版社,2019.

[53] [美]詹姆斯·博曼. 公共协商:多元主义、复杂性与民主[M]. 黄相怀译. 北京:中央编译出版社,2005.

(二)期刊类

[1] 王春光. 温州人在巴黎——一种独特的社会融入模式[J]. 中国社会科学,1999(6).

[2] 王春光. 新生代农民工城市融入进程及问题的社会学分析[J]. 青年探索,2010(3).

[3] 项飚. 社区何为——对北京流动人口聚居区的研究[J]. 社会学研究,1998(6).

[4] 孙立平. 改革前后中国大陆国家、民间统治精英及民众间互动关系的演变[J]. 中国社会科学季刊,1994(1).

[5] 苏国勋. 社会学与文化自觉[J]. 社会学研究,2006(2).

[6] 俞可平. 重构社会秩序 走向官民共治[J]. 国家行政学院学报,2012(4).

[7] 于建嵘. 从刚性稳定到韧性稳定——关于中国社会秩序的一个分析框架[J]. 学习与探索,2009(5).

[8] 曹刚. 中国城镇化模式举证及其本质差异[J]. 改革,2010(2).

[9] 段成荣,孙玉晶. 我国人口统计口径的历史变动[J]. 人口研究,2006(4).

[10] 段成荣,朱富言. "以房管人":流动人口管理的基础[J]. 城市问题,2009(4).

[11] 田培杰. 协同治理概念考辨[J]. 上海大学学报(社会科学版),2014(1).

[12] 郁建兴,任泽涛. 当代中国社会建设中的协同治理——一个分析框架[J]. 学术月刊,2012(8).

[13] 张立荣,冷向明. 协同治理与我国公共危机管理模式创新[J]. 华中师

范大学学报(人文社会科学版),2018(2).

[14] 徐伟明. 城市流动人口管理模式的演变与前瞻——基于国家与社会关系的视角[J]. 湖南行政学院学报,2009(4).

[15] 苏熠慧. 从流动人口管理模式的转变看城市化进程中国家与社会的变迁——以深圳市为案例进行的探讨[J]. 思想战线,2010(4).

[16] 嘎日达,黄匡时,王雪梅. 北京市流动人口服务管理基础工作的模式与困境[J]. 新视野,2009(5).

[17] 杨勇. 城市社区治理结构研究——流动人口管理的利益分析[J]. 北方民族大学学报(社会科学版),2017(3).

[18] 郭秀云. 大城市外来流动人口管理模式探析——以上海市为例[J]. 人口学刊,2009(5).

[19] 李杏果. 合作治理视角下新生代农民工就业培训服务供给模式创新[J]. 继续教育研究,2018(5).

[20] 伍先江. 论流动人口服务管理创新[J]. 中国人民公安大学学报(社会科学版),2011(2).

[21] 江立华,张红霞. 流动与秩序:社会治理视野下流动人口的秩序整合[J]. 社会科学辑刊,2015(5).

[22] 孔冬. 体制重构与权利回归——沿海发达地区创新流动人口管理模式探析[J]. 经济社会体制比较,2009(3).

[23] 周学馨. 我国流动人口治理及机制研究[J]. 行政管理改革,2012(1).

[24] 周学馨,接栋正. 现代流动人口治理体系构建研究[J]. 行政管理改革,2020(1).

[25] 张梅珠. 后暂住证时代北京流动人口管理政策特点及评价[J]. 北京社会科学,2013(4).

[26] 肖飞. 城市化加速期流动人口管理探略[J]. 理论导刊,2011(12).

[27] 梁新芳. 城市少数民族流动人口的管理机制创新研究——基于"整体性政府"理论视角[J]. 湖北行政学院学报,2018(5).

[28] 郭宏斌. 当前我国城市流动人口服务管理模式与发展趋势[J]. 中共四川省委党校学报,2012(1).

[29] 陈丰. 协同治理:创新流动人口服务管理的策略选择[J]. 人口与发展,2015(3).

[30] 陈丰. 城市化进程中的流动人口管理模式研究[J]. 求实,2008(12).

[31] 方堃. 少数民族流动人口跨域协同治理:逻辑与进路[J]. 江西师范大

学学报(哲学社会科学版),2016(6).

[32] 苏建明. 流动人口计划生育管理服务体系的缺陷与对策[J]. 人口学
刊,2009(1).

[33] "农村劳动力流动的组织化特征"课题组. 农村劳动力流动的组织化特
征[J]. 社会学研究,1997(1).

[34] 蔡昉. 劳动力流动、择业与自组织过程中的经济理性[J]. 中国社会科
学,1997(4).

[35] 黄平,彭柯. 农村劳动者流动中的几个问题[J]. 中国人口科学,2005(2).

[36] 潘鸿雁. 当前流动人口服务管理中的难点与对策[J]. 兰州学刊,2012(12).

[37] 邓莉雅,王金红. 中国 NGO 生存与发展的制约因素——以广东番禺打
工族文书处理服务部为例[J]. 社会学研究,2004(2).

[38] 赵娜,赵国勇. 参与与发展:公共治理中的农民工自组织研究[J]. 法制
与社会,2009(11).

[39] 王巍,张文忠. 社会组织融入流动人口服务管理体制的改革尝试和规
律发现——广东河源市源城区的实践[J]. 岭南学刊,2012(6).

[40] 杨日鹏. 社会组织在流动人口服务和管理中的作用[J]. 中央社会主义
学院学报,2012(1).

[41] 蔡旭昶,严国萍,任泽涛. 社会组织在流动人口管理服务中的作用——
基于浙江省慈溪促进会的研究[J]. 经济社会体制比较,2011(5).

[42] 刘冰,谭界,符铁成. NGO 与农民工就业:互动效应及改进路径[J]. 湖
南农业大学学报(社会科学版),2011(5).

[43] 孙春苗. 论农民工民间维权 NGO 在社会转型期的发展空间[J]. 调研
世界,2006(10).

[44] 傅崇辉. 流动人口管理模式的回顾与思考——以深圳市为例[J]. 中国
人口科学,2008(5).

[45] 黄晨熹. 大城市外来流动人口特征与社区化管理——以上海为例[J].
人口研究,1999(4).

[46] 刘庆. 新生代农民工的城市融入策略初探——社区工作介入的空间
[J]. 北京青年政治学院学报,2011(1).

[47] 石良. 浅议流动人口的社区化管理[J]. 学理论,2012(17).

[48] 高春凤,赵仲杰. 社区化多元共治:流动人口服务管理模式创新[J]. 管
理观察,2014(10).

[49] 唐有财. 双重转型、双重张力和流动人口治理框架的建构[J]. 社会科

学,2015(6).

[50] 冯晓英. 论北京"城中村"改造——兼述流动人口聚居区合作治理[J]. 人口研究,2010(6).

[51] 冯晓英. 城乡统筹视角下的流动人口服务管理与创新——京渝成三市城乡统筹发展的比较与启示[J]. 北京社会科学,2012(1).

[52] 马侠. 三十多年来我国的国内人口迁移及今后的展望[J]. 人口与经济,1987(2).

[53] 张真理. 北京市流动人口服务管理史略(1978-2008)[J]. 兰州学刊,2009(7).

[54] 梁勇,马冬梅. 现阶段我国城市流动人口变动的新特点及服务管理创新[J]. 理论与改革,2018(1).

[55] 吴开亚,张力. 发展主义政府与城市落户门槛:关于户籍制度改革的反思[J]. 社会学研究,2010(6).

[56] 叶敏. 稳定焦虑、风险转嫁与官员不作为——基于"社会中的国家"视角的透视[J]. 浙江社会科学,2015(4).

[57] 曹锦清、刘炳辉. 郡县国家:中国国家治理体系的传统及其当代挑战[J]. 东南学术,2016(6).

[58] 吴向阳. 走出路径依赖实现城市管理的突破——对北京什刹海地区胡同游治理的思考[J]. 中国行政管理,2006(4).

[59] 李姿姿. 国家与社会互动理论研究述评[J]. 学术界,2008(1).

[60] 何艳玲. 西方话语与本土关怀——基层社会变迁过程中的"国家与社会"研究综述[J]. 江西行政学院学报,2004(1).

[61] 顾丽梅. 新公共服务理论及其对我国公共服务改革之启示[J]. 南京社会科学,2005(1).

[62] Tom Christensen, Per Lagreid,张丽娜,袁何俊. 后新公共管理改革——作为一种新趋势的整体政府[J]. 中国行政管理,2006(9).

[63] 鄞益奋. 网络治理:公共管理的新框架[J]. 公共管理学报,2007(1).

[64] 张康之,张乾友. 民主的没落与公共性的扩散——走向合作治理的社会治理变革逻辑[J]. 社会科学研究,2011(2).

[65] 甘均先. 国家失败与失败国家——关于"失败国家"现象的一些批判性思考[J]. 国际论坛,2007(5).

[66] 赵鹏,郭一丁. 中国社会发育指数报告[J]. 社会学研究. 2018(1).

[67] 蒋牧宸. 基本公共服务供给机制探析[J]. 江西社会科学. 2013(12).

[68] 王晴锋,郎晓波. 农民工城市融入的支持模式及其比较[J]. 广东行政学院学报,2016(2).

[69] 杨镎龙,徐利平,帅学明. 论协同治理视域下多元善治与正和博弈[J]. 前沿,2010(1).

[70] 刘志林,冯叶. 住房、社区与"乡—城"移民的社会融入——基于四大城市群流动人口问卷调查的实证研究[J]. 规划师. 2016(11).

[71] 杨菊华. 中国流动人口的社会融入研究[J]. 中国社会科学. 2015(2).

[72] 杨菊华,王毅杰,王刘飞等. 流动人口社会融合:"双重户籍墙"情景下何以可为?[J]. 人口与发展,2014(3).

[73] 杨菊华. 以强大的正式社会支持形塑流动人口的归属感[J]. 人民论坛,2020(2).

[74] 杨国荣. 论伦理共识[J]. 探索与争鸣. 2019(2).

[75] 刘慧扬. 社区居委会的职能定位研究[J]. 沈阳干部学刊. 2018(6).

[76] 马凯. 努力加强和创新社会管理[J]. 求是,2010(20).

[77] 田莉,王博袜,欧阳伟,等. 外来与本地社区公共服务设施供应的比较研究——基于空间剥夺的视角[J]. 城市规划,2017(3).

[78] 肖子华等. 社会组织参与流动人口服务于的现状、问题与政策建议——基于对80家社会组织的调研[J]. 人口与社会,2016(6).

[79] 肖子华. 改革开放四十年与中国人口大流动[J]. 人口与社会,2019(1).

[80] 曾正滋. 走向协同治理:社会治理的内涵解析及其创新前景——以"社会组织参与社会治理"为论域[J]. 福建农林大学学报(哲学社会科学报),2015(2).

[81] 袁岳,张守礼,王欣. 北京流民组织中的权威[J]. 社会学研究,1997(2).

[82] 悦中山,等. 农民工小团体现象的探测与分析:基于社会支持网络的研究[J]. 社会,2009(2).

[83] 李树苗,等. 农民工社会支持网络的现状及其影响因素研究[J]. 西安交通大学学报(社会科学版),2007(1).

[84] 高丙中. 社团的合法性问题[J]. 中国社会科学,2000(2).

[85] 李涛. 社会组织在政府购买社会工作服务进程中的功能和角色——北京协作者参与政府购买社会工作服务经验总结与思考[J]. 社会与公益,2012(8).

[86] 韦克难,陈晶环. 新中国70年社会组织发展的历程、成就和经验——基于国家与社会关系视角下的社会学分析[J]. 学术研究,2009(11).

[87] 康晓光. 分类控制:当前中国大陆国家与社会关系研究[J]. 社会学研究,2005(6).

[88] 范斌. 弱势群体的增权及其模式选择[J]. 学术研究,2004(12).

[89] 熊易寒. 城市规模的政治学:为什么特大城市的外来人口控制政策难以奏效[J]. 华中师范大学学报(人文社会科学版),2017(6).

[90] 熊易寒. 整体性治理与农民工子女的社会融入[J]. 中国行政管理,2012(5).

[91] 周建明. 从国家治理体系和治理能力看村级组织建设[J]. 经济导刊,2015(3).

[92] 曹淑江,张辉. 美国流动和迁徙人口的教育法律与政策及其对中国的启示[J]. 外国教育研究,2007(1).

[93] 罗思东. 美国城市中的邻里组织与社区治理[J]. 中国政法大学学报,2007(2).

[94] 孙瑜,于桂兰. 美国工人中心的形成、发展及对中国的启示[J]. 学习与探索,2014(6).

[95] 李玲. 加拿大人口发展与人口迁移[J]. 人口与经济,1995(5).

[96] 黄韧. 加拿大种族观念的嬗变——20世纪80年代以来的教训与借鉴[J]. 开放时代,2012(1).

[97] 徐水源. 流动人口基本公共服务均等化的德国经验及其启示[J]. 人口与社会,2016(5).

[98] 宋全成. 简论德国移民的历史进程[J]. 文史哲,2005(3).

[99] 刘志昌. 德国公共服务体制及其启示[J]. 湖北社会科学,2012(8).

[100] 唐艋. 德国移民融入政策对我国的启示[J]. 重庆交通大学学报(社会科学版),2021(1).

[101] 唐艋. 德国移民融入政策:理念、结构与领域[J]. 德国研究,2019(1).

[102] 张季风. 战后日本农村剩余劳动力转移及其特点[J]. 日本学刊,2003(2).

[103] 郝寿义,王家庭,张换兆. 日本工业化、城市化与农地制度演进的历史考察[J]. 日本学刊,2007(1).

[104] 山下晋司. 多文化共生:跨国移民与多元文化的新日本[J]. 北方民族大学学报(社会科学版),2011(1).

[105] 黑田由彦,单联成. 日本现代化进程中公共性的构造转换[J]. 吉林大学社会科学学报,2005(6).

[106] 张玉亮. 国外政府公共服务均等化实践及其对我国的启示[J]. 当代

经济管理,2020(10).

[107] 吴瑞君. 特大型城市人口"流动"的风险[J]. 探索与争鸣,2015(2).

[108] 李强,刘精明,刘佳燕. 北京市流动人口的管理[J]. 北京规划建设, 2012(5).

[109] 黄匡时,嘎日达. 流动人口的社会保障陷阱和社会保障的流动陷阱 [J]. 西部论坛,2011(6).

[110] 贾洪波,杨昊雯. 流动人口社会保障治理现代化:协调机制视角探微 [J]. 价格理论与实践,2020(1).

[111] [英]格里·斯托克. 作为理论的治理:五个论点[J]. 华夏风译. 国际 社会科学杂志(中文版),2019(3).

[112] 龚艳. 社会流动背景下农村社区协同治理体系建设研究[J]. 农业经 济,2021(3).

[113] 王凯,李凯,刘涛. 中国城市流动人口市民化空间分异与治理效率 [J]. 城市规划,2020(6).

[114] 胡税根,王敏. 协同治理创新的地方探索——基于杭州实践与经验的 研究[J]. 浙江学刊,2016(5).

[115] 任泽涛,严国萍. 协同治理的社会基础及其实现机制——一项多案例 研究[J]. 上海行政学院学报,2013(5).

[116] 张伟丽,晏晶晶,聂桂博. 中国城市人口流动格局演变及影响因素分 析[J]. 中国人口科学,2021(2).

[117] 李亚芹,吴增礼. 流动人口城市社区精准治理[J]. 湖南社会科学, 2021(2).

[118] 黄华贞,许英康. 京津冀协同发展战略下流动人口社会工作的发展路 径[J]. 中央社会主义学院学报,2016(2).

[119] 郭烁,张光. 基于协同理论的市域社会治理协作模型[J]. 社会科学 家,2021(4).

[120] 郝园园,双传学. 构建社会治理共同体:逻辑机理与实践进路[J]. 江 海学刊,2021(1).

[121] 刘琼莲. 中国社会治理共同体建设的关键:信任与韧性[J]. 学习与实 践,2020(11).

[122] 董敬畏. 从双轨制、新双轨制到市民化——流动人口治理40年[J]. 四川大学学报(哲学社会科学版),2019(6).

（三）电子文献、报刊

[1] 国家统计局. 第七次全国人口普查公报（第七号）——城乡人口与流动人口情况［EB/OL］. 国家统计局网.（2021-05-11）［2021-05-15］. http://www.stats.gov.cn/tjsj/zxfb/202105/t20210510_1817183.html.

[2] 夏晓伦,孙红丽,许维娜. 为什么中国没有贫民窟［EB/OL］. 人民网.（2019-11-18）［2019-12-10］. http://sc.people.com.cn/n2/2019/1118/c345460-33551774.html.

[3] 温家宝. 政府工作报告［EB/OL］. 新华网.（2012-03-15）［2019-12-15］. http://news.xinhuanet.com/politics/2012lh/2012-03/15/c_111660147_3.htm.

[4] 新华社. 习近平李克强栗战书汪洋王沪宁赵乐际韩正分别参加全国人大会议一些代表团审议［EB/OL］. 中国政府网.（2018-03-07）［2019-12-15］. http://www.gov.cn/xinwen/2018-03/07/content_5272037.htm.

[5] 国家卫生健康委流动人口服务中心等. 中国城市流动人口社会融合评估报告成果研讨会［EB/OL］. 中国网.（2019-01-29）［2019-12-16］. http://www.china.com.cn/zhibo/content_74416890.htm.

[6] 王晓慧. 由"五证"衍生至近 30 个证件、证明非京籍儿童入学有多难？［EB/OL］. 华夏时报网.（2015-05-29）［2019-12-20］. http://www.chinatimes.net.cn/article/49048.html.

[7] 范逢春. 改革开放以来的社会治理创新：一个伟大进程［EB/OL］. 人民网.（2019-04-14）［2019-12-22］. http://opinion.people.com.cn/n1/2019/0414/c1003-31028895.html.

[8] 我国社会组织登记数量已超过 80 万家［EB/OL］. 新华网.（2019-01-03）［2019-12-22］. http://www.xinhuanet.com/politics/2019-01/03/c_1123944315.htm.

[9] 世界银行"知识促进计划"支持的全球治理指标（WGI）. Worldwide Governance Indicators ［EB/OL］.［2019-12-25］. http://info.worldbank.org/governance/wgi/Home/Reports.

[10] 中共中央办公厅、国务院办公厅发出通知转发《民政部关于在全国推进城市社区建设的意见》［EB/OL］. 人民网.（2000-12-12）［2019-12-25］. http://people.com.cn/GB/channel1/10/20001212/346497.html.

[11] 民政部办公厅关于印发《2019 年中央财政支持社会组织参与社会服务

项目实施方案》的通知［EB/OL］. 中华人民共和国民政部. （2019-04-16）［2020-01-08］. http://www. mca. gov. cn/article/xw/tzgg/201904/20190400016721. shtml.

［12］民政部办公厅关于印发《培育发展社区社会组织专项行动方案（2021-2023 年）》的通知［EB/OL］. 中华人民共和国民政部. （2020-12-08）［2020-12-10］. http://www. mca. gov. cn/article/xw/tzgg/202012/20201200030935. shtml.

［13］新华社. 习近平李克强栗战书汪洋王沪宁赵乐际韩正分别参加全国人大会议一些代表团审议［EB/OL］. 中国政府网. （2018-03-07）［2020-01-10］. http://www. gov. cn/xinwen/2018-03/07/content _ 5272037. htm.

［14］习近平. 在全国民族团结进步表彰大会上的讲话［EB/OL］. 中国政府网. （2019-09-27）［2022-07-12］. http://www. gov. cn/gongbao/content/2019/content_5442260. htm.

［15］经济、教育、文化、旅游……越秀，就是这样，开放、积极、阳光地奔走在"一带一路"前进的路上［EB/OL］. 广东越秀区政府网. （2017-05-17）［2020-01-15］. http://yxwhg. yuexiu. gov. cn/yxxxw/xxgk/pop. jsp? catid=4659&id=426886.

［16］参加上海代表团审议并发表重要讲话［EB/OL］. 求是网. （2015-03-05）［2022-07-12］. http://www. qstheory. cn/2019-03/07/c _ 1124205876. htm.

［17］温铁军. 工友之家被逼迁与基层债务的"成本转嫁"［EB/OL］. 观察者网. （2016-12-28）［2020-05-02］. https://www. guancha. cn/wentiejun/2016_12_28_386540. shtml.

［18］德国内部迁徙：大批年轻人流向城市［EB/OL］. 搜狐网. （2019-04-24）［2020-05-12］. https://www. sohu. com/a/349378608_300703.

［19］刘俊杰. 德国民众参与社会治理的启示［EB/OL］. 中国社会科学网. （2019-07-12）［2020-05-18］. http://ex. cssn. cn/dzyx/dzyx _ xyzs/201907/t20190712_4932852_1. shtml.

［20］日本：仙台助外国人融入社会 华人感受多元文化共生［EB/OL］. 中国国际移民研究网. （2020-08-27）［2020-09-07］. http://www. ims. sdu. edu. cn/info/1007/12187. htm.

［21］水上徹男. 多元文化融合与移民新城发展——以日本巴西人社区滨松

市为例[EB/OL].搜狐网.（2019-06-11）[2020-09-12].https://www.sohu.com/a/319868147_777064.

[22] 中共中央办公厅、国务院办公厅印发《关于促进劳动力和人才社会性流动体制机制改革的意见》[EB/OL].中华人民共和国中央人民政府网.（2019-12-25）[2020-09-18].http://www.gov.cn/zhengce/2019-12/25/content_5463978.htm.

[23] 北京城市总体规划(1991年至2010年)[EB/OL].央视网.（2006-08-05）[2020-09-20].http://sports.cctv.com/special/C16230/20060805/100847.shtml.

[24] 习近平:提高保障和改善民生水平,加强和创新社会治理[EB/OL].中华人民共和国中央人民政府网.（2017-10-18）[2020-10-15].http://www.gov.cn/zhuanti/2017-10/18/content_5232656.htm.

[25] 户籍制度改革进入"深水区"!重磅文件传递出关键信号[EB/OL].网易.（2021-04-01）[2021-04-11].https://www.163.com/money/article/G6HJ87GK00259DLP.html.

[26] 国务院关于印发国家人口发展规划(2016-2030年)的通知[EB/OL].中华人民共和国中央人民政府网.（2017-01-25）[2020-12-14].http://www.gov.cn/zhengce/content/2017-01/25/content_5163309.htm.

[27] 习近平参加上海代表团审议时强调:推进中国上海自由贸易试验区建设,加强和创新特大城市社会治理[N].人民日报,2014-03-06(1).

（四）学位论文类

[1] 任泽涛.社会协同治理中的社会成长、实现机制及制度保障[D].杭州:浙江大学,2013.

[2] 于海燕.新居民公共服务供给机制研究[D].长春:吉林大学,2016.

[3] 韩瑛.构建我国人口流动管理制度的探索[D].北京:中共中央党校,2018.

[4] 金崇剑.浙江流动人口多头式管理问题及功能整合研究——以瑞安市为例[D].上海:华东理工大学,2012.

二、英文参考文献

[1] Fine J. Worker Centers：Organizing Communities at The Edge of the Dream[M]. Ithaca, NY：Cornell University Press, 2006：316.

[2] Klaus J. Bade. Die Multikurhxrelle Herausforderung Menschen ueber

Grenzen-Grenzen ueber Menschen[M]. Muenchen Beck,1996：234.

[3] Jan W. Van Ddeh Social Capital and European Democracy [M]. London：Routledge,1999：322.

[4] Alexis de Tocqueville. Democracy in America [M]. New York：Longman, 1990：110.

[5] AJ Spires. China's Un-Official Civil Society：The Development of Grassroots NGOs in an Authoritarian State [D]. New Haven：Yale University, 2007.

[6] Ruth Adaniya. United Okinawan Association of Hawaii, Uchuianchu, a history of Okinawans in Hawaii [C], Honolulu, Ethnic Studies Program, University of Hawaii at Mano, 1981：328.

[7] Ma, John Z. Temporary Labor Migration and Return Transformation：A Chained Model [A]. International Conference：Survey Research in Chinese Societies：Methods and Findings [C], The Hong Kong University of Science and Technology, 1999：27-28.

[8] Tsou Tang. Revolution, Reintegration, and Crisis in Communist China：a Framwork for Analysis [A]. HO Ping-ti & Tsou Tang (ed.). China in Crisis [C]. V. 1 Book 1. Chicago：University of Chicago Press, 1967：277-364.

[9] Kenan Patrick Jarboe. Globalization：One World, Two Versions：Globalization and Social Governance in Europe and United States[R]. Working Paper of the European Commission,1998.

[10] Kenneth D. Roberts. China's "Tidal Wave" of Migrant Labor：What Can We Learn from Mexican Undocumented Migration to the United States[J]. International Migration Review, 1997, 31(2)：249-293.

[11] Margaret Kelaher. Migration and Mainstreaming：Matching Health Services to Immigrants' Needs in Australia [J]. Health Policy, 2000, 54(1)：1-11.

[12] Ann Connor et al. Increasing the delivery of health care services to migrant farm worker families through a community partnership model [J]. Public Health Nursing, 2007, 24(4)：355-360.

[13] Smith, D. H. Four Sectors or Five? Retaining the Member-benefit Sector [J]. Nonprofit and Voluntary Sector Quarterly, 1991, 20(2)：

137-150.

[14] Tony Saich. Negotiating the State: The Development of Social Organizations in China [J]. China Quarterly. 2000, 161(1): 124-141.

[15] Laurence J. C Ma and Biao Xiang. Native Place, Migration and the Emergence of Peasant Enclaves in Beijing[J]. The China Quarterly, 1998, 155(9): 546-581.

[16] Amitai Etzioni. The Responsive Community: A Communitarian Perspective [J]. American Sociological Review, 1995, 61(1): 1-11.

[17] Terry L. Besser and Nancy J. Miller. The Risks of Enlightened Self-interest: Small Businesses and Support for Community[J]. Business & Society, 2004, 43(3): 398-425.

[18] Gazley, Beth. Why not partner with local government? Nonprofit managerial perceptions of collaborative disadvantage[J]. Nonprofit and Voluntary Sector Quarterly, 2010, 39(1): 51-76.

[19] James A. Weed. Vital Statistics in the United States: Preparing for the Next Century[J]. Population Index, 1995, 61(4): 527-539.

附录:访谈提纲

一、针对一般流动人口的访谈提纲

1. 请您介绍下个人的基本情况,如年龄、文化程度、工作类型、居住时长等。

2. 您对目前的工作和生活是否满意?

3. 您与本地人交往多吗? 您觉得他们是如何看待外地人的?

4. 您觉得当地政府对外来人口提供的服务怎么样? 是否能满足您的需求?

5. 您还接受过除政府外的其他单位提供的服务吗? 如有,您的感受如何?

6. 当您遇到困难时,您一般愿意去哪里寻找帮助?

7. 当地为外来人口提供的服务中,您希望哪些方面再加强或完善点?

8. 您以后有什么打算? 是打算回老家还是留在这个城市?

二、针对政府和社区工作人员的访谈提纲

1. 请介绍下您所在街道/社区流动人口的基本情况:数量、构成、少数民族流动人口和国外迁移人口的比例等。

2. 请谈谈您对流动人口的看法,如生活卫生习惯、社会交往等。

3. 请问您所在的街道/居委会主要涉及哪些与流动人口有关的工作? 具体是怎么开展的?

4. 您所在街道/居委会的流动人口工作与其他主体(企业、社会组织、志愿者等)是否有合作? 如果有,具体是怎么开展的? 效果如何?

5.就流动人口工作而言,您认为与其他主体的合作有哪些经验和不足? 继续拓展合作面临什么样的挑战? 如何更好地促进合作?

6.您觉得目前流动人口工作的效果怎么样? 最有效的措施是什么?

7.您对未来流动人口工作有什么好的建议?

三、针对参与流动人口治理的社会组织或企业工作人员的访谈提纲

1.请简单介绍一下您所在的组织/企业,你们是怎么对流动人口工作产生兴趣的?

2.据您的观察,您觉得影响流动人口城市融入的因素有哪些?

3.您所在的组织/企业主要开展了哪些流动人口方面的工作? 是怎么开展的?

4.目前你们为流动人口提供了哪些服务? 估计有多少流动人口接受了你们提供的服务? 有没有达到预期目标?

5.你们流动人口工作有得到过当地政府部门或其他单位的支持吗? 如有,分别是以什么形式获得的? 具体有哪些支持?

6.你们在流动人口工作中有遇到过困难吗? 您觉得最急需解决的是什么困难? 应该如何解决?

7.您如何评价你们做的这些工作? 对将来有什么设想和期望?

四、针对参与自我管理和自我服务的流动人口的访谈提纲

1.请您介绍下个人的基本情况,如年龄、文化程度、工作类型、居住时长等。

2.外界对我们这个群体有这样一些称呼,比如"农民工""打工妹""打工仔"等,您能接受这种称呼吗? 为什么?

3.您为什么会来做这样一些服务流动人口的工作? 您是怎么看大家做的这个事情的?

4.在您看来,流动人口组织起来进行互助服务的意识强吗?

5.你们组织的活动,其他流动人口喜欢参加吗? 你们又是怎么动员他们参与的呢?

6.你们在自我管理和自我服务中有什么困难? 您有什么好的建议?

7.您从事这些服务活动有什么感想? 以后有什么打算?

后　记

　　协同治理是从社会管理走向社会治理的一种新的治理理念和模式。它强调任何单一的线性治理都不可能包揽所有社会事务,也难以应对各种社会风险,主张通过公私合作,构建多元主体的合作互动关系,来提供公共产品和服务。流动人口的管理和服务问题,长期以来是我国社会治理所面临的一个棘手难题,随着社会力量的兴起,以及协同治理理念的提出与实践,北京、浙江、广东等地出现了以协同治理解决流动人口问题的宝贵探索。在这些探索中,除了政府治理外,社会组织、社区、企事业单位、流动人口自身等主体都积极参与进流动人口的管理和服务,为新时期流动人口治理的创新提供了新的方案。

　　本书跳出单纯关注政府流动人口管理的传统视角,从理论上探究多主体协同流动人口治理的机理,阐述"一主多元"的流动人口协同治理框架,并通过实地调研获取鲜活的一手资料,在此基础上提炼流动人口协同治理的机制、经验及挑战,主张构建"有限的政府参与、有效的社会参与及有序的自治参与"相统一的协同治理模式,希望该研究能对我国流动人口问题的解决有所增益。对于文中可能存在的不完善之处,敬请各位同仁海涵、批评指正。

　　最后,感谢对本书出版给予帮助的所有单位和个人。本书是国家社会科学基金青年项目(项目编号:16CSH075)的结题成果,非常感谢项目资金对本书研究的支持。在书稿的编撰上,特别感谢团队成员葛燕林女士,她百忙之中抽空撰写了第四章的第一、二节,并对项目研究的推进提供了热心的帮助。此外,还要感谢杭州电子科技大学马克思主义学院给予的部分出版资助,以及浙江大学出版社对本书出版的真诚帮助,尤其感谢马一萍编辑认真辛勤的工作,对本书书名和结构提出了宝贵的建设性意见。谢谢你们!

陈菊红

2022 年 7 月